RHWNG CYFNOS A GWAWR

Yr Awdur

Brodor o Fethesda yng Ngwynedd yw'r awdur. Addysgwyd ef yn Ysgol Gynradd y Carneddi (lle yr oedd ei dad yn Is-brifathro), Ysgol Sir Bethesda, Coleg y Brifysgol, Bangor, a Phrifysgol Llundain. Mewn gwyddoniaeth y graddiodd – ffiseg a pheirianwaith trydan – a bu'n gweithio gyda'r Awdurdod Trydan Prydeinig yn Llundain am bedair blynedd ar ddeg, gan gyrraedd y swydd o Ddirprwy Bennaeth Rhanbarthol yn yr adran dechnolegol (pwerdai ac is-orsafoedd trydan).

Yn 1957, o ganlyniad i'w waith yn sefydlu Clwb Llyfrau Cymraeg ymhlith Cymry Llundain, fe'i gwahoddwyd i fod yn Rheolwr *Llyfrau'r Dryw* yn Llandybie ger Rhydaman yn Sir Gaerfyrddin. Yr oedd yn un o sylfaenwyr y cylchgrawn *Barn*, ac yn Olygydd iddo am y ddwy flynedd gyntaf.

Bu'n athro mathemateg yn Ysgol Syr Hugh Owen yng Nghaernarfon, a dod yn Bennaeth Adran Economeg yr ysgol honno. Yn 1978 derbyniodd wahoddiad i fod yn Rheolwr Gyfarwyddwr Gwasg Gee yn Ninbych.

Bu'n cydolygu'r cylchgrawn *Y Genhinen* gyda'r Parch. W. Rhys Nicholas o 1968 hyd 1979.

Y mae ganddo ef a'i briod fab a merch, tri ŵyr a thair ŵyres. Ar wahân i ddarllen (hanes yn arbennig), a gwrando ar gerddoriaeth glasurol, ei ddiddordebau eraill yw gwaith coed a pheintio mewn olew. Cyhoeddwyd ei gyfrol 722 tudalen, *O'r Niwl a'r Anialwch*, yn 1991.

RHWNG CYFNOS A GWAWR

Cyfres o Erthyglau

Emlyn Evans

GwasgGee

Argraffiad cyntaf – 2012

ISBN: 978-1-904554-16-5

Gan yr un awdur:
'O'r Niwl a'r Anialwch'
(1991)

Cyhoeddwyd gan Wasg Gee (Cyhoeddwyr) Cyf., Bethesda
www.gwasggee.com

Cyflwyniad

CYNNWYS

GWAREIDDIAD Y GORLLEWIN

Yn nhridegau cynnar y ganrif ddiwethaf fe gyhoeddodd y bardd a'r llenor a'r dramodydd T.S.Eliot ei gyfrol bwysig *'Modern Education and the Classics'*, lle y plediai am i'r clasuron Groeg a Lladin gael eu dwyn yn ôl yn ganolbwynt y maes llafur addysgol fel yr oeddent gynt am ganrifoedd. Er bod i'r ieithoedd hynny, meddai, eu haeddiant cynhenid eu hunain, a'u hastudio yn ddisgyblaeth feddyliol werthfawr, eto pwysicach oedd y ffaith mai hwy yn ei farn ef a rôi'r sylfaen orau i fyfyrwyr i'w diogelu o fewn y gwareiddiad Cristnogol. Fe bryderai Eliot yn eglur ddigon am gyflwr cymdeithas a'r encilio oddi wrth grefydd gyfundrefnol, a'i gred ddiollwng ydoedd mai rhywbeth yn perthyn i fywyd i gyd, yn ei gyfanrwydd, oedd crefydd, yn fwy na mater o gredo personol yr enaid unigol. Yr oedd ef hyd yn oed yn argymell rhyw ffurf o theocratiaeth fel math o lywodraeth yng ngwledydd y Gorllewin.

Rhagwelai bosibilrwydd real ddyfod gwareiddiad nad oedd na Christnogol na seciwlar, ac mai anhrefn a pharlys meddyliol a'n hwynebai fel pobl o barhau pethau fel yr oeddent. A rhan – rhan go dda – o'r broblem oedd diystyru'r Clasuron.

Aeth pymtheng mlynedd heibio cyn i Eliot gyhoeddi, yn 1948, ei gyfrol *'Notes towards the Definition of Culture'* (er iddo lenydda'n brysur iawn a chyhoeddi sawl llyfr arall yn y cyfamser), ac mae'n amlwg nad oedd wedi newid fawr ddim ar ei farn: yn wir, y teimlad a gawn yw ei bod wedi caledu os rhywbeth. Yn ei Ragymadrodd y mae'n maentumio'n hyderus nad ymddangosodd, ac na ddatblygodd, unrhyw ddiwylliant erioed ond ynghlwm â chrefydd, a chan ddibynnu ar safbwynt yr unigolyn gallai'r diwylliant fod yn gynnyrch y grefydd neu'r grefydd yn gynnyrch y diwylliant. (Y mae geiriad teitl y gyfrol, wrth gwrs, yn ffordd o gydnabod mor anodd yw diffinio'r term 'diwylliant' yn gyflawn.)

Â'r awdur ymlaen i ofyn y cwestiwn hwn, a chyfeirio ato fel 'y cwestiwn pwysicaf oll' yn y maes: A oes yna safon barhaol, ddigyfnewid, i'n galluogi i gymharu gwareiddiadau â'i gilydd, fel inni allu penderfynu ai gwella ynteu dirywio y mae'r diwylliant yn bresennol? Yn dilyn hyn fe gawn ddwy frawddeg eithaf brawychus, a dyma gyfieithiad gofalus ohonynt:

'Gallwn honni â chryn hyder fod ein hoes ni yn un o ddirywiad, fod safonau diwylliant yn is nag oeddent hanner can mlynedd yn ôl, a bod y tystiolaethau o'r dirywiad hwn yn amlwg ymhob adran o weithgaredd dynol. Ni welaf fi unrhyw reswm paham na ddylai dadfeiliad diwylliant fynd rhagddo ymhellach o lawer, a phaham na allwn ragweld cyfnod, o gryn hyd, pan fydd yn bosibl dweud na bydd iddo ddim diwylliant o gwbl.'

Geiriau sobreiddiol yn wir. Y mae Eliot wedyn yn ystyried diwylliant o dri chyfeiriad, sef eiddo'r unigolyn, y dosbarth neu'r grŵp, a'r gymdeithas gyfan, a dywed mai rhan o'i ddadl ef yw bod diwylliant yr unigolyn yn ddibynnol ar ddiwylliant dosbarth neu grŵp, a hwnnw yn ei dro yn ddibynnol ar ddiwylliant y gymdeithas gyfan y perthyn y dosbarth neu'r grŵp iddi. Oherwydd hyn, meddai ymhellach, diwylliant y gymdeithas sydd yn sylfaenol ('fundamental' yw ei air ef), ac felly ystyr y gair mewn perthynas â'r gymdeithas gyfan a ddylid ei ystyried yn gyntaf.

Daethai'r syniadau hyn oll o ysgrifbin awdur rhai o'r cerddi mwyaf pesimistaidd a gynhyrchwyd ers tro byd. Yr oedd y cerddi 'The Waste Land' (1922) a'r 'Hollow Men' (1925) ym marn rhai beirniaid yn dynodi agor pennod newydd mewn barddoniaeth, yn Lloegr sut bynnag. A pha beth a geid ynddynt? Anobaith, anhrefn, tywyllwch. Am y gyntaf o'r ddwy, cyfeiriwyd ati fel diffeithwch yr enaid, gwareiddiad ar chwâl ac yn ymddatod, clefyd y ddynoliaeth, a disgrifiadau tebyg. Y gwir yw efallai fod agwedd fel yma ar fywyd yn nodweddiadol o'r oes – y beirdd wedi'u magu ac wedi tyfu ynghanol galanas y Rhyfel Byd Cyntaf, ac yn byw yng nghysgod un arall. Ac nid yw'n afresymol tybio mai yn y fan yna yn rhywle y mae'r eglurhad am yr holl drin a thrafod a fu yn y wasg – yng Nghymru fel yn Lloegr – yn y pum- a'r chwedegau ar yr 'argyfwng' honedig mewn sawl maes: addysg, crefydd a'r celfyddydau yn arbennig, ond heb anghofio moesau ac ymddygiad. Yn amlwg yn y trafodaethau hyn yr oedd nifer o wŷr a merched disglair, yn athrawon a chymrodyr ein prifysgolion, gyda Chaergrawnt yn flaenllaw iawn yn y cyfan oll. Fe ddywedid llawer wrthym gan benawdau rhai o'r cyfraniadau: 'Crisis in the Classics'; 'Are the Dons out of touch?'; 'The future of Divinity'; 'No more Latin, no more Greek'; 'How heathen is England?'; 'Crisis in the Humanities', i enwi ond cynifer â hynyna. Cafwyd trafodaethau cyffelyb yn y wasg Gymraeg – yn y llenyddiaeth enwadol yn enwedig. Ac yr oedd y gimic newydd, y 'pôl piniwn', afraid dweud, wedi dod i rym yn fyrlymus odiaeth. Pa werth sydd mewn hunan-arholi fel hyn? Y mae sawl barn, debyg iawn, ac ambell un yn eithafol. Nid oes iddo werth o gwbl, medd y sinic, mae'n haniaethol a hollol ddiffaith; neu, fel y mynegodd un ysgolor ryw dro, yn debyg i arferiad rhai athronwyr o gicio llwch i fyny o'r llawr ac yna swnian eu bod yn methu â gweld! Beth am y Pregethwr yn yr Hen Destament? 'Yn nydd ffyniant ymlawenha, ac yn nydd gofid *ystyria*.' Y fwyaf eithafol o'r barnau i gyd efallai yw hon: 'Damniol beryglus, yn ymwneud â thywyllwch, yn frwd fel y diafol am ddinistr.' Wel! Mwy synhwyrol yn ddiau yw credu bod hunan-arholi naill ai yn ganlyniad argyfwng diweddar neu'n arwydd o argyfwng i ddod.

Efallai bod rhyw elfen o wirionedd ymhob un o'r dyfarniadau, ond pa un bynnag ohonynt sydd agosaf at y gwir, gellir dal yn ddibetrus fod T.S.Eliot yn fwy o broffwyd o lawer nag a gydnabuwyd yn ystod ei fywyd. Y mae hanes yr ynysoedd hyn yn chwarter olaf yr ugeinfed ganrif yn dangos yn gwbl ddigamsyniol ein bod – trwy ymwrthod â chrefydd

11

gyfundrefnol, rhoi heibio astudio'r Clasuron, gwadu safonau canrifoedd yn y celfyddydau (beth a wnâi ein tadau o arluniaeth a cherfluniaeth fodern, a 'theatr yr abswrd'?), heb sôn am ddymchwel ein traddodiadau am y gwerthoedd ysbrydol, moesau ac ymddygiad – ein bod drwy hyn oll wedi hyrddio'r gorffennol yn llwyr a diseremoni allan o'n bywydau. Y mae'r ddau ddyfyniad canlynol, rhai gweddol ddiweddar, yn ddigon i beri poen a dychryn i bawb ystyriol yn ein plith:

'We are living in an age when everything is falling apart.'
'We are now witnessing the accelerating disintegration of civilized values.'

Ystyriwn – a chofiwn ble T.S.EIiot. Y mae astudio'r Clasuron Groeg a Lladin yn prysur ddiflannu o'n colegau yn ogystal â'n hysgolion. Tua diwedd y bedwaredd ganrif ar bymtheg (yn ôl arolwg a wnaed) yr oedd deugain y cant o boblogaeth Prydain yn mynychu eglwys neu gapel yn weddol reolaidd. Y ffigur cyfatebol yn 2000 oedd deg y cant, ac yn dal i ostwng. Mewn rhai rhannau o'r wlad bellach y ffigur yw pump y cant. Diwylliant swyddogol Cymru yn awr yw'r canu pop, a'r eilunod yw 'sêr' y cyfryngau. Pa mor hir y byddwn cyn i rai o'n colegau efelychu Prifysgol Amsterdam a phenodi Athro, a Chadair, yn y math yna o 'gerddoriaeth'? Mae ym Mhrydain eisoes Gadeiriau mewn Gweinyddu Meysydd Golff, Gwaith Gwnïo, a phynciau cyffelyb. Ac y mae degau o filoedd yn y Deyrnas Unedig yn gadael yr ysgolion uwchradd na fedrant sillafu, na gweithio allan y cyfrifon symlaf heb gymorth cyfrifiannell, a heb ddim ond gwybodaeth denau ac arwynebol o hanes a llenyddiaeth orau eu gwlad.

* * *

Beth, gan hynny (ys dywed yr Ysgrythur) *yw* ein dyled i'r gorffennol? Yn awr, ymhlith pobloedd a chenhedloedd yr hen fyd, y mae tri dosbarth – gan osgoi dweud tair cenedl am y cyfnod pell hwnnw – yr ydym ni heddiw, ganrifoedd lawer yn ddiweddarach, yn ddyledus iddynt am i ni fel eu disgynyddion etifeddu rhyw nodweddion arbennig ganddynt. Gan ein bod ni, fel yr awgrymwyd eisoes, yn perthyn i oes sydd yn gynyddol anwybyddu'r gorffennol a dibrisio'r cyfoeth a ddaeth inni oddi wrth ein tadau, a'n teidiau, a'n hen hen deidiau 'ymhell bell yn ôl', oherwydd hynny nid ydym yn ymwybodol o'n hetifeddiaeth, a siarad yn gyffredinol.

Cyfeirio yr ydys, wrth gwrs, at yr adrannau o'n gwareiddiad ni yn y gorllewin yr ydym yn ddyledus amdanynt i'r Iddew, y Groegwr a'r Rhufeiniwr, sef proffwydoliaeth gan yr Iddew, athroniaeth, barddoniaeth a cherfluniaeth gan y Groegwr, a chyfraith a threfn boliticaidd gan y Rhufeiniwr. Dyna ni yn awr wedi crybwyll y gair 'gwareiddiad'. Beth a olygwn wrth y gair hwn? Tueddwn i'w ddefnyddio'n eithaf llac, ond o feddwl yn ddwfn amdano, y mae'n air pur anodd ei ddiffinio. Gallem ddweud ei fod yn cwmpasu'r math o fywyd y mae pobl yn ei fyw, a nodweddion a chymeriad y bywyd hwnnw. Fe gynnwys gorff o ddefodau ac arferion; cyfreithiau y mae rhelyw y boblogaeth yn eu cydnabod a'u parchu; sefydliadau crefyddol a gwleidyddol a chymdeithasol; diwydiant a masnach; y gwyddorau a'r celfyddydau; llenyddiaeth ac athroniaeth. Dyna rai o'r nodweddion. Ond yn ôl yr anthropolegwyr y mae'n golygu mwy na hyn oll hefyd. 'Anifail' yw dyn sydd yn ffurfio delfrydau. Gesyd nod i anelu ato mewn sawl maes: mewn crefydd a moes a bywyd o ddydd i ddydd. Mae'n berchen ar syniadau personol am ystyr ei fywyd yn y byd, paham y mae yma o gwbl, beth yw pwrpas ei fodolaeth (os oes y fath beth), a'i dynged pan ddaw'r bywyd hwnnw i'w derfyn. Ac y mae ganddo safonau o ddaioni a lles cymdeithasol. Yng ngoleuni materion fel hyn yr ydym yn tynnu'r llinell rhwng cymdeithas wâr a chymdeithas anwar, rhwng gwareiddiad a barbareiddiwch.

Gŵyr pawb ein bod ni Gymry wedi tarddu o wreiddiau Celtaidd, yn gymysg ag elfennau Almaenaidd a Sgandinafaidd, ond ni chlywn fawr o sôn am y rhain mewn hanes hyd oddeutu mil a hanner, neu ychydig rhagor, o flynyddoedd yn ôl. A phur anwaraidd oedd y bobloedd hynny yr adeg honno. Ond yn awr deuwn at ffaith bwysig, sylfaenol bwysig, wrth inni geisio deall ein gwreiddiau a'n cefndir. Ymhell cyn y cyfnod hwnnw, ganrifoedd lawer yn wir, yr oedd y tair hil y cyfeiriwyd atynt gynnau, Iddewon, Groegiaid a Rhufeiniaid, eisoes wedi cyrraedd lefel uchel iawn o wareiddiad, fel pan ddaethant i gysylltiad â'r bobloedd eraill, llai diwylliedig na hwy, yr oedd eu dylanwad ar y rheini'n sylweddol, ac ar y cyfan – a siarad yn gyffredinol – yn llesol a dyrchafol. Dyna'r bobloedd a ddatblygodd mewn amser yn genhedloedd Ewrop fel y gwyddom ni amdanynt heddiw: wedi ymrannu i rai degau o genhedloedd a grwpiau ethnig ar hyd a lled y cyfandir. Fe dderbyniodd y barbariaid – Visigothiaid, Ostragothiaid, Ffrancwyr, Huns, Fandaliaid, etc. – maes o law Gristnogaeth, ac yr oedd canlyniad hynny'n bellgyrhaeddol, megis hanes Clovis y Ffrancwr, (y cyfeirir ato fel 'Pensaer Ffrainc') a'i deyrnasiad maith o ddeng mlynedd ar hugain (481–511), yn cyfnewid ei baganiaeth am y ffydd Gatholig. Nid anodd yw dychmygu beth fyddai barn Edward Gibbon, awdur enwog *'The Decline and Fall of the Roman Empire'* – y sonnir amdano mewn rhan arall o'r llyfr hwn – am y broses o Gristioneiddio'r barbariaid dan ddylanwad yr Ymerodraeth Rufeinig, ond yn y broses honno yr oeddent hefyd, yn ddiarwybod, yn derbyn llinyn arian y traddodiad Iddewig a oedd yn gefndir a sylfaen i Gristnogaeth, yn ogystal â holl draddodiad Groeg mewn athroniaeth a Rhufain mewn cyfraith a threfn. Ond rhaid pwysleisio nad oedd ein hynafiaid ni, fil a hanner o flynyddoedd yn ôl, yn ymwybodol o hynny wrth gwrs. Ni allent fod. Ond yr oedd yno. Ac yno y mae o hyd. Y mae'r hadau a blannwyd yr adeg honno yn dal yn ein cyfansoddiad ni heddiw.

Dyma dair ffrwd ein hetifeddiaeth felly, a'u tarddle oll oedd glannau Môr y Canoldir. (Trosiad sâl yw hwn am Mediterranean Sea. 'Canol y Byd' yw ystyr y gair fel y gwyddys.) Y byd cyfan i'r bobl yn y rhan hon o'r blaned yn y canrifoedd cyn Crist, ac am amser maith wedyn, oedd y tiroedd o amgylch y môr hwn. Y tu draw i'r tiroedd hynny i bob cyfeiriad, fe dybid bod rhyw anialwch neu gefnfor diddiwedd, a'r anwybod mawr. A dyma derfynau 'gwareiddiad' am ganrifoedd di-rif. Wrth gwrs, yr oedd

14

yna drwy'r cyfnod maith hwnnw, fel y gwyddom ni heddiw, wareiddiadau eraill, yn y dwyrain pell (ac yn y gorllewin pell hefyd). Ond datblygu a wnaethant oll yn annibynnol, ac yn anwybodus o fodolaeth ei gilydd, gan fod y pellteroedd rhyngddynt o filoedd o filltiroedd yn amhosibl eu tramwyo. I bobl y cynoesoedd fe fyddai sôn am dri chyfandir, Ewrop, Asia ac Affrica yn annealladwy, ond eto i gyd, ymhell cyn i'r Iddewon, y Groegiaid a'r Rhufeiniaid chwarae eu rhannau hollbwysig mewn hanes, yr oedd Môr y Canoldir wedi bod yn 'fan cyfarfod' masnach y byd. Y gwir yw bod masnach a gwareiddiad wedi datblygu law-yn-llaw fel y gellid yn naturiol ei ddisgwyl, ac y mae ffyrdd yn foddion i ddosbarthu a lledaenu nid yn unig nwyddau fel bwyd a rheidiau eraill ond syniadau ac arferion bywyd-pob-dydd yn ogystal.

Felly, ys dywedwyd eisoes, er dyddiau cynnar amser cofnodedig, cyfystyr fu hanes gwareiddiad â hanes y tiroedd o amgylch Môr y Canoldir, a pharhau'n lled debyg hyd flynyddoedd olaf y bymthegfed ganrif. Ac y mae'n werth dyfynnu geiriau adnabyddus Dr. Samuel Johnson tua chanol y ddeunawfed ganrif:

'The grand object of travelling is to see the shores of the Mediterranean. On those shores were the four great empires of the world, the Assyrian, the Persian, the Grecian and the Roman. All our religion, almost all our law, almost all our arts, almost all that sets us above savages, has come to us from the shores of the Mediterranean'.

(Boswell)

Yn nawdegau'r bymthegfed ganrif, cawn Vasco da Gama a Columbus a nifer o rai anturus eraill yn mentro hwylio'r cefnforoedd a darganfod tiroedd dieithr na wyddai fawr neb cyn hynny am eu bodolaeth. Golyga hynny mewn gwirionedd mai prin bum can mlynedd y sydd er pan weddnewidiwyd holl syniadau dyn am y byd mawr y tu hwnt i'w diriogaethau cyfarwydd ef. A beth yw pum can mlynedd ar galendr y cread?

15

Ac eto rywsut, mae'r dyddiau pan reolai'r Ymerodraeth Rufeinig yr holl fyd gwareiddiedig yn ymddangos i ni ymhell iawn i ffwrdd, a dedfryd haneswyr yw mai un dilyniant di-dor yw ein cyfnod ni heddiw, hyd yn oed, a'r hyn a fowldiwyd ryw ugain canrif yn ôl gan drigolion cylch Môr y Canoldir.

*   *   *

Beth felly am y tri dylanwad mawr ar ein gwareiddiad ni?

A ninnau, fel pobl ar draws y byd, yn dal i ddefnyddio Beibl yr Iddew – hynny yw, yr Hen Destament – yn rheolaidd yn ein gwasanaethau crefyddol, y mae'n amlwg mai ym myd crefydd bron yn gyfan gwbl y mae dyled ein gwareiddiad modern ni i'r Iddewon i'w ganfod. Y mae eu barddoniaeth yn hanfodol grefyddol, ac nid oes angen crybwyll ond Llyfr y Salmau i danlinellu'r ffaith honno. Yn nhyb rhai beirniaid y mae barddoniaeth unrhyw genedl neu grŵp o bobl gystal darlun â dim i ddeall natur a delfrydau a chymeriad y bobl hynny, ac fe ddyfynnwyd geiriau adnabyddus Shelley yn helaeth: 'Poets are the unacknowledged legislators of mankind.'

O safbwynt gwleidyddiaeth, prin fod y genedl Iddewig yn werth ei hystyried o gwbl yn hanes Ewrop a'r Dwyrain Canol. Ar wahân i un cyfnod byr iawn o lai na hanner can mlynedd, o dan y brenin Dafydd a deyrnasai o tua 1010 hyd 970, ni byddai fwy na thebyg fawr ddim sôn am y bobl hyn mewn hanes seciwlar, ac yn wleidyddol yn hanes Ewrop a'r byd gellid eu hanwybyddu'n llwyr. Ond pan symudwn ni i fyd crefydd y mae pethau'n hollol wahanol, a rhaid cyfrif ysgrifeniadau'r wythfed ganrif C.C. fel efallai lenyddiaeth gyda'r hynaf yn hanes ein gwareiddiad a ddeil i gael ei hastudio a'i dehongli – drwy'r byd Cristnogol o leiaf – hyd y dydd hwn.

Yr oedd pedwar gŵr pwysig yn proffwydo yn ail ran y ganrif: Amos rhwng 765 a 750, a Hosea rhwng 750 a 734, y ddau ohonynt hwy yn gysylltiedig â theyrnas y Gogledd (Israel); ac Eseia a Meica rhwng 730 a 700 yn nheyrnas y De (Judah). Hwy (ac Amos yn arbennig) a rybuddiodd Israel ynghylch bygythion Assyria a darogan y caethgludo i Ninefe, yr hyn a ddigwyddodd yn 721 pryd y diflannodd y deg llwyth gogleddol oddi ar lwyfan hanes. Pwysigrwydd y pedwar a nodwyd oedd mai hwy a drawsnewidiodd yr hyn oedd gynt yn rhyw fath o gredo neu ffydd neu ymlyniad llwythol i fod yn grefydd gyffredinol o apêl fyd-eang. Cyn eu cyfnod hwy, un o blith nifer o dduwiau oedd Jehofa – ac ef yn dduw eiddigus – yn arwain ei bobl i fuddugoliaeth yn erbyn eu gelynion. Ond bellach, yn ôl y pedwar proffwyd a enwyd, ef oedd Creawdwr a Rheolwr y bydysawd, ac yn cosbi'r genedl – y genedl etholedig – am ei hanffyddlondeb. Ar ôl iddi fynd trwy gyfnod y darostyngiad dan Assyria, a chyfnod alltud y ddau lwyth yn Judah ym Mabilon (587-536), dyma'r genedl a roes fod mewn amser i'r grefydd a ledaenodd dros y byd i gyd, sef, wrth gwrs, Cristnogaeth. Dyma'r bobl gyntaf erioed i goleddu undduwiaeth yn hytrach nag amldduwiaeth, ac er bod dylanwadau allanol dros y canrifoedd, mae'n wir, wedi cymylu peth ar y Gristnogaeth gysefin, eto fe gadwodd ei gwreiddiau Hebreig drwy'r cyfan: ac y mae'r defnydd cyffredinol o'r Hen Destament, a'r astudio parhaol ohono drwy'r byd, wedi dros ugain canrif a mwy, yn profi gwirionedd hynny, petai angen prawf hefyd.

Fe ddangosodd mudiad y Piwritaniaid yn hanner cyntaf yr ail ganrif ar bymtheg mor ddwfn y treiddiodd Iddewiaeth i mewn i Gristnogaeth y byd modern. Ac onid yw'r holl sôn diweddar, yn enwedig yn Nhaleithiau Unedig America, am yr ymlyniad llythrennol wrth lyfrau fel Lefiticus a Deuteronomium ynglŷn â phenodi hoywon yn esgobion yn brawf pellach?

Ar ôl trafod dylanwad Iddewiaeth ar grefydd Ewrop yn gyffredinol, mae'n wir dweud bod y Groegiaid hwythau wedi dylanwadu arni, ond nid drwy eu crefydd hwy. Yn hytrach drwy eu hathroniaeth – a hynny'n fwyaf arbennig yn sgil gwaith Thomas Aquinas yn y drydedd ganrif ar ddeg.

Yr oedd crefydd y Groegiaid yn gwbl wahanol i grefyddau eraill yr oesoedd cynnar. Yr enw pwysig oedd Mynydd Olympus, mynydd uchaf y wlad, bron deirgwaith uchder yr

Wyddfa. Ym mytholeg Groeg dyma gartref y duwiau, a'r rheini wedi'u patrymu ar ddynion. Duwiau dynweddol oeddent, neu anthropomorffig, megis bodau dynol yn eu diddordebau, yn eu greddfau a'u hemosiynau, ond yn rhagori ar ddynion trwy fod yn gryfach, yn brydferthach, yn fwy nwydus ac eiddigus, ac yn mwynhau bywyd brasach; ond yn ymddwyn, yn ymateb, ac yn ymdeimlo'n union fel dynion a merched cyffredin. Eto i gyd, er bod dylanwad y duwiau yn drwm iawn ar farddoniaeth y Groegiaid o gyfnod Homer ymlaen drwy'r 'Oes Aur', ac ar eu gwaith celf hefyd, y mae ein dyled iddynt yn ehangach o lawer na hynny. A'r ffaith yw bod eu hathrylith ym myd athroniaeth, gwyddoniaeth, drama (a llenyddiaeth yn gyffredinol), syniadau politicaidd ac yn y blaen, eu cyfraniad yn y meysydd yna mor gwbl arbennig fel nad oes neb yn holl hanes gwareiddiad i'w cymharu â hwy.

Y bardd modern a deimlodd fwy na neb atyniad yr ysbryd Groegaidd oedd Shelley, ac am bopeth a welir y mae'r prif feddylwyr a'r haneswyr yn cytuno ag ef yn gyfan gwbl. Dyma'r geiriau enwog sydd yn werth eu dyfynnu yn y gwreiddiol:

> 'The period which intervened between the birth of Pericles (495) and the death of Aristotle (322) is undoubtedly, whether considered by itself or with reference to the effects which it produced upon the subsequent destinies of civilized man, the most memorable in the history of the world.'

Beth oedd prif nodweddion yr Oes Aur honno? Un peth yn sicr oedd y syniad o ryddid ac unigolyddiaeth. A'u hegni dihysbydd! Nid oedd pobl Athen i bob golwg fyth yn llonydd! Ymhyfrydent mewn bywyd, a'i fyw i'r eithaf; ac arbrofi'n barhaus yn y maes hwn a'r maes arall – byd y meddwl fel athroniaeth a gwyddoniaeth, yn ogystal â'r byd ymarferol megis gwleidyddiaeth ac areithyddiaeth, mewn rhyfel, mewn masnach, ac wrth gwrs ym myd celf a chrefft a phob math o greadigaethau artistig.

Gellir dweud bod bron bob 'teip' o farddoniaeth wedi cychwyn o Athen yr Oes Aur. A chyfrinach hyn oll, wrth gwrs, oedd yr awyrgylch o drafodaeth rydd o fewn y 'polis', sef y drefn wleidyddol a ffynnai yng Ngroeg yn y cyfnod hwnnw, y ddinas-wladwriaeth ('city state'). Nid oedd Groeg, fel sydd yn hysbys, yn genedl unedig: cynhwysai'r wlad gyfan ryw gant a hanner o'r gwladwriaethau dinesig hyn, gyda nifer bychan o rai o faint sylweddol megis Athen, Sparta a Chorinth, ond y mwyafrif mawr ohonynt yn ddim mwy na phentrefi go sylweddol. A phob un ohonynt yn ystyfnig o annibynnol, y naill ar y llall.

Ie, annibyniaeth. Ysywaeth, yr ysbryd annibynnol yma a droes yn dramgwydd yn y diwedd, ac yn fwyaf arbennig dod â dinistr i Athen yn rhyfel saith mlynedd ar hugain (431-04) y Peloponnesia. Ar ôl cyfnod gwych o gael y llaw uchaf ar Bersia, fe achosodd y diffyg undod cenedlaethol ddarostyngiad y wlad dan fyddinoedd Macedonia yn amser Philip a'i fab Alecsander (Fawr), ac yn nes ymlaen, Rhufain. Ond fe dalodd Groeg y pwyth yn ôl, trwy ddylanwadu ar ymerawdwyr Rhufain, a'i beirdd a'i llenorion, a thrwyddynt hwy ar ddiwylliant y byd modern.

Yn holl greadigaethau'r Groegwyr yr oedd rheswm a rhesymeg. O sylwi ar eu pensaernïaeth, er enghraifft, fel yr adeilad anhygoel y Parthenon, y mae yna berffeithrwydd mathemategol drwyddi i gyd. Nid gormod yw dweud bod cred yn eu plith am y Duwdod – fel y synient hwy amdano – iddo ymarfer geometreg mewn natur a thrwy'r holl greadigaeth. Ond efallai mai'r rhyfeddod mwyaf oll ynghylch y bobl hyn yw rhychwant eu diddordebau, ac y mae hynny i'w ganfod wrth ystyried y termau a ddefnyddir heddiw, yn deillio o'r iaith Roeg, ddwy fil a hanner o flynyddoedd wedi'r cyfnod clasurol, yn arbennig felly yn yr iaith Saesneg. Yn y byd gwleidyddol, dyna'r geiriau 'monarchy', 'aristocracy', 'democracy', 'oligarchy'. Ym myd llenyddiaeth, 'poetry', 'epic', 'lyric', 'drama', 'tragedy', 'comedy'. A byd y gwyddorau a gwybodaeth, 'physics', 'astronomy', 'mathematics', 'history', 'philosophy'.

Do, fe fynegodd Shelley galon y gwir. A T.S. Eliot yntau, yn ei bryder am ganlyniadau anwybyddu'r gogoniant a fu.

Yr hyn a ddaw i'r meddwl gyntaf oll wrth ystyried y Rhufeiniaid yw'r Ymerodraeth, ac y mae'n syn cofio, o'i chymharu ag ymerodraethau eraill mewn hanes, i hon barhau'n hwy – o lawer hefyd – na'r un o'r Ueill. Rhai cannoedd o flynyddoedd man pellaf fu parhad Assyria, Babylon, Persia a Macedonia (o dan Alecsander Fawr), ond fe barhaodd Rhufain o 27 CC hyd OC 1453 pryd y goresgynnwyd Caergystennin gan y Twrciaid, cyfnod o bron fil a hanner o flynyddoedd. (Y mae rhai haneswyr yn honni iddi barhau hyd ddechrau'r bedwaredd ganrif ar bymtheg, ac mai Napoleon a'i dug i ben yn 1804.)

Gan inni ddechrau'r ddwy adran arall trwy gyfeirio at grefydd, beth am yr ochr honno o fywyd y Rhufeiniaid? Yn awr, y mae'n wir fod crefydd yn rhan amlwg iawn o'r bywyd Rhufeinig, ond gall dweud hynny fod yn gamarweiniol os meddyliwn mewn termau modern. Nid oedd a wnelo hi o gwbl â Iles ac iachawdwriaeth yr unigolyn, a dim llawer ychwaith â'i ymddygiad. Yn bennaf oll, mater cyhoeddus ydoedd crefydd yn Rhufain. Rhan oedd o'r hyn a elwid yn 'res publica', sef cyfres o ddefodau yr oedd eu cynnal yn fanteisiol i'r wladwriaeth, a'u hesgeuluso yn dwyn cosb a dialedd. Fe gyflawnid gwaith offeiriadol, am yr hyn ydoedd, gan ynadon, yn bennaf efallai oherwydd y gallai hynny fod o ddefnydd iddynt yn eu dyletswyddau cymdeithasol a pholiticaidd. Ond nid oedd ganddynt na chredo na dogma o gwbl. Er hynny, mae'n bur sicr fod yna unigolion a fyfyriai'n ddwys a dwfn am faterion yr enaid hyd yn oed yng nghyfnod cynnar yr Ymerodraeth. Dau gyfaill mawr i'r Ymerawdwr cyntaf, Augustus, oedd y beirdd gwych Fyrsil a Horas, a thra oedd Fyrsil yn ymarfer ei ddawn ryfeddol i glodfori'r Ymerodraeth a gogoniannau byd natur, fe ymgodymai Horas, yn ei ddull athronyddol, â chyflwr y gymdeithas o'i amgylch: gweld dirywiad mewn safonau moes ac ymddygiad, a hynny oherwydd y dibrisio ar eu crefydd, a phledio'n daer am i'w gyfoedion ei pharchu hi o flaen dim arall.

Ond goddefgarwch ac eangfrydedd oedd nodweddion amlycaf Rhufain ynghylch eu crefydd. Yr oedd lle i bawb, o bob mathau o gredoau, o fewn i'r Ymerodraeth ar yr amod na fygythient y drefn gyhoeddus. Yn wir buwyd yn eithriadol oddefgar tuag at Iddewiaeth, mae'n rhaid dweud, a gellid priodoli'r erlid a fu arni o bryd i'w gilydd i raddau go helaeth i ystyfnigrwydd yr Iddewon eu hunain.

Ym myd trefn eglwysig yn amlycaf oll y gwelir dylanwad Rhufain ar Gristnogaeth, fel y disgwyliem o gofio mor glòs y cysylltiad rhwng yr ymerodraeth a'r Eglwys Babyddol. Y mae Cyfraith Ganonaidd yr Eglwys honno yn ddyledus iawn am ei phatrwm a'i chynnwys i ddeddfau'r Ymerodraeth, yn arbennig Côd Justinian, yr Ymerawdwr o 527 hyd 565. Yn wahanol i'r Groegwr, nid oedd gan y Rhufeiniwr fawr ddim gwerthfawrogiad o gelfyddyd na gwyddoniaeth, ac yn nyddiau cynnar y Weriniaeth fe ddirmygai ac fe ddrwgdybiai bob bardd. O ba le felly, fe ofynnir, y daeth y sbardun iddo ef werthfawrogi barddoniaeth a chelfyddyd? O wlad Groeg wrth reswm. A chwarae teg i'r Rhufeiniwr, fe ddaeth i gydnabod hynny ac i fod yn edmygydd o gampau diwylliant y Groegwr. Yn un o gampweithiau barddonol yr oesau, sef yr *Aeneid*, y mae Fyrsil yn cyhoeddi mai rheoli, gweinyddu, cadw'r heddwch, ac yn y blaen yw gwaith Rhufain, ac eraill i astudio'r bydysawd a symudiadau'r sêr:

'Be it thine, O! son of Rome, to rule the nations; these shall be thy arts, to impose the habit of peace, to spare the vanquished, and to crush the arrogant by the sword.'

Y mae'n annheg ac yn anghywir i feddwl am y Rhufeiniaid yn bennaf oll fel rhyfelwyr, ac yn sicr nid oedd ganddynt unrhyw syched gwyllt am goncwest. Eu cenhadaeth arbennig hwy drwy gyfrwng y 'pax Romana' oedd gwastrodi anhrefn ac anarchiaeth, a llunio a gweinyddu cyfraith. Ac fe ddywaid un awdurdod wrthym nad oes yna brin un broblem mewn cyfreitheg nas cyffyrddwyd â hi, nac un gornel o wyddor gwleidyddiaeth nas goleuwyd ganddi. Os oedd poblogaeth yr Ymerodraeth ar ei hanterth oddeutu hanner can miliwn, y mae heddiw dros fil o filiynau o bobl yn byw o dan systemau sydd yn deillio o'r gyfraith Rufeinig, a llu o eiriau cyfreithiol wedi dod i lawr i lawer iaith o'r Lladin (megis yn Saesneg 'law', 'order', 'state', 'colony', 'civilian' a 'responsibility'). A buddiol yw dyfynnu'r geiriau canlynol a droswyd o'r 'Digest' o waith Justinian o'r chweched ganrif:

> 'Celfyddyd y da a'r teg yw cyfraith. Trwy rinwedd hyn y gall dyn ein galw'n offeiriaid, oherwydd fe addolwn gyfiawnder, a phroffeswn wybodaeth o'r hyn sy'n dda a theg, gan wahanu'r teg oddi wrth yr annheg, gwahaniaethu'r hyn a ganiatéir a'r hyn nas caniatéir, a dymuno gwneud dynion yn dda nid yn unig trwy ofn cosbau ond symbylu gwobrau.'

Fe aeth mil o flynyddoedd o ddoethineb ymarferol i mewn i waith enfawr a chwyldroadol Justinian, ac y mae cenhedloedd y byd yn ddyledus am ran helaeth o'u cyfraith a'u sefydliadau i athrylith Rhufain Imperialaidd.

Dyna fwrw golwg fras ar gyfraniadau'r tair hil, Iddewon, Groegiaid a Rhufeiniaid, pobloedd a oedd, er yn byw i gyd o amgylch Môr y Canoldir, yn dra gwahanol o ran eu tarddiad, ac o ganlyniad, o ran natur a chymeriad, yn wahanol iawn i'w gilydd. Ond er hynny ni bu'r gwahaniaethau yn rhwystr i undeb rhyngddynt a phob un o'r tair hil yn cyfrannu rhai o'r elfennau angenrheidiol i'r syniad o wareiddiad cyflawn. Y Groegiaid oedd y rhai cyntaf i sylweddoli – yn eu harferion a'u syniadau – werth rhyddid yr unigolyn. Ym myd y meddwl y mae'r ysbryd dynol yn gyfraith iddo'i hun, ond o fewn cymdeithas rhaid i ddyn gael cymorth awdurdod a llywodraeth fel y pwysleisiwyd gan Anselm, Austin, Aquinas ac eraill. Ac fe gyflawnwyd y ddisgyblaeth honno gan Rufain, oblegid pa werth yw diwylliant a chelfyddyd heb drefn a disgyblaeth a heddwch?

Ond uwchlaw popeth yr oedd cysylltiad hanfodol, o gyfnod Cystennin Fawr, rhwng Rhufain a Christnogaeth, ac fe ystyrid bod Rhufain wedi derbyn ordeiniad dwyfol i gyflwyno cenhadaeth grefyddol i'w holl ddeiliaid. Eto, 'lle ni byddo

22

gweledigaeth, methu a wna y bobl' yn ôl Llyfr y Diarhebion ym Meibl yr Iddew. Ac i'r Iddew, drwy'r proffwydi, y rhoddwyd y weledigaeth, i'w throsglwyddo, drwy Gristnogaeth, i holl genhedloedd Ewrop, a chydag amser i bobl y byd i gyd.

Fe gytunir yn gyffredinol i'r ugeinfed ganrif weld mwy o newidiadau sylfaenol ymhob cylch o fywyd nag unrhyw gyfnod cyfatebol mewn hanes. Ciliodd llanw ein hetifeddiaeth oludog, i raddau helaeth iawn. Troes y gymdeithas Gristnogol draddodiadol yn baganaidd a sinigaidd. Cefnodd 95 y cant o'n pobl ar grefydd gyfundrefnol. Aeth rhyddid yn benrhyddid, a disodlwyd trefn mewn rhai cylchoedd gan anhrefn ac anarchiaeth. Aeth safonau cydnabyddedig canrifoedd mewn diwylliant a chelfyddyd gyda'r gwynt. Deugain mlynedd yn ôl bu farw T.S. Eliot (Ionawr 1965) yn 76 oed. Beth, a sut, yr ysgrifennai heddiw?

Molawd Gŵyl Ddewi

Hed meddyliau ar eu hynt
Heddiw i Dyddewi,
Lle bu'r nawddsant ddyddiau gynt,
Brwd ei genadwri,
Drwy ei oes mor dirion, daer,
Dros Efengyl Mab y Saer.

Byrdwn:
Ninnau, o'r un iaith,
Gofiwn am ei waith;
Rhown i'r Sant
Lawen dant,
Mynnwn ni glodfori,
Un ac oll, ein Dewi.

I'w gyd-ddynion yn ddi-ffael
Fe fu'n gyfaill ffyddlon;
'Roedd yn gymwynaswr hael,
Ac mor bur ei galon!
Dros ganrifoedd cofir ef –
Gwir, ddigymar, was y nef.
Ninnau, etc.

Crwydrodd wlad y deau dir
Dros ei geidwad Iesu;
Troes ei weledigaeth glir
Er achubiaeth Cymru;
Lle 'roedd gynt dywyllwch mawr
Dug i'w bobl olau'r wawr.
Ninnau etc.

Cof amdano yn ei gell
Mewn myfyrdod tawel;
Gennad Duw o'r oesoedd pell
Heddiw ar yr awel
Enfyn neges atom ni:
'Gwnewch y pethau wneuthum i.'
Ninnau, etc.

Heddiw'r dydd dyrchafwn lef-
"Dewi Sant a'i ddelfryd
Fyddo'r nod drwy ras y nef
Inni drwy ein bywyd,
Fel daw Cymru'n Gymru lân,
Byw i Grist yn ddiwahân."
Ninnau. etc.

DEWI SANT A'I OES

Tyddewi yw'r ddinas leiaf ym Mhrydain. Yma fel y gwyddys y sefydlodd Dewi ei fynachlog yn nyffryn afon Alun yn y rhan o'r ardal a elwir yn Glyn Rhosyn. O'r sgwâr ynghanol y ddinas, lle y mae'r Groes Geltaidd, awn i lawr heol gul at "Borth y Tŵr", ac yna disgyn 39 o risiau at yr Eglwys: gris am bob un o'r Deugain Namyn Un Erthygl yng Nghredo Eglwys Loegr. Y "Porth y Tŵr" a enwyd yn awr yw'r unig un sydd yn aros o'r pedwar porth a oedd yna i fynd i mewn i'r ddinas sanctaidd yn y canrifoedd cynnar. Os byddai Gwyddelod yn glanio yn ardal y Traeth Mawr *(Whitesand Bay)* – ac oddi yno yr hwyliodd Padrig i genhadu yn Iwerddon yn 432 – fe aent i'r fynachlog yng Nglyn Rhosyn drwy'r Porth Gwyn. Âi'r pererinion a laniai ym Mhorth Clais drwy Borth Padrig, a'r rhai a ddeuai o Ogledd Cymru drwy Borth Boning. Diflannodd y tri phorth hyn. Erys Porth y Tŵr.

Y mae fy ngwraig a minnau, ar ôl sawl blwyddyn o ymweld â'r lle, yn dal i deimlo gwefr yr awyrgylch wrth fynd i mewn i'r Eglwys i'r gwasanaeth ar fore Sul, boed yn Foreol Weddi neu'n Gymun Bendigaid; mae'r adeilad yn gyfareddol, mae'r côr yn wych, a'r organ (a adnewyddwyd ryw ddeng mlynedd yn ôl ar gost o dros chwarter miliwn o bunnau) yn odidog. Rhaid nodi mai amgylchiad i'w gofio'n hir oedd cael bod yn y Gadeirlan yn ystod wythnos yr Eisteddfod Genedlaethol yn 2002 yn gwrando ar y Dr. Rowan Williams yn pregethu yn Gymraeg. Ar derfyn gwasanaeth mae'n hyfryd cael ymdroi yn yr Eglwys i weld y creiriau lle y cofféir pobl fel Thomas à Becket, Gerallt Gymro, yr Arglwydd Rhys (Rhys ap Gruffydd, sylfaenydd abatai Ystrad Fflur a Thalyllychau, a noddwr eisteddfod enwog Aberteifi 1176), heb sôn wrth gwrs am Ddewi ei hun.

Faint a wyddom ni am Ddewi Sant – i sicrwydd? Ychydig *iawn*. Yn ôl R. T. Jenkins, yr oedd yn fwy o Wyddel nag o Gymro, a bron na allech (meddai R. T. J.) ysgrifennu'r cyfan a wyddom ni'n bendant amdano ar gefn stamp post! Ond o leiaf mae'n sicr mai yng Nghymru yr oedd yn byw, ac mae hynny'n fwy nag y gellid ei ddweud am nawddseintiau Lloegr a'r Alban: nid oedd Sant Siôr na Sant Andreas yn byw yn y gwledydd a'u mabwysiadodd hwy. Ac nid oedd Siôr yn Sais, nac Andreas yn Albanwr! Y tebyg yw mai yn y flwyddyn 520 y ganed Dewi, ac iddo farw ar Fawrth y Cyntaf 589 yn 69 oed. Mab oedd i'r brenin Ceredigion Sant (nid ein hystyr ni i'r gair) a Non, neu Nonnita, ac y mae traddodiad mai ger Capel Non, ryw filltir o ganol Tyddewi, y ganed ef.

Un o'r prif resymau paham y mae ein gwybodaeth am Ddewi mor brin yw nad oes gennym, o'r cyfnod rhwng O.C.400 a 600 – ac oes gyfan Dewi yn dod o fewn y ddwy ganrif yna – fawr ddim ysgrifenedig wedi goroesi. Gwaith rhyw un gŵr arbennig, crefyddol a galluog sydd ar gael – fawr mwy na hynny: Gildas wrth ei enw. Fe gydoesai ef â Dewi, ond bu farw yn 570, bron ugain mlynedd o'i flaen. Tua'r flwyddyn 540 – yn rhy fuan i roi gwybodaeth ddilys am Dewi, a fuasai ond rhyw ugain oed yr adeg honno – fe ysgrifennodd Gildas, yn Lladin wrth reswm, waith yn dwyn y teitl, o'i gyfieithu, "Ynghylch darostyngiad Prydain"; hynny yw, dan y Sacsoniaid a oedd wedi ysgubo dros y wlad o ganol y ganrif gynt, sef canol y bumed ganrif. Ni welais i erioed mo'r gwaith; rhyw bum mil ar hugain o eiriau, meddir. Petai Gildas wedi ysgrifennu yn null yr haneswyr clasurol, byddai ei waith yn eithriadol werthfawr. Ond yn anffodus yr hyn a gawn ganddo yw taranu yn erbyn pechodau a gwendidau'r oes, ac yn erbyn y penaethiaid barus, gwaith llawn o ddyfyniadau Beiblaidd, o'r Beibl Lladin, y Fwlgat, yn sicr. Iddo ef y mae llwyddiant y Sacsoniaid yn gorchfygu'r Brythoniaid (sef ni'r Cymry felly) i'w briodoli i farn Duw ar y genedl am ei chamweddau. Daeth y dehongliad yma, a gafwyd eilwaith ymhen dau gan mlynedd gan yr hanesydd enwog, yr Hybarch Bede, fel rhyw offeryn dylanwadol i gyfiawnhau grym y gorchfygwr. Ac y mae pawb ohonom ni a fu'n dilyn yr Ysgol Sul am lawer iawn o flynyddoedd yn dwyn i gof mai agwedd ddigon tebyg a oedd gan Amos a Hosea a Meica saith canrif a hanner cyn Crist yn wyneb bygythiadau'r Asyriaid o Ninefe ar yr Israeliaid, ac yn ddiweddarach Jeremeia a'i gyfoeswyr ynglŷn â'r Babiloniaid. Felly, nid yw Gildas lawer o help inni.

Prif ffynhonnell ein gwybodaeth am fywyd a gwaith Dewi Sant yw'r ddogfen yn dwyn y teitl "Buchedd Dewi", rhyw ddau ddwsin o dudalennau. Awdur y gwaith hwn oedd y gŵr galluog Rhigyfarch, brodor o Lanbadarn Fawr ger Aberystwyth, yr hynaf o bedwar mab Sulien Ddoeth, ysgolhaig nodedig a fu ar ddau gyfnod (1073 – 78 a 1080 – 85) yn Esgob Tyddewi – yr esgob olaf ond un cyn ei dwyn dan awdurdod Caergaint. Yr adeg honno o'r Oesoedd Canol fe gyhoeddwyd nifer o'r "Bucheddau" yn rhoi ar gof a chadw hanes y seintiau (hynny yw, myneich) megis Teilo, Illtud, Padarn ac eraill, yn Lladin oll wrth gwrs. A'r un gynharaf – a mwyaf diddorol – ohonynt i gyd yw'r eiddo Dewi. Wel, meddir, ardderchog fod gennym fywgraffiad fel hyn ohono! Hanner munud! Pan gyfansoddwyd y gwaith hwn yn 1089, yr oedd Dewi wedi marw ers union bum can mlynedd, ac er i'r awdur ddweud iddo gael llawer o wybodaeth mewn hen lawysgrifau a ddarganfu yn y fynachlog yn Nhyddewi, yn llawysgrifen y sant ei hun meddai ef (go brin!), eto wedi ysbaid mor hir, anodd iawn fyddai gwahaniaethu rhwng chwedl a ffaith hanesyddol, a chymysgedd o lên gwerin a thraddodiadau llafar.

Nid dyna ddiwedd y mater ychwaith – o bell ffordd, oherwydd nid un fersiwn o waith Rhigyfarch sydd ar gael ond cryn ddau ddwsin, a'r hynaf ohonynt wedi ymddangos tua chan mlynedd ar ôl marwolaeth yr awdur. Aeth canrif a hanner arall heibio wedyn cyn cael y fersiwn Cymraeg cyntaf (a'r Cymraeg cynnar hwnnw yn enbyd o anodd i'w ddeall heddiw), sef yn "Llyfr Ancr Llanddewibrefi" 1346 – hynny yw, 757 o flynyddoedd ar ôl i Dewi farw. (Ystyr 'ancr' yw 'meudwy'.) Os ychwanegwn at hyn oll y ffaith fod amryw rannau o'r gwaith Lladin gwreiddiol yn absennol o'r cyfieithiad Cymraeg – er enghraifft, hanes pererindod Dewi gyda Theilo a Phadarn i Jerusalem, a'i ddyrchafu'n archesgob gan y Patriarch – gellir deall mai gorchwyl anodd eithriadol yw cysoni portread Rhigyfarch â bywyd y gwir sant yn y chweched ganrif. Y gwir yw, ar wahân i waith Rhigyfarch, y cyfan sydd gennym ar glawr am Dewi yw ambell gofnod damweiniol yma ac acw.

Pan yw haneswyr yn sôn am "gyfnod Dewi Sant", golygant yn fras y ddwy ganrif a nodwyd yn barod: O.C. 400 i 600. Ar ddiwedd y cyfnod yna, o fewn rhyw chwarter canrif i'w gilydd, fe fu sawl brwydr rhwng y Sacsoniaid a'r Brythoniaid. Cyfeiriwn at dair ohonynt: Catraeth *(Catterick)* yn Swydd Efrog, tua deng milltir i'r de o Darlington. Dyma'r frwydr y sonia'r bardd Aneirin amdani yn y gerdd hir o 103 o benillion dan y teitl "Y Gododdin". Mae'n anodd credu i 650 o flynyddoedd fynd heibio rhwng oes Aneirin a'r copi hynaf sydd gennym o'r gerdd. (Yr oedd Taliesin, bardd arall o'r un cyfnod, yn byw yn yr un rhan o'r wlad.) Yna brwydr Caer (Caer Lleon ar y map), ger Bangor Is-coed; yno y bu'r gyflafan erchyll pan laddwyd deuddeg cant o fyneich gan ryw fwystfil o ddyn, Aethelfrith, a'u trosedd hwy oedd gweddïo dros ei elynion ef! A'r drydedd frwydr yw'r un a fu ger Bryste mewn lle o'r enw Deorham.

Yn y blynyddoedd ar ôl y tair brwydr yna, ac yn arbennig wedi'r ddwy olaf a enwyd, Caer a Deorham, dyma'n wir pryd y rhannwyd Prydain yn ddaearyddol, yn wleidyddol, ac (i fesur) yn ieithyddol hefyd. Y mae'r llinell (union syth) ar y map yn rhedeg o ymyl Caeredin i Ddyfnaint. I'r gorllewin o'r llinell y mae'r Brythoniaid, sef ni'r Cymry, Cernyw, rhan o Ddyfnaint, ac o Gernyw ar draws y môr i Lydaw. I'r dwyrain o'r llinell y mae Tiwtoniaid, Sacsoniaid, y Saeson, ac i'r gogledd y Gaeliaid (fe ddaeth yr Albanwyr mewn amser o Iwerddon). Mewn gair, dyma'n fras pryd y crisialwyd y tair cenedl hyn – nyni'r Cymry, y Saeson a'r Albanwyr, o gyfnod y ddwy ganrif mwy neu lai o gwmpas oes Dewi Sant.

Beth am yr iaith Gymraeg? Mae Dr. Nora Chadwick, darlithydd mewn Hanes Celtaidd cynnar ym Mhrifysgol Caergrawnt ac awdurdod yn y maes yma, yn sôn yn un o'i herthyglau am deithiwr yn y bumed neu'r chweched ganrif yn cychwyn ar daith o Gaeredin i Gernyw. Mae'n teithio ar ochr orllewinol y llinell ar y map, a dywaid na châi'r teithiwr yr un anhawster i archebu ei brydau bwyd i gyd yn Gymraeg – hen Gymraeg wrth gwrs – yr holl ffordd. A meddylier am y lleoedd, y tu allan i'n Cymru ni, ag enwau Cymraeg arnynt yr âi drwyddynt: Ystrad Clud *(Strathclyde)*, Moel-y-rhos *(Melrose)*, Pen-y-goedlan *(Pencaitland)*, y rhain yng nghyffiniau Caeredin. Yna, yn Cumberland, Pen-rhyd *(Penrith)*; yn swydd Stafford, Pen-grug *(Penkridge)*; ac yn sir Gaerwrangon, Moel-fryn *(Malvern)*. Byddai hefyd wedi pasio drwy ran o'r wlad o'r enw Elfed, o gwmpas Leeds, a phetai'n digwydd rywbryd fynd mor bell â Chaint fe ymwelai'n bur siŵr â lle yn dwyn yr enw cyfaddas iawn Dwfr *(Dover)*.

Pa bryd y daeth Cristnogaeth i Brydain? Nid oedd poblogaeth Cymru yn y canrifoedd cynnar yn fwy na rhyw chwarter miliwn, tua maint Caerdydd heddiw. Y mae pob awdur yn pwysleisio mor anodd yw dod o hyd i ffeithiau pendant am y cyfnod, bod dechreuadau ein crefydd wedi eu cuddio mewn rhyw niwloedd o hen draddodiadau ac arferion a chwedloniaeth: fel pob gwlad wrth reswm. Prin odiaeth yw'r deunydd cadarn sydd at ein galwad wrth ymchwilio i'r mater. Mae'n amlwg nad oes yr un o'r arbenigwyr yn credu'r hen hanesion (ffansïol yn aml) fod pobl fel Joseph o Arimathea a'r Apostol Paul wedi bod yma'n lledaenu'r Efengyl. Rhamantu noeth, meddent! Ond am bopeth a welir, y mae cytundeb gweddol mai'r llengoedd Rhufeinig a ddaeth â Christnogaeth i'r ynysoedd hyn gyntaf oll. Yn y flwyddyn 43, oddeutu deng mlynedd wedi'r Croeshoeliad, yn amser yr Ymerawdwr Claudius y glaniodd y llengoedd cyntaf, ryw hanner can mil o filwyr mae'n debyg, ar draethau Caint.

Wrth gwrs, fe gymerodd amser maith, mewn cyfnod cyntefig fel hwnnw, i wybodaeth am yr Efengyl dreiddio i mewn i'r wlad a lledaenu dros Brydain oll. Ond i'n helpu, y mae dyn yn dod ar draws ambell ffaith fel yma: yn y flwyddyn 176 fe gyhoeddodd gŵr o'r enw Irenaeus, un o'r Tadau Cristnogol cynnar o Smyrna yn Asia Leiaf, ysgolhaig a diwinydd galluog, fe gyhoeddodd ef restr fanwl o'r rhannau Cristnogol o'r byd Rhufeinig yn ei gyfnod – *ac nid yw'n enwi Prydain o gwbl*. Ond ymhen rhyw hanner canrif ar ôl hynny, O.C. 220-230, y mae dau ŵr adnabyddus iawn i haneswyr, Tertullian, gŵr o Ogledd Affrica, diwinydd ac awdur nifer o lyfrau crefyddol, ac Origen, ysgolor Beiblaidd o Alecsandria yn yr Aifft, y ddau hyn – yn annibynnol ar ei gilydd – yn enwi Prydain ymhlith y gwledydd lle yr oedd yr Efengyl yn cael ei phregethu. Felly, deuwn i'r casgliad mai oddeutu diwedd yr ail ganrif a hanner cyntaf y drydedd ganrif yw cyfnod gwreiddio'r grefydd Gristnogol ym Mhrydain. Tua'r adeg honno, i gadarnhau hyn, deallwn i dri mynach gael eu merthyru am eu ffydd: un oedd Alban, y merthyr cyntaf – y gŵr yr enwyd St. Albans, ryw bymtheng milltir o Lundain ar ei ôl – a'r ddau arall oedd Aaron a Julius, a ferthyrwyd yng Nghaerleon yng Ngwent.

Yn awr, y mae'r ganrif ddilynol, y bedwaredd, yn allweddol wrth astudio canrifoedd cynnar Cristnogaeth, nid yn unig ym Mhrydain ond yn Ewrop gyfan. A sawl digwyddiad tyngedfennol bwysig hefyd. Dyna'r flwyddyn 306 er enghraifft: Cystennin (Fawr) yma yng Nghaer Efrog, ei dad yn marw, ac ef yn cael ei ddewis yn Ymerawdwr; yna, ymhen rhyw ugain mlynedd, ef yn derbyn Cristnogaeth fel prif grefydd swyddogol yr Ymerodraeth, yn galw'r Cyngor yn Nicea yn Asia Leiaf i ddiffinio athrawiaeth duwioldeb Crist, ac yn penderfynu trosglwyddo prifddinas yr ymerodraeth i'r hen ddinas Roegaidd yn dwyn ei enw ar lannau'r Bosphorus. Tua'r un amser yr oedd gŵr o'r enw Anthony wedi sefydlu mudiad y myneich yn yr Aifft, syniad a ledaenodd dros Ewrop gyfan gan gynnwys Cymru. Cyn diwedd y ganrif, yn 385, yr oedd yr Ymerawdwr

Theodosius wedi dyfarnu Cristnogaeth fel *unig* grefydd swyddogol yr Ymerodraeth Rufeinig.

Oddeutu'r flwyddyn 390 cafodd y Pab Damasus ddylanwad ar ŵr o'r enw Jerome, ysgolhaig o'r radd flaenaf a drigai yn Jerusalem, i fynd ati i gyfieithu'r Beibl cyfan i'r iaith Ladin. Meddylier am anferthedd y dasg: trosi'r Hen Destament o'r Hebraeg a'r Testament Newydd o'r Roeg! Yr oedd hynny bron i ddeuddeg cant o flynyddoedd cyn i'r Esgob William Morgan wneud yr un gymwynas â ni'r Cymry. Dywaid haneswyr wrthym na fedrwn ni ddeall y modd y datblygodd Cristnogaeth ar hyd a lled Ewrop – nac i ni yng Nghymru ychwaith – heb sylweddoli mor hanfodol bwysig oedd cyhoeddi'r Beibl Lladin, y Fwlgat, ar ddechrau'r bumed ganrif. Mewn gwirionedd, nid yw'n ormod dweud bod lledaeniad y grefydd Gristnogol yng Nghymru o ddyddiau Dewi ac Illtud a Theilo ac eraill o'r seintiau yn y chweched ganrif wedi bod mor ddibynnol ar y Fwlgat ag a fu parhad yr iaith Gymraeg ar Feibl William Morgan a John Davies, Mallwyd, o 1588 ymlaen. O gyfnod cael y Fwlgat allan i wledydd y Gorllewin, y Beibl Lladin hwn oedd yr un llyfr yr oedd pob person llythrennog ar draws Gorllewin Ewrop yn gyfarwydd ag ef (nid y Dwyrain lle yr oedd Groeg yn iaith y cyfnod). Ymhellach, ymhen amser fe ddaethpwyd i gredu yn y Gorllewin mai'r Beibl hwn oedd yn cynnwys y Gwirionedd ei hun. Cyn dyfodiad y Fwlgat ychydig iawn a wyddom ni am ansawdd bywyd ysbrydol, na litwrgi (os oedd yna'r fath beth yn bod) yr Eglwys Geltaidd.*

O'r bumed i'r wythfed ganrif fe Gristioneiddiwyd rhannau o'r ynysoedd hyn gan fyneich a chenhadon, y bobl dda hynny y daethpwyd i'w galw'n seintiau, trwy gymorth cael yr Ysgrythurau mewn iaith yr oedd y dysgedigion yn ei deall (y Lladin) ac yn gallu cyflwyno'r cynnwys felly i'r brodorion yn eu hiaith hwy eu hunain. Yn ôl ysgolheigion fel yr Athro Emrys G. Bowen ac eraill, fe adawodd y seintiau hyn argraff barhaol ar Gymru, fel ar rannau eraill o Brydain, nid yn unig

*Rhaid cofio hefyd nad oedd y termau "Prydain", "Lloegr", "Yr Alban" a "Chymru" mewn bod yn y cyfnod hwnnw.

oherwydd eu sêl a'u brwdfrydedd dros yr Efengyl, ond hefyd oherwydd bod eu dulliau hwy o efengylu yn denu pobl i wrando ar eu neges. Fe ledaenodd Cristnogaeth (medd yr Athro Bowen) o'r de-ddwyrain (sir Fynwy) i dde Morgannwg drwy waith Illtud a Chadog a'u tebyg, ac yr oedd dylanwad ysgol nodedig Illtud yn Llanilltud Fawr yn eithriadol o bwysig. Yr oedd Dewi a Theilo ymysg y nifer mawr o genhadon a fu'n astudio yn Llanilltud, a'u dylanwad hwy wedyn yn cyrraedd nid yn unig y de-orllewin (sir Benfro) ond tua'r canolbarth i Frycheiniog a Henffordd. Maes o law fe aeth y neges i Ogledd Cymru dan ddylanwad Beuno yn fwyaf arbennig. A phobl gyffredin, di-ddysg, yr ardaloedd gwledig drwy Gymru gyfan yn cael clywed pregethu'r Efengyl wrth bod y seintiau a'r cenhadon eraill yn gallu trosi'r neges o'r Beibl Lladin i'r iaith frodorol.

Aeth canrifoedd heibio cyn bod trefn eglwysig ar blwyfi ac esgobaethau ac yn y blaen. Ni bu llawer o drefniadaeth yn yr ystyr yna hyd ar ôl y Goncwest Normanaidd ddiwedd yr unfed ganrif ar ddeg. A chymryd mai tua'r drydedd ganrif yr heuwyd yr had Cristnogol yn yr ynysoedd hyn, yr oedd ein gwlad fach ni wedi derbyn y grefydd newydd hon rai canrifoedd felly cyn ei bod yn ymwybodol o fod yn genedl neu'n endid gwleidyddol ac ieithyddol.

RHAI NODIADAU AM EWROP
1740-1790

Hwylustod, a dim mwy, sydd i gyfrif am rannu hanes –
i'w astudio'n fanwl – yn ganrifoedd. Ac fel y gellid disgwyl, y
mae rhai canrifoedd yn fwy cymhleth nag eraill. Amdanaf fy
hun, byddaf yn teimlo bod yr ail ganrif ar bymtheg, ac i raddau
llai y bedwaredd ar bymtheg, yn anodd. Ond nid felly y
ddeunawfed, ac ar hyn o bryd o leiaf hon yw fy hoff ganrif i,
yn rhannol am y caf hi beth yn haws i'w deall! Hon, heb os,
yw'r "ganrif gyswllt" rhwng yr hen fyd a'r byd modern: cawn
yr argraff fod mwy o wahaniaethau rhwng ei dechrau a'i
diwedd nag yn achos y lleill.

Dyma gyfnod yr "unbennaeth oleuedig" *(enlightened
despotism)*: hynny yw, pobl mewn awdurdod yn awyddus (?)
i wella cyflwr materol eu deiliaid. Meddyliwn am Joseph yn
Awstria (mab Maria Theresa*), ei frawd Leopold yn Tuscany,
Catherine yn Rwsia a Frederick ym Mhrwsia. (Cydnabyddir
Frederick fel un o'r gwŷr galluocaf a fu mewn awdurdod yn
Ewrop erioed: yn gyfaill i Voltaire, yn ieithydd, yn llenor, yn
gerddor, etc.) Prydain yn y cyfnod hwnnw oedd yr unig wlad
yn y byd ag iddi *ryw* fesur o ddemocratiaeth a sefydlogrwydd
llywodraeth. Yng Nghymru yr oedd poblogaeth (wledig) o thua
hanner miliwn, a daethpwyd i ystyried blynyddoedd cyntaf y
cyfnod fel "Oes y Diwygiad" ac "Oes Pantycelyn a'r Emynwyr
Eraill".[†] Yr oedd yn amser caled ar y werin fel ymhob gwlad,
ond daeth y Chwyldro Diwydiannol â thyfiant cyflym yn y
gweithiau glo, haearn, copr, plwm a llechi. Cyn diwedd y ganrif
yr oedd rhwydwaith o ffyrdd eithaf da dros y wlad a newid

* Ond hefyd yn frawd i Marie Antoinette!
† Gweler y bennod *Cymru Dau Gyfnod*, tud. 129.

mawr mewn amaethyddiaeth o ganlyniad i waith arloesol pobl fel Jethro Tull, Thomas Townshend a 'Farmer' George.

Yn Lloegr, ar ôl dwy flynedd ar hugain o dan Robert Walpole fel y Prif Weinidog cyntaf, cafwyd yn y man weinyddiaeth dan un o Brif Weinidogion gorau y wlad erioed, Iarll Chatham, ond yna rhyfel am saith mlynedd yn erbyn Ffrainc yng Nghanada a'r India (1756 – 63), a'r degawd dilynol Rhyfel America – a ffurfio'r Taleithiau Unedig dan George Washington. Y mae'r hanesydd George M. Trevelyan, wrth ddisgrifio'r amgylchiadau a arweiniodd i'r "Te Parti" alaethus ym mhorthladd Boston, yn gresynu'n ddirfawr am ffolineb y Brenin Siôr y Trydydd a'r Arglwydd North: dywaid mai diosgoi oedd i Brydain ac America ymwahanu, ond y gallai'r peth fod wedi digwydd mewn ffordd fwy urddasol a pharchus o lawer na hynny.

Un o brif gymeriadau'r ganrif heb amheuaeth oedd John Wesley. Y mae meddwl am aruthredd ei weithgarwch, dros gyfnod o hanner can mlynedd, yn ein syfrdanu: teithio chwarter miliwn o filltiroedd, pregethu deugain mil o bregethau (cyfartaledd o bymtheg pregeth yr wythnos), dioddef erledigaeth chwerw a bron â chael ei ferthyru droeon. Gwych y dywedodd yr ysgolor J. H. Plumb amdano, yn ei gyfrol ar y ddeunawfed ganrif:

> "A great and complex character, one of the greatest known to modern times."*

Pa fath gymdeithas a wynebai John Wesley, ei frawd Charles (awdur chwe mil a hanner o emynau) a George Whitefield ar ddechrau eu crwsâd yn nhri degau'r ganrif, fel a wynebai Hywel Harris a Daniel Rowlands a Williams Pantycelyn yng Nghymru? Dyma'r ateb: truenus yn wir. Merched a phlant yn gweithio oriau hir. Llawer o'r gwŷr yn

---

* Yn gymharol ddiweddar cyhoeddwyd bywgraffiad o John Wesley gan Roy Hattersley (anffyddiwr). Llyfr o glod ac edmygedd.

byw bywyd ofer a threisiol, yn gamblo a meddwi, a mynd mawr ar bethau fel ymladd ceiliogod. Meddai un awdur:

"Boxing matches between women attract large crowds."

Dau ddylanwad pwysicaf Ewrop oedd crefydd a rhyfel. Ac mor chwithig yw gorfod enwi dau beth mor drwyadl groes i'w gilydd! Yr oedd crefydd i'r gwerinwr syml ar draws y cyfandir yn rhan gwbl hanfodol a phwysigrwydd canolog yn ei fywyd. A hyn er gwaethaf llawer o ofergoeliaeth. Dwy ganrif a hanner wedi'r Diwygiad Protestannaidd yr oedd awdurdod Rhufain wedi dirywio. Nid oedd yr Eglwys Babyddol yn rym gwleidyddol bellach fel yn yr Oesoedd Canol, a'i chyflwr mewn rhai gwledydd – yn arbennig Ffrainc – yn warth: fel sydd yn wybyddus, dyma un o'r prif resymau am y Chwyldro mawr yn 1789. Yr oedd hi'n gref yn yr Eidal, yr Ymerodraeth Habsburg a De'r Almaen, ond ar ei chryfaf oll yn Sbaen a Phortiwgal, dwy wlad heb eu cyffwrdd bron gan ymgyrch Martin Luther. Yn Sgandinafia a Gogledd yr Almaen yr oedd yr Eglwys Lutheraidd ar ei gorau, Anglicaniaeth yn Lloegr a Chymru (heb anghofio cynnydd Methodistiaeth), Calfiniaeth yn y Rhanbarthau Unedig a rhai rhannau o'r Almaen, Y Swistir, "pocedi" bychain yn Hwngari, Poland a Bohemia, ac wrth gwrs yn yr Alban yn arbennig iawn a chael dylanwad cryf ar drefn addysg y wlad. Yr oedd yr Eglwys Uniongred wedi gwreiddio yn nwyrain Poland, yn arbennig yng ngwledydd y Balcan, ac wrth reswm yn Rwsia.

O ganlyniad i'r hyn a ddywedwyd am ddirywiad Eglwys Rufain, yr oedd gwrthwynebiad cynyddol tuag ati gan lywodraethau a brenhinoedd, ac agwedd pobl at grefydd gyfundrefnol yn newid.Deuid yn araf i gredu bod y gwirionedd am fodolaeth Duw i'w ddarganfod yn unig gan unigolyn trwy dystiolaeth rheswm a natur, heb gysylltu ag unrhyw eglwys arbennig nac ychwaith mewn datguddiad. Dyma hanfod dëistiaeth, o'i chymharu â thëistiaeth, sef oedd honno y gred mewn Duw personol fel creawdwr a rheolwr y byd, a hynny'n wybyddus i ddyn trwy ddatguddiad goruwchnaturiol. Bellach aethpwyd fwyfwy i gredu nad oedd Duw yn ymwneud dim oll â bywyd y byd, ac efallai mai'r symud ymlaen mewn astudiaethau gwyddonol i fesur a gyfrifai am hynny.

Yna, rhyfel. Yr oedd hwn yn gyfnod enbyd a dinistriol i ran helaethaf o'r cyfandir. "War", meddai un awdur, "was the greatest single factor in the history of eighteenth century Europe". Fe sefydlodd Rwsia a Phrwsia, y ddwy wlad fel pŵerau mawr, gwanychu dylanwad Sweden a phrysuro dirywiad ymerodraeth yr Ottoman. Yr oedd y draul am yr holl ymrafael yn enfawr, mewn gwaed ac eiddo. Mor drist wrth gwrs, ac y mae dyn yn colli cyfrif o'r holl ryfeloedd. Mae'n wir na olygai rhyfel yr un peth o gwbl ag yn ein canrif ni, oherwydd derbynnid ef fel rhan anochel o fywyd, ysywaeth. Ond y mae'n ffaith hefyd fod y mwyafrif o feddylwyr y ddeunawfed ganrif yn credu bod cymdeithas yn mynd yn fwy gwaraidd, a rhyfeloedd yn llai creulon – ac yn debyg o orffen yn y man!* Oes rheswm wedi'r cyfan oedd hi. Dadleuai Immanuel Kant (1724 – 1804), efallai y blaenaf o'r rhesymolwyr, mai rheswm oedd y modd i ffenomen profiad gael ei thrawsnewid yn ddeall. Beth fyddai ei farn heddiw tybed?

Dros y rhan fwyaf o Ewrop er hynny, yr oedd patrwm cymdeithas, yn ei hanfodion, yr hyn a fu ers cenedlaethau. I'r dyn cyffredin yn y gorllewin a'r canolbarth, yr hyn yr oedd yn fwyaf ymwybodol ohono oedd, nid yn gymaint y pŵerau mawr, Ffrainc, Prwsia, Awstria, etc, a'r gwahanol grefyddau neu ddulliau o grefydda, ond ei uned leol fechan ef ei hun: y plwyf, y pentref, cylch ei gydnabod. Wedi'r cyfan, yr oedd dylanwad yr uned leol yn llawer mwy ar fywyd y dyn cyffredin, a gellid dweud bod yr unedau bychain hyn at ei gilydd yn hunangynhaliol.

Oedd, yr oedd yn gyfnod cythryblus. Ond fel yn hanes yr Eidal yng nghyfnod y Dadeni, yr oedd yn eithriadol ddisglair

*Tua diwedd y ganrif flaenorol, a chofio erchylltra Rhyfel y Deng Mlynedd ar Hugain, 1618 – 48, cafwyd y geiriau calonogol hyn gan un hanesydd: "Wars are going out nowadays because of their mildness."

ym myd y celfyddydau. Dyma oes Samuel Johnson a Boswell, mewn drama Sheridan a Goldsmith (dau Wyddel!), mewn barddoniaeth Gray a Pope, mewn hanes Edward Gibbon a'i waith ar Ymerodraeth Rufain y bu'n llafurio'n ddyfal arno am dair blynedd ar ddeg, mewn arlunwaith Joshua Reynolds ac eraill, yn y Senedd Edmund Burke (un o'r areithwyr gorau erioed), ac wrth gwrs Adam Smith, sefydlydd astudiaethau economaidd yn cyhoeddi gwaith deng mlynedd yn y gyfrol ryfeddol *The Wealth of Nations*, "Beibl Masnach Rydd" (1776). Dyna rai enwau.

Meddylier am Josiah Wedgewood yn swydd Stafford a'i ffatri lestri enwog, yn paratoi set o 952 o ddarnau *gwahanol* a'u hanfon i'r Ymerodres Catherine yn Rwsia ar gyfer yr Amgueddfa Dreftadaeth. Ac yn oes cynllunio dinas Caerfaddon gan Beau Nash, mae'n rhaid cofnodi bod dylanwad Christopher Wren yn barhaol drwy'r ganrif.

Ymhellach, cynlluniwyd gerddi enwog, a pharciau (miloedd o aceri), a choedwigoedd. Dodrefn arbennig wedyn: Chippendale, Hepplewhite, a Sheraton, sef byrddau a chadeiriau artistig. A'r Almaenwr, George Frederic Handel, ar ôl derbyn dinasyddiaeth Brydeinig, yn cynhyrchu llu o weithiau cerddorol bythgofiadwy. Gellid enwi James Watt a'i beiriant ager ac eraill, cyfnod geni'r Chwyldro Diwydiannol, a thorri camlesi, dwy fil o filltiroedd i hybu masnach. A rhagor.

Ond cyn symud ymlaen, yr wyf am ddyfynnu ychydig frawddegau o law Oliver Goldsmith, wrth iddo gyflwyno'i gerdd nodedig "The Deserted Village" i'w arwr Syr Joshua Reynolds, Arlywydd cyntaf yr Academi Frenhinol, ym Mai 1770. Cytunaf yn llwyr â'r geiriau, ac nis cyfieithaf rhag amharu ar y cynnwys:

> "In regretting the depopulation of the country, I inveigh against the increase of our luxuries...For twenty or thirty years past, it has been the fashion to consider luxury as one of the greatest national advantages; and all the wisdom of antiquity, in that particular, as erroneous. Still

however, I must remain a professed ancient on that head, and continue to think those luxuries prejudicial to states, by which so many vices are introduced, and so many kingdoms have been undone."

*   *   *

Brenhiniaeth oedd y drefn arferol yn Ewrop yn y ddeunawfed ganrif, a chydag eithriadau bychain fel y Swistir, Fenis a Genoa dyna oedd pob gwladwriaeth. A gwleidyddiaeth y brenin a dderbynnid yn gyffredinol. Ychydig iawn o bobl a amheuai nad dyna'r ffordd orau o lywodraethu*, a'r ffaith oedd mai'r gwledydd yn y lle'r oedd ffigur cryf yn rheoli oedd y mannau mwyaf trefnus at ei gilydd.

Nid oedd sôn yn unman, hyd yn oed yn Lloegr, am "Sofraniaeth y Werin", a'r gwir yw na chafodd y werin bobl unrhyw awdurdod gwleidyddol hyd y ganrif ddilynol: y syniad poblogaidd ar draws y cyfandir oedd yr un a elwir yn "Hawl Ddwyfol Brenhinoedd". Prin yr amheuai neb hynny. Dyna'r drefn orau. Meddai Frederick:

"Monarchy is the best or worst of all governments, according as it is administered."

Oes yr Awtocrat, yr Unben, oedd hi. Dyma'r adeg y daeth Rwsia – heb ei chyffwrdd gan y Dadeni na'r Diwygiad Protestannaidd – yn rym yn hanes Ewrop yn dilyn teyrnasiad Pedr Fawr. Ac ym mlynyddoedd mwy diweddar, o dan Frederick, fe ddaeth Prwsia (sef rhan ogleddol yr Almaen heddiw) i arwain llu o dywysogaethau a ddatblygodd, erbyn canol y ganrif ddiwethaf o dan Bismarck, yn Ymerodraeth Almaenig. Y mae crybwyll enw Frederick yn dwyn cymysgedd o agweddau i'r meddwl: gresyndod ac edmygedd, siom a rhyfeddod, gofid a gwên. Gofidiwn fod gŵr mor dalentog wedi treulio cymaint o'i amser yn brwydro, bod militariaeth wedi ffurfio rhan mor amlwg o'i fywyd. Ac yntau, fel y dywedwyd ar ddechrau'r erthygl hon, yn un o'r gwŷr mwyaf medrus i reoli

* Nid oedd hyd yn oed gwerin Ffrainc o blaid diddymu'r frenhiniaeth cyn 1793.

gwlad ag a fu erioed yn Ewrop. Fe weddnewidiodd system addysg Prwsia yn gyfan gwbl: erbyn 1763 yr oedd addysg gynradd yn orfodol drwy'r wlad. Cafodd ef athrawon i roi sylw arbennig i fathemateg, daearyddiaeth, cadw cyfrifon, y clasuron ac ieithoedd modern. Ni wn i a fu ganddo ran (efallai ddylanwad) yn natblygiad Prifysgol Göttingen, a sefydlwyd yn 1737, ac iddi cyn diwedd y ddeunawfed ganrif feddu llyfrgell coleg fwyaf godidog yr oes: trigain mil o lyfrau a chan mil o bamffledi.* Yr oedd Frederick yn gerddor da – ac yn gyfansoddwr hefyd† a llenor a bardd: ysgrifennai farddoniaeth yn yr iaith Ffrangeg, a deddfodd fod holl bapurau ysgolheigaidd Academi'r Gwyddorau yn Berlin i'w cyhoeddi yn yr iaith honno! (Ai gwir bod David Lloyd Gerorge, ac yntau'n Ganghellor y Trysorlys ar y pryd, wedi cymryd sylw o gynlluniau Frederick wrth baratoi ei Gyllideb yn 1911, ynglŷn ag Yswiriant Cenedlaethol a chynorthwyo'r tlodion?)

Mae'n gywir dweud bod yr iaith Ffrangeg yn goruwchreoli yn Ewrop yn y cyfnod dan sylw. Wrth gwrs, hon oedd oes aur Ffrainc, yn wleidyddol ac yn llenyddol. Yr oedd ei phoblogaeth o 25 miliwn – y fwyaf ar y cyfandir – dros bedair gwaith un Lloegr: cyfnod enwog Versailles, cymdeithas bwdr mae'n wir, ac anghyfiawn. Ffrangeg oedd iaith diplomyddiaeth a llysoedd Ewrop, yn cynnwys Rwsia. Iaith diwylliant, iaith y dosbarth uchaf. Byddai'n destun cywilydd i ddyn o'r dosbarth hwnnw onid oedd yn siarad Ffrangeg! O ganlyniad yr oedd Ffrancwyr dysgedig yr oes yn ddirmygus iawn o ieithoedd eraill. Meddai un yn 1792:

"We entertained so high an idea of ourselves and of our language that we looked upon foreign idioms as the jargon of barbarians."

Fe ledaenodd dylanwad yr iaith yn fwyaf arbennig i wledydd fel Gwlad Pŵyl, Rwsia, Sweden a'r Almaen – nad oedd ganddynt hyd at hynny fawr ddim llenyddiaeth o bwys yn eu hieithoedd eu hunain, fel yr oedd gan Loegr a Sbaen, er

*Deallaf mai yno heddiw y mae'r casgliad rhagoraf o lyfrau llenyddiaeth fodern yn yr Almaen.
†Cofiaf wrando ar symffoni o'i waith ar Radio Tri.

enghraifft. Ond nid oedd syniadau llenyddol Ffrainc yn cael fawr ddim croeso yn Sbaen sut bynnag, oherwydd eu bod yn anghrefyddol, a hyd yn oed yn wrthgrefyddol.

Ie, Ffrangeg oedd brenhines yr ieithoedd, ac nid yw'n syndod o gwbl mai ynddi hi y mynegwyd, gan dri ysgolor arbennig o alluog, syniadau gwreiddiol athroniaeth gymdeithasol a gwleidyddol. Bu Voltaire, yn dilyn ei garchariad yn y Bastille am fater hollol ddibwys, yn byw yn Llundain am dair blynedd (1726-29) a synnu'n felys o weld yno gymdeithas o "bobl rydd a bywiog a diwylliedig". Eglurodd i'w gydwladwyr nodweddion y boblogaeth hapus hon, yn y lle yr oedd dyn yn rhydd i ddweud neu gyhoeddi yr hyn a fynnai heb berygl cael ei boenydio na'i garcharu. Y mae'r Sais, meddai, yn mynd i'r nefoedd ar hyd y ffordd a ddymuna. Nid oes arno unrhyw drethi gormesol, ond yn wahanol hollol i Ffrainc, ni omeddir i wŷr y dosbarth uchaf na'r offeiriaid rhag cael eu trethu. Dywedodd ef, ac yntau'n feirniad llym o'r Eglwys (ac yn ei llwyr gasáu) y byddai'n well ganddo gael ei reoli gan un llew na chan gant o lygod mawr.

Ychydig yn ddiweddarach na Voltaire daeth gŵr galluog arall yma o Ffrainc i astudio bywyd yr "ynyswyr addysgiadol" hyn ym Mhrydain. Ei enw oedd Montesquieu. Nid oedd ei adroddiad ef ronyn yn llai brwdfrydig. Lloegr yn ei farn ef oedd y wlad fwyaf rhydd yn y byd. Galwai ef hi'n rhydd am fod y brenin yn analluog i beri niwed i neb o'i ddeiliaid. Mynnai mai cyfrinach rhyddid y Saeson oedd ymwahaniad galluoedd rhwng y rhai deddfwriaethol, cyfreithiol a gweithredol. Yr oedd dylanwad Montesquieu yn arbennig o effeithiol ar Ewrop yn y ddeunawfed ganrif.

Nid oedd y trydydd awdur, Jean Jacques Rousseau, o Genefa yn athronydd yn ystyr fanwl y gair. Gweledydd oedd. Ni chredai mewn cynnydd materol nac mewn unrhyw ddull dynol o wella cyflwr dyn. Gwelai o'i gwmpas fyd yn llawn creulondeb, gofid a gwastraff, a gwareiddiad "clodfawr" Ewrop yn gruglwyth o bydredd a gorthrwm. Ymha fath o gymdeithas y gall dyn da fyw? Ei air pwysig ef yw rhinwedd. Dim ond cymdeithas o ddinasyddion rhinweddol, pob un yn gwneud i eraill fel y carai

40

iddynt hwy wneud iddo ef, ac yn cydsynio â chyfreithiau cyffredinol i hybu mantais i bawb, dim ond felly y ceir cymuned a chymdeithas dda. Y mae cymdeithas o'r math yna yn sylfaenedig nid ar rym a chwant ond ar ewyllys rinweddol yr holl aelodau. Cyhoeddwyd cyfrol Rousseau, *Y Cyfamod Cymdeithasol*, yn 1762, a'r frawddeg gyntaf oll oedd "Ganed dyn yn rhydd ond y mae mewn cadwynau ymhobman". Dyma efallai yr her fwyaf i wareiddiad yn y ddeunawfed ganrif.*
Daw'r syniad hwn i'r meddwl pan ganwn y dôn o'i waith, ac sydd yn dwyn ei enw, yn y *Caneuon Ffydd*. Ac yr *oedd* Rousseau yn gerddor da: yn gyfansoddwr opera, er enghraifft.

Yn wir, nid oedd yr un gelfyddyd yn amlycach yn Ewrop yn y dyddiau hynny na cherddoriaeth, ac fe ymddiddorai rhai o ysgolheigion ac ysgrifenwyr blaenaf y dydd yn y gwaith. Fe ysgrifennai Voltaire *am* fiwsig, ac yr oedd ei gyfaill Frederick (Fawr) yn gerddor creadigol. Cyfansoddwyd swm enfawr o gerddoriaeth yn ail hanner y ganrif, y rhan fwyaf ohono wedi'i lwyr anghofio bellach. Y ffaith yw bod cynifer o gyfansoddwyr da iawn wedi mynd i'r cysgod ochr yn ochr â gwŷr o athrylith megis Bach a Handel (yn hanner cyntaf y ganrif) a Mozart a Haydn (yn yr ail hanner). Po fwyaf yn y byd a ddarllenaf am Mozart, y mwyaf y rhyfeddaf ato. Fe chwaraeodd cannoedd eu hofferynnau yng ngŵydd brenhinoedd, a bu Mozart yn chwarae organ gerbron y Brenin Siôr y Trydydd – ac yn wych i ryfeddu. Y gwahaniaeth oedd mai plentyn wyth oed ydoedd!

Yr oedd wedi cyfansoddi dwy neu dair symffoni – ymhlith llawer o bethau eraill – cyn cyrraedd ei bymtheg oed, ac y mae sôn amdano yn cyfansoddi un ohonynt rhwng amser cinio ddydd Mawrth ac amser brecwast ddydd Iau, ac yr oedd allan drwy ddydd Mercher. Pan fu farw mewn tlodi mawr, yn 1791 – yr un flwyddyn â John Wesley a Williams Pantycelyn – yr oedd wedi cyfansoddi 41 symffoni, 28 consierto i'r piano, operâu, caneuon, ynghyd â llifeiriant anhygoel o ddarnau eraill. Y mae mewn dosbarth cwbl ar ei ben ei hun.

*Cofiaf glywed yr athronydd Hywel D. Lewis yn traethu'n feirniadol ar syniadau Rousseau. Rhoddai arno ef ran o'r bai am ddigwyddiadau 1789 ym Mharis ac wedyn.

Dyma oes fawr yr opera. Yn Fenis yn unig yn ystod y ganrif fe gynhyrchwyd dros ddeuddeg cant o operâu: ar gyfartaledd, un opera newydd bob mis. O'r Eidal y lledaenodd y diddordeb hwn, a chyrraedd yr Almaen a Lloegr a hyd yn oed St. Petersburg. Wrth gwrs, fel gyda barddoniaeth yng Nghymru yn oes y tywysogion, y llysoedd brenhinol a phendefigaidd oedd yn noddi cerddoriaeth, ac nid rhyfedd gan mai ganddynt hwy yr oedd yr arian! Ie, yr arian. Gwraidd pob drwg? Ni wn i. O leiaf, gallwn ddweud mai arian, yn y bôn, a achosodd y Chwyldro mawr yn Ffrainc yn 1789. Trafodir hyn yn y bennod ar y chwyldroadau yn y gyfrol hon (tud. 88).

DIWEITHDRA

Un o'r syniadau y mae'n rhaid i ni sydd yn byw yn yr oes dechnolegol ac wltramodern hon ei oddef, ar ddechrau'r ugeinfed ganrif ar hugain, yw bod rhyw fesur o ddiweithdra yn ein cymdeithas yn anochel. Y mae pob economegydd, mi gredaf, yn derbyn hyn. Ond y cwestiwn pwysig yw: pa lefel, pa ganran o'r boblogaeth yr ydym yn barod i'w derbyn yn ddi-waith?

Cyn ceisio ateb y cwestiwn, ystyriwn y mathau o ddiweithdra a geir o fewn y gymdeithas fodern. Gellir eu rhannu'n fras o dan chwe phennawd:

(a) Diweithdra gweddillio (*residual unemployment*). Dyma'r bobl sydd naill ai'n anaddas i weithio oherwydd afiechyd neu anabledd, neu â dim tuedd nac awydd i weithio ac yn barod i fyw ar arian y wladwriaeth.

(b) Diweithdra tymhorol (*seasonal*). Adran o'r gymdeithas sydd yn ddibynnol ar y tywydd (adeiladwyr, etc.) neu ar dymhorau'r flwyddyn (myfyrwyr, gweithwyr hufen ia).

(c) Diweithdra ffrithiannol (*frictional*). Gweithwyr sydd yn y broses o symud o un swydd i'r llall.

(ch) Diweithdra adeileddol (*structural*). Pobl sydd yn colli'u swyddi oherwydd y newid a'r moderneiddio mewn dulliau cynhyrchu.

(d) Diweithdra cuddiedig (*concealed*). Cwmnïau sydd yn atal cadw enwau gweithwyr ar eu llyfrau heb fod gwaith ar eu cyfer.

(dd) Diweithdra cylchol (*cyclical*). Gweithwyr a gyll eu gwaith oherwydd canlyniadau'r cylchdro masnachol (*trade cycle*).

Mae'n rhaid cydnabod bod y syniadau am y ffyrdd i reoli economi gwlad wedi newid yn fawr yn ystod yr ugeinfed ganrif. Paham? Beth sydd yn wahanol yn y sefyllfa heddiw i'r drefn yn y blynyddoedd cyn yr Ail Ryfel Byd? Paham y mabwysiadodd Margaret Thatcher bolisïau economaidd a allai arwain i dair miliwn o bobl fod ar y dôl cyn pen blwyddyn? Yr ateb byr i'r cwestiynau hyn yw'r ddau air Keynes a Friedman: rhagor am y ddau ŵr hyn yn nes ymlaen.

Tipyn dros ddwy ganrif y sydd er dechrau hanes astudiaethau economaidd. Y flwyddyn oedd 1776 a chyhoeddi'r gyfrol arloesol a gorchestol *An Inquiry into the Nature and Causes of the Wealth of Nations* o waith Adam Smith, Athro Athroniaeth Foesol ym Mhrifysgol Glasgow. Fe gymerth ddeng mlynedd i Smith baratoi'r gyfrol hon, ac ef, yn gwbl briodol, a ystyrir fel tad yr economi fodern[*]. Yma y dechrau pob astudiaeth o'r pwnc. Yn y bedwaredd ganrif ar bymtheg daeth yr achos i lawn dwf yng ngwaith David Ricardo, John Stuart Mill a Karl Marx, a chyn diwedd y ganrif cyhoeddwyd clamp o lyfr, *Principles of Economics*, o waith Athro yng Nghaergrawnt, Alfred Marshall.

(Diddorol yw nodi hyn am y gwaith hwn: y mae iddo 731 o dudalennau, nid oes ynddo fawr ddim sôn am ddiweithdra, cyhoeddwyd wyth argraffiad ohono rhwng 1890 a 1920, wedi'u diwygio bob tro gan yr awdur ei hun, ac nid yw'r gair *inflation* yn ymddangos yn y mynegai!)

Byrdwn syniadau'r economegwyr hyn oedd bod y system economaidd yn gweithio'n well o'i gadael yn llonydd, a chaniatáu iddi weithio allan ei hiachawdwriaeth ei hun. Dyma'r economi *laissez-faire* a reolid gan egwyddorion cyflenwad a galw (*supply and demand*) y farchnad rydd. Yn ôl

---

[*]Un o brif edmygwyr Adam Smith oedd William Pitt yr Ieuengaf, prif weinidog 1783-1801 a 1804-6. Dylanwadodd llyfr Smith yn drwm ar bolisïau economaidd diwygiadol Pitt. "Smith", meddai, "yw ein hyfforddwr ni oll."

yr athrawiaeth glasurol hon yr oedd tuedd naturiol mewn economi gystadleuol tuag at gyflogaeth lawn – a diweithdra parhaol bron yn amhosibl. Y rheswm am hyn oedd y byddai lefel cyflogau yn amrywio yn ôl y galw am lafur. Y mwyaf yn y byd o bobl a oedd angen gwaith, isaf yn y byd fyddai lefel gyffredinol cyflog, fel petai yna swm penodol o arian, felly, i'w rannu rhwng hyn-a-hyn o weithwyr.

Fel mater o ddamcaniaeth bur yr oedd hyn yn dderbyniol: popeth yn iawn. Ond ddiwedd mis Hydref 1929 daeth argyfwng enbyd ym Marchnad Stoc Efrog Newydd – y *Wall Street Crash.* Daeth dirwasgiad byd-eang a barhaodd am flynyddoedd, a gellid cyfrif nifer y di-waith yn Ewrop ac America mewn degau o filiynau. Ym Mhrydain, yn Jarrow yng ngogledd-ddwyrain Lloegr, a Merthyr Tydfil yn Ne Cymru er enghraifft, yr oedd tua thrigain y cant ar y dôl. Yn 1932-3 yr oedd cyfartaledd diweithdra Prydain yn ddau ar hugain y cant – a sefyllfa mor alaethus â hyn i *fod* yn amhosibl yn ôl yr hen ddamcaniaethau clasurol. Daethpwyd i sylweddoli bod y rhain yn anaddas neu'n amherthnasol i'r byd modern. Yr oedd yn amlwg fod yn y Gorllewin amgylchiadau newydd a dieithr, ac anodd eithriadol eu dadansoddi – heb sôn am eu datrys.

Yna, ynghanol y tridegau fe ddigwyddodd dau beth allweddol i'r sefyllfa: ethol Adolf Hitler yn Ganghellor yn yr Almaen, a chyhoeddi'r gyfrol *The General Theory of Employment, Interest and Money* o waith John Maynard Keynes. Gan anwybyddu cytundeb Locarno 1925*, aeth Hitler ymlaen i ailarfogi'r Almaen, ac mae'n rhaid i ddyn gyfaddef – yn groes i'r graen – mai paratoadau rhyfel a setlodd broblem diweithdra a dirwasgiad y Gorllewin yn nhri degau'r ugeinfed ganrif.

Cyhoeddwyd llyfr Keynes yn 1936. Pan oedd wrthi'n ei baratoi ysgrifennodd lythyr at George Bernard Shaw a dweud hyn:

"I believe myself to be writing a book on economic theory

* Gweler tud. 195.

which will largely revolutionise – not, I suppose, at once, but in the course of the next 10 years – the way the world thinks about economic problems... I don't merely hope what I say – in my own mind I'm quite sure."

Ac meddai un awdur am y geiriau hyn:

"Never was such apparent arrogance so amply justified."

Haerai Keynes yn y gyfrol nad yw cyflogaeth lawn yn beth naturiol o gwbl. Ni ellir sicrhau gwaith i bawb bob amser, a'r unig ffordd i gyrraedd hynny, neu gyflogaeth uchel, yw trwy bolisi bwriadol gan y llywodraeth. Rhaid gwneud ymdrech bwrpasol a pharhaus i gadw pobl mewn gwaith, ac y mae'n derbyn bod hyd at efallai bump y cant o ddiweithdra yn anorfod.*

Polisi bwriadol, meddir. Ei ystyr yw polisi cyllidol (*fiscal policy*) o'i gymharu â pholisi arianyddol (*monetary policy*). Hynny yw, polisi sydd yn defnyddio'r gyllideb i reoli'r economi, yn enwedig gradd y gwariant cyhoeddus a lefel y dreth incwm. Y polisi arianyddol yw cwtogi neu ehangu'r cyflenwad arian drwy'r system, y cyfanswm o arian sydd yn cylchredeg yn y system, yn ogystal â chodi neu ostwng y raddfa log. Er 1997 y mae'r gallu hwn gan Fanc Lloegr ynghyd â rheoli benthyciadau, gwerth y bunt yn y farchnad gyfnewid, ac yn y blaen.

Dadl ganolog Keynes felly, ar y ffordd i ymosod ar broblem diweithdra, oedd gwario'n drwm ar gynlluniau cyhoeddus megis adeiladu ffyrdd, ysbytai, ysgolion, a'u tebyg. Trwy wneud hynny telid arian (mewn cyflogau) i bobl i'w galluogi i allu fforddio mwy o nwyddau a gwasanaethau. Golygai hynny fwy o gynnyrch gan ffatrïoedd, a'r cwmnïau cynhyrchu yn cyflogi mwy o weithwyr. "*Spend your way out of a recession*", meddid. Dyna graidd dadl Keynes. Yr oedd yr hen syniad bod cynilo yn rhinwedd wedi'i lorio.

---

*Yr oedd Beveridge, mor gynnar â 1909, yn cydnabod bod yn rhaid derbyn rhyw gymaint o ddiweithdra fel y pris am fyw mewn economi gystadleuol. Erbyn 1944, y mae o'r farn y gellid derbyn bod cymdeithas â llai na 3% ar y dôl yn meddu cyflogaeth lawn.

A oedd pris i'w dalu? Oedd: chwyddiant. Hyd y chwe degau yr oedd chwyddiant cymedrol, dyweder ryw bedwar neu bump y cant, yn aml yn anochel: hyd yn oed i'w groesawu gan fod mwy o elw yn arwain i fwy o gynhyrchu. Felly, yn ôl y ddamcaniaeth hon, yr oedd chwyddiant a diweithdra yn wrthgyferbyniol i'w gilydd – yr oedd cynnydd y naill yn golygu gostyngiad y llall. Ac am tuag ugain mlynedd ar ôl yr Ail Ryfel Byd, felly yr âi pethau. O ganlyniad, os oedd y llywodraeth yn gallu gostwng lefel diweithdra trwy wariant cyhoeddus, a hynny'n golygu cynnydd mewn chwyddiant, yna gallai benderfynu pa faint o'r ddeubeth hyn a fyddai'n dderbyniol trwy fantoli'r naill yn erbyn y llall. Byddai efallai'n werth mentro codi'r radd chwyddiant o dyweder bump i saith y cant pe golygai hynny ostwng nifer y di-waith o filiwn a hanner i filiwn neu lai.

Tua chanol y chwe degau fe amharwyd ar y damcaniaethau hyn gan ddau beth: yn gyntaf, cafwyd codiad (sylweddol) yn y chwyddiant *yr un pryd* â chynnydd mewn diweithdra. Yr oedd hyn yn newydd – ac annisgwyliadwy. Fe barodd i rai o edmygwyr Keynes ystyried o ddifrif a oedd ei syniadau yn anaddas i'r sefyllfa hon.

Yn ail, yn 1967, rhoddwyd anerchiad i'r American Economic Society gan Lywydd y Gymdeithas ac Athro Economeg ym Mhrifysgol Chicago, Milton Friedman, anerchiad efallai a ystyrir yn un o gerrig milltir mwyaf nodedig astudiaethau economaidd y cyfnod modern. Gwadu a wnaeth Friedman fod yna unrhyw berthynas *barhaol* rhwng diweithdra a chwyddiant. Yn ei farn ef, rhywbeth dros dro yn unig ydoedd. Iddo ef (a alwyd yn archoffeiriad arianyddiaeth) y gwaith holl-bwysig yw cadw rheolaeth ar y cyflenwad arian. Dyna bopeth. Dyna'r safbwynt arianyddol. Y mae rhai o'i ddilynwyr o'r farn nad yw polisi cyllidol (hynny yw, gwariant cyhoeddus a lefel treth incwm) yn effeithio *dim* ar y galw am nwyddau. Y maent hwy yn erbyn gwladoli diwydiant; pobl yw'r rhain sydd yn cefnogi'r egwyddor o fenter breifat, gan ddal y gŵyr y sector breifat yn well na'r llywodraeth sut i ddosbarthu adnoddau. Dyma hen ysgol y *laissez-faire* yn ôl o gyfnod Gladstone a Disraeli.*

Rhesymeg llywodraeth Margaret Thatcher yn yr wyth degau – a hwythau i bob golwg wedi llyncu syniadau Milton Friedman yn eu cyfanrwydd am a welid – oedd mai yr hyn sydd yn achosi diweithdra yw'r cynnydd yn y raddfa chwyddiant a achosid yn ei dro gan y cynnydd yn y cyflenwad arian. (Tua'r adeg yna yr oedd cynnydd graddfa chwyddiant oddeutu dau y cant *y mis*, ac fe aeth y cynnydd blynyddol i fyny i 24 y cant. Fe glywais i fy hun Friedman ar y radio yr adeg honno yn honni'n dalog nad oedd ond un ffordd i goncro'r sefyllfa adfydus: rheoli'r cyflenwad arian.)

Beth yn union a olygir wrth y cyflenwad arian? Sonnir am dri math ohono: M1, M2 ac M3. Y math M1 yw'r arian rhydd mewn cylchrediad, yr holl arian a berthyn i'r sector breifat yn y banciau; hynny yw, yr arian y gellir ei drosglwyddo â siec. M2 yw M1 plws arian y Tai Disgownt a'r Banciau Adneuon. M3 yw M2 plws yr holl arian sydd gan y banciau o wledydd tramor. Yr M3 yw'r un y sonnir amdano bron yn gyffredinol bellach.

*   *   *

Meddai un o economegwyr America:

"The New Economics is the triumph of an idea. And the idea itself is above all the product of the creative genius of a single man – John Maynard Keynes, the greatest economist of his age."

Yn 1937, dioddefodd Keynes drawiad difrifol ar y galon, ac ni bu byth yr un fath wedyn. Pan ddaeth yr Ail Ryfel Byd, galwyd arno eilwaith i'r Trysorlys, ac yr oedd ganddo law ym mharatoi nifer mawr o gynlluniau ar gyfer y cyfnod wedi'r rhyfel, gan gynnwys Adroddiad Beveridge yn 1944. Ond ei

---

*Gwelir felly sut y mae gwleidyddion ym Mhrydain heddiw yn dueddol i rannu'r Keynesiaid a'r arianyddwyr yn gyffredinol i'r ochr chwith a'r ochr dde mewn daliadau gwleidyddol.

gyfraniad mwyaf yr adeg honno oedd fel cynrychiolydd Prydain yn y trafodaethau ar y Cymorth 'Lend Lease' hefo'r Americanwyr, yna yn Bretton Woods yn nhalaith New Hampshire i drefnu'r "World Bank" a'r "International Monetary Fund", ac yn olaf ynglŷn â chymorth America i Ewrop ar derfyn y rhyfel. Ond tybed, wedi'r cyfan, nad ei gyfraniad mwyaf oll i'r ddynoliaeth yn yr ugeinfed ganrif oedd ei ddamcaniaeth, a drafodwyd uchod, ynghylch y ffordd i anelu at gyflogaeth lawn mewn cymdeithas fodern, sef "polisi bwriadol" gan y llywodraeth? Wedi iddo farw yn Ebrill 1946 yn 62 mlwydd oed, dywedwyd amdano, yn gwbl gywir:

"He left behind an explanation of how the economic system works which has transformed the world."

ISLÂM

Ar Fedi 20, Oed Crist 622, fe gyrhaeddodd gŵr o Arab o'r enw Mohamed, 52 oed, i ddinas Medina (dinas y proffwyd) yn Arabia, ryw gan milltir i mewn i'r wlad o lannau'r Môr Coch, a thua hanner y ffordd rhwng Môr y Canoldir a'r Môr Indiaidd. Daethai i'r ardal hon (ag iddi ryw bymtheg mil o boblogaeth) o'i dref enedigol Mecca tua dau gant a hanner o filltiroedd i'r de. Gofynnodd i'r bobl bryderus a'i disgwyliai godi teml yn yr union le iddo'u cyfarfod. Gwnaethant hynny – a dyna'r mosg Islamaidd cyntaf erioed. Y dyddiad felly oedd Diwrnod Un o'r Flwyddyn Un o galendr y grefydd newydd, Islâm. O'r dydd hwnnw y mae'r Calendr Islamaidd yn dechrau.

Ymhen dwy flynedd yr oedd gan Mohamed fyddin arfog o dros dri chant o'i ddilynwyr, ac ymhen pedair blynedd arall (sef yn 628) fe orymdeithiodd yn ddiwrthwynebiad i mewn i Mecca ar ei hoff gamel gyda deng mil o gefnogwyr – deng mil wedi dim ond chwe blynedd. Ymhen pedair blynedd arall wedyn yr oedd ar ei ffordd drachefn i Mecca, am y tro olaf fel y digwyddodd pethau, ac ar y daith hon, mewn lle o'r enw Dyffryn Arafat, fe gyhoeddodd ei neges olaf i'w ddilynwyr. Ar ôl eu rhybuddio na fyddai byw lawer yn hwy, a'u gorchymyn ymysg pethau eraill i ofalu am y tlodion, gorffennodd fel hyn:

"Cofiwch y byddwch ryw ddydd yn ymddangos gerbron yr Hollalluog (sef Allah) ac y bydd Ef am ichwi roi cyfrif am eich gweithredoedd. Yr wyf fi wedi cyflawni fy nghenhadaeth, ac yn gadael ichwi arweiniad yn null "Llyfr yr Arglwydd" (sef y Koran) ac esiampl ei Negesydd.'Wnewch chwi ddim methu os dilynwch hwn!"

Yna, yn ôl yr hanes, fe ddisgynnodd Mohamed i'r ddaear, a chlywyd llais Allah yn cyhoeddi hyn:

"Y dydd hwn fe berffeithiais eich crefydd ar eich cyfer chwi, a chwblhau fy ffafr ichwi, gan ddewis ichwi fel eich crefydd, ISLÂM!"

Ym Medina, meddir, aeth Angel Marwolaeth i mewn i ystafell y proffwyd, a'r proffwyd yn dweud 'O! Angau, gwna yr hyn a orchmynnwyd iti!' A'r dyddiad oedd Mehefin 7, 632.

*   *   *

Prin y bu'r grefydd hon mor amlwg ag ydyw heddiw ers o leiaf wyth can mlynedd – hynny yw, er dyddiau Rhyfeloedd y Groes. Bellach mae'n hawlio teyrngarwch oddeutu pum can miliwn o ddilynwyr. Yn ystod y pymtheng mlynedd diwethaf bu argyfyngau ac ymrafael mewn nifer o rannau o'r byd: Bosnia, India/ Pakistan (Kashmir), Algeria, Indonesia, Y Sudan, Ethiopia, Israel/ Palesteina, Sierra Leone, Afghanistan, Nigeria, Iraq, ac eraill i raddau llai. A'r elfen gyffredin i bob un o'r rhain yw'r grefydd Foslemaidd – gwrthdaro rhwng Islâm a Christnogaeth gan amlaf, neu ag Iddewiaeth neu Hindŵaeth, neu rhwng gwahanol sectau o fewn Islâm ei hun. Eto i gyd, hi – o lawer iawn – yw'r ieuengaf o grefyddau mawr y byd: yr oedd Iddewiaeth, Hindŵaeth, Bwdïaeth a chrefydd Confucius mewn bod dros fil o flynyddoedd o'i blaen, a Christnogaeth dros chwe chan mlynedd.

Hyd ganol y seithfed ganrif, nid oedd Arabia yn golygu fawr ddim i bobl Ewrop. Dirgelwch ydoedd: gwlad bell, ac anhygyrch. Yr oedd hi erioed yn wlad reit annibynnol ei hagwedd. I'r gorllewin yr oedd yr Aifft ac Abyssinia; i'r gogledd Mesopotamia a Phersia; i'r dwyrain yr India fawr; ac i'r de, wrth gwrs, y cefnfor diderfyn. Gwlad enfawr, dros fil o filltiroedd o hyd a chwe chan milltir ar draws – mwy na dwywaith maint Sbaen a Ffrainc hefo'i gilydd. Yr oedd y rhan helaethaf ohoni yn anialwch tywodlyd, crasboeth, nid oedd llywodraeth o fath yn y byd, a llawer o lwythau yn rheibio'i gilydd yn barhaus, ond yn masnachu rhyw gymaint â gwledydd cyfagos fel Persia, Syria a'r Aifft. Prif ganolfan masnach y wlad oedd Mecca, ac yno, yn ôl hen draddodiad, yr oedd pobl yn addoli carreg ddu, wedi'i gosod mewn rhyw fath o deml, ac enw'r garreg oedd Caba. Fel hyn, ys dywedwyd, yr oedd pethau hyd ganol y seithfed ganrif. Erbyn canol y ganrif ddilynol yr oedd y bobl annelwig yma wedi dod yn rym aruthrol – i herio hyd yn oed yr Ymerodraeth Rufeinig. Yr oeddent wedi gorchfygu Syria ac Iraq (633 – 636), Jerusalem (638), Persia, yr Aifft (640), Mesopotamia a'r cyfan o'r Dwyrain Canol hyd y Punjab yn yr India. Hefyd, arfordir gogledd Affrica i gyd; lleoedd a adwaenwn ni heddiw fel Libya, Tunisia, Algeria, a Morocco, ac wedi croesi i Sbaen a thros y Pyrenees i Gâl (Ffrainc heddiw). Yn y dwyrain yr oedd Asia Leiaf a rhannau o wledydd y Balcanau o dan eu hawdurdod. (Dylid nodi'n benodol y flwyddyn 711: dyna'r pryd y croesodd eu lluoedd y culfor o Ogledd Affrica o dan eu harweinydd Jebel al Tariq ac enwi'r man lle y glaniwyd yn Gibraltar ar ei ôl.) Yr un pryd yr oedd eu byddin yn ymosod ar ochr ddwyreiniol yr Ymerodraeth. O un pen i Ewrop (lle y mae Portiwgal heddiw) reit ar draws dwy fil a hanner o filltiroedd i gyffiniau'r Môr Du, yr oedd Cristnogaeth a holl wareiddiad y Gorllewin dan fygythiad enbyd y grym newydd a dieithr hwn, wedi'i sylfaenu ar grefydd Arabaidd o'r dwyrain.

Ond daeth ymwared. Yn 717 gorchfygwyd eu lluoedd yn y dwyrain gan fyddin yr Ymerodraeth o dan arweiniad Leo'r Trydydd (yr Isaurian); y mae ein dyled i'r Ymerawdwr hwn yn fawr oblegid, heb ei fuddugoliaeth ef, gwlad Foslemaidd yn hytrach na Christnogol fyddai Rwsia heddiw. Bymtheng mlynedd yn ddiweddarach, yn 732, yr oedd yr Islamiaid wedi cyrraedd Poitiers, bron fil o filltiroedd i'r gogledd-ddwyrain o Gibraltar, ac yno fe'u trechwyd yn llwyr gan Charles Martél, taid Siarlymaen – ac felly eu rhwystro rhag gorlifo dros Ewrop gyfan, gan gynnwys Prydain. Oni bai am y fuddugoliaeth hon, ys dywedodd rhywun, mae'n bosibl mai'r Koran fyddai wedi bod yn brif gyfrol astudiaethau'r hanesydd Edward Gibbon yn Llundain yng nghanol y ddeunawfed ganrif, dros fil o flynyddoedd wedi brwydr Poitiers.

Mewn can mlynedd felly, 632 hyd 732, gellir dweud i'r grefydd hon wneud mwy o gynnydd nag a wnaeth Cristnogaeth mewn seithwaith cymaint o amser. Paham tybed? Un ateb a roddir yw brwdfrydedd yr Arabiaid dan rym eu crefydd newydd. Ond nid yw hynny'n cydfynd â'r ffaith nad oeddent hwy yn ymdrechu o gwbl i orfodi'u crefydd ar y cenhedloedd a oresgynnid ganddynt. Yn wir, yn ôl pob hanes, yr oeddent yn hynod oddefgar tuag at Iddewon a Christnogion fel ei gilydd. Na, y farn gyffredin yw mai'r ysbryd o antur, a'r ysfa i goncro a rheibio a lladrata oedd yn eu gyrru, yn fwy na sêl grefyddol. Ac eto i gyd, ar ôl dweud hynyna, mae'n rhaid bod ysbrydiaeth y grefydd newydd yn rhan bwysig o'u menter ysgubol.

*   *   *

Ychydig a wyddom i sicrwydd am Mohamed. Nid ysgrifennwyd y bywgraffiad cyntaf ohono am tua chanrif ar ôl ei farwolaeth (a fu, fel y soniwyd eisoes, yn y flwyddyn 632). Fe'i ganed yn Mecca oddeutu 570 i rieni tlawd, ac yr oedd yn fachgen amddifad yn gynnar iawn. Mae'n debyg iddo, yn ŵr pur ieuanc, ddechrau pregethu'r neges mai un Duw sydd, sef Allah, ei fod yn Dduw cyfiawn, yn barnu pob dyn, ac y gall pob dyn gael ei achub trwy ddilyn ei ewyllys wrth gyflawni'r defodau crefyddol (deuwn at Bum Colofn Islâm yn y man), ac mewn ymddygiad personol a chymdeithasol. Yr oedd Allah, meddai Mohamed, yr un Duw â Duw Abraham a'r proffwydi Iddewig, a'r olaf ohonynt hwy oedd Iesu o Nasareth. Yr oedd clywed gŵr yn pwysleisio neges undduwiaeth yn y cyfnod hwnnw yn beth dieithr gan mai pobl yn credu mewn amldduwiaeth oedd yr Arabiaid (fel y rhelyw mawr o bobl y byd yr adeg honno), yn credu mewn duwiau natur a demoniaid ac ysbrydion. Ond fe ddaeth y grefydd newydd hon yn un o dair crefydd fawr undduwiaeth y byd gydag Iddewiaeth a Christnogaeth.

O gyfeirio fel hyn at y ddwy grefydd arall yn y Dwyrain Canol, mae'n rhaid cydnabod nad oes amheuaeth o gwbl nad oeddent hwy wedi dylanwadu'n drwm ar Mohamed. Yr oedd wedi dysgu llawer amdanynt yn Mecca lle yr oedd masnachwyr Iddewig a Christnogol yn cymysgu â'i gilydd – a'r lle yn ganolfan bwysig i'r carafanwyr a deithiai'n ôl a blaen ar draws yr anialwch a hyd ochrau'r Môr Coch. Yn wir, mae'n ddiddorol sylwi mai i gyfeiriad Jerusalem i ddechrau, nid Mecca na Medina, yr oedd y Moslemiaid i wynebu wrth benlinio bum gwaith y dydd. Eto i gyd, gwybodaeth fratiog ac anniben, mae'n ymddangos, a oedd gan Mohamed am Iddewiaeth a Christnogaeth, heb fod yn ymwybodol iawn o'r gwahaniaeth rhyngddynt. Fe ystyriai Grist yn broffwyd, wedi'i eni o'r wyryf Mair. A chredai yn yr Enedigaeth Wyrthiol. Ond mae'n bur sicr nad oedd stori'r Croeshoeliad wedi'i gyrraedd. (Fe ddylid pwysleisio nad cywir yw galw'r grefydd Islâm yn Fahometaniaeth, oherwydd nad yw'r dilynwyr eu hunain yn parchu ac addoli'r arloeswr fel y gwna Cristnogion Iesu Grist.)

Os dylanwadwyd ar Mohamed gan grefydd yr Iddew a'r Cristion, fel yn sicr y gwnaed, fe welai fod un gwahaniaeth mawr rhyngddynt a'i grefydd ef: yr oedd ganddynt hwy ysgrythurau, yr Iddewon y gyfraith a'r proffwydi yn yr Hen Destament, a'r Cristnogion yr Efengylau a'r Epistolau yn y Testament Newydd – a'i bobl ef heb ddim byd felly o gwbl. Un diwrnod, medd yr hanes, ac yntau mewn myfyrdod mewn ogof y tu allan i Mecca, clywodd lais yn egluro'i dasg iddo gan ddweud y geiriau hyn:

"Cyhoedda, yn enw'r Arglwydd, y Creawdwr a greodd ddyn o ddiferyn o waed."

Tua'r flwyddyn 600 y bu hynny, ac yntau oddeutu deg ar hugain oed. Ufuddhaodd i'r alwad am y ddwy flynedd ar hugain nesaf, a'r canlyniad oedd cael, sbel ar ôl ei farw, un o lyfrau mawr a dylanwadol y ddynoliaeth, sef y Koran. Dyma ddogfen sylfaenol diwylliant yr Arab; y mae'n bwysig, nid yn unig oherwydd ei gynnwys, ond hefyd am fod ei ddylanwad wedi lledaenu gwybodaeth am yr iaith Arabeg dros holl wledydd y Dwyrain Canol ac ymhell y tu hwnt i hynny. Y mae'r ffaith hon yn ddiau yn ein hatgoffa o'r effaith ar yr iaith Gymraeg a'i dyfodol gan Feibl William Morgan a John Davies, Mallwyd, ac ar yr iaith Saesneg gan Feibl William Tyndale a'r *Llyfr Gweddi Gyffredin* gan Thomas Cranmer. Ystyr y gair Islâm yw ildio neu ymostwng i ewyllys Duw a'i addoli. Crefydd broffwydol ydyw: fel y Beibl nid yw'n dadlau am fodolaeth Duw gan y cymerir hynny fel ffaith amlwg y mae pob datguddiad a chrefydd yn dibynnu arni. Pwysleisir trosgynoldeb Duw yn gyson, ei fawredd a'i fawrhydi aruthrol, ynghyd â'i ewyllys absoliwt a'i ddoethineb annirnadwy. Y mae iddi Bum Colofn neu Sylfeini: ffydd, gweddi, elusen, ympryd a phererindod. Ystyriwn hwy.

Y mae'r ffydd neu'r credo mewn dwy ran fer iawn. Yn y rhan gyntaf mynegir hyn: 'Yr wyf yn tystio nad oes duw ond Duw.' A'r ail ran: 'Yr wyf yn tystio mai Mohamed yw Apostol Duw.' Y mae geiriau'r rhan hon yn gwahaniaethu'r Moslem oddi wrth ddilynwyr crefyddau eraill.

Am yr ail Golofn, awgrymir gweddïo bum gwaith bob dydd, a hynny yn unman: gartref, yn y mosg, ar ochr y ffordd, yn y farchnad, pan ddaw'r amser, sef ar doriad gwawr, ganol dydd, ganol y prynhawn, awr y machlud a chyn cysgu. Pwrpas hyn yw sicrhau nad yw'r crediniwr byth yn hir heb fod Duw yn ei feddwl.

Yna, elusen. Ni wneir casgliad yn y gwasanaeth yn y mosg, eithr pwysleisir mai dyletswydd bwysig yw cyfrannu at anghenion y tlodion, yn enwedig mewn gwledydd (laweroedd) lle nad oes system o yswiriant cenedlaethol. Yn y ffordd hon fe ddargenfydd eu crefydd fynegiant moesol ymarferol.

Yn bedwerydd, ympryd. Y mae hyn yn orfodol i'r holl oedolion a phobl iach yn oriau'r dydd yn ystod mis Ramadan, y nawfed mis o'r flwyddyn Foslemaidd. Cedwir y rheol hon yn fanwl gan mai arferiad cymdeithasol ydyw, yn golygu ymwrthod â bwyd a diod yn llwyr. Eithrir plant, merched beichiog, yr henoed a'r cleifion.

Ynglŷn â phererindod, disgwylir i bob oedolyn Moslemaidd ymweld â'r ddinas sanctaidd Mecca o leiaf unwaith, oblegid y mae'r bererindod yn atgyfnerthu dysgeidiaeth a brawdoliaeth Islâm. Fe gysylltir mannau sanctaidd y grefydd hon â ffigurau proffwydol megis Adda ac Efa, ac Abraham, a chynhelir y bererindod lawn unwaith y flwyddyn yn y deuddegfed mis pryd y cyfyngir mynd i mewn i ddinas Mecca i'r Moslemiaid yn unig – tua miliwn ohonynt, o bob rhan o'r byd.

*   *   *

Dywedir wrthym mai ystyr y gair Koran (neu Qur'ān) yw 'yr hyn a draddodir'. Cynnwys ddatganiadau Mohamed pan dybid ei fod dan ddylanwad ysbrydoliaeth uniongyrchol. I'r holl Foslemiaid, 'Gair Duw' ydyw. Ystyriai Mohamed ei fod, ar adegau, yn gyfrwng i Allah lefaru wrth ei bobl drwyddo. Fel yr oedd Moses a'r proffwydi wedi trosglwyddo neges Jehofa i'r Iddewon, a Christ i'w ddilynwyr Ef, felly Mohamed i'r Arabiaid. Ond fe gredai mai ef oedd y proffwyd terfynol, ac yr oedd Moslemiaid i dderbyn, a chredu, mai trwyddo ef yr oedd Allah yn siarad ei genadwri olaf i'r ddynoliaeth.

Ni chafodd y 'proffwyd' hwn, mwy na llawer un arall dros y canrifoedd, mo'i dderbyn a'i groesawu yn ei wlad ei hun. Yr oedd i bobl Mecca glywed bod rhaid iddynt ymwrthod â'u hen dduwiau natur a dewiniol, ac addoli un Duw, Allah, neu wynebu cosb tân uffern oni wnaent hynny, ac ymhellach fyth clywed mai'r hyn oedd yn bwysig i'w cymdeithas oedd, nid perthynas gwaed, ond brawdoliaeth credinwyr, yr oedd hyn oll yn eu cynddeiriogi. Troesant arno, ac ar ei ddilynwyr. Fe ffodd rhai i'r ochr arall i'r Môr Coch, i Ethiopia, y wlad gyntaf yn Affrica i dderbyn Cristnogaeth.

Fe fu bob amser ar hyd y canrifoedd ryw fesur o undeb ymhlith Moslemiaid, a hynny'n dibynnu'n gyffredinol ar deyrngarwch i'r pennaeth, sef y *caliph*. Ond yn O.C. 656, pedair blynedd ar hugain ar ôl marw Mohamed, bu ffrae fawr ynglŷn â'r olyniaeth. Craidd y broblem oedd hyn: ai i'w ethol yr oedd yr olynydd ynteu disgynnydd i'r proffwyd oedd i fod? Rhwygwyd y mudiad yn gyfan gwbl, ac fe bery'r rhwyg heddiw dros dri chant ar ddeg o flynyddoedd yn ddiweddarach. Blwyddyn bwysig oedd 661: llywodraethwr Syria oedd gŵr o'r enw Mu-Awiyah. Fe lofruddiodd ef y caliph olaf oedd yn perthyn drwy waed neu briodas i'r proffwyd a chymryd y teitl ei hunan: dyna sefydlu'r

Ummayad Caliphate. Enwodd Damascus fel ei brifddinas a hysbysu mai ei fab oedd i'w olynu. (Hefo'r rhain, yr Ummayads, y mae plaid y *Sunnis* – a Saddam Hussein – yn cychwyn; daliant yn gyndyn bod awdurdod a grym yn newid dwylo gyda phob caliph newydd, heb ddim cysylltiad â llinach Mohamed. A'r *Shi-ites* ar y llaw arall yr un mor ystyfnig yn honni mai dim ond disgynyddion Mohamed yn unig sydd â'r hawl a'r awdurdod i ddehongli'r Koran.)

Hanes cymhleth a chreulon ofnadwy a fu i'r caliphiaid yn yr wythfed ganrif ac wedyn. Darllenwn am y caliph Abassid a'i ddilynwyr yn gwahodd prif ddynion sect yr Ummayads i wledd fawr ar ôl eu gorchfygu mewn brwydr. Ond fel yr oedd y bwyd ar fin cael ei roi o'u blaenau, fe noethodd yr Abassids eu cleddyfau a lladd eu gelynion bob un – a hwythau wedyn yn eistedd i lawr i fwynhau'r wledd. Hwy – a ddisgrifir fel 'a violent lot' – a reolodd y byd Arabaidd am oddeutu dwy ganrif. Un o'r pethau a wnaethant oedd symud y brifddinas o Ddamascus i *bentref* reit fychan ar lan yr afon Tigris. Ardal Gristnogol oedd yno ar y pryd. A'i henw? Baghdad. Ymhen llai na dwy ganrif yr oedd y lle wedi tyfu'n aruthrol, a phoblogaeth o thua hanner miliwn. Bellach y mae'n ddinas o fwy na dwbl hynny.

*   *   *

Am chwe chanrif – o ganol y seithfed hyd y drydedd ar ddeg – bu Oes Aur Islâm, pryd y rheolai'r rhan helaethaf o'r Dwyrain Canol. Yn dilyn gorchfygiadau militaraidd niferus fe etifeddwyd sawl hen wareiddiad. Trwy gyfnod yr Oesoedd Tywyll yn Ewrop, yr Arabiaid a ddiogelodd astudiaethau meddygol, seryddol, mathemategol ac athronyddol. Yn ddiweddarach, fe drosglwyddwyd i'r Gorllewin rifolion o'r India a gwneud papur o Tsieina. Crëwyd gweithiau celfyddydol gwych, fel y dengys y palasau a'r mosgiau heirdd yma a thraw mewn gwledydd Moslemaidd. Daeth yr Oes Aur i ben dan oresgyniadau'r Mongoliaid o'r Dwyrain Pell – a hwythau a'r Twrciaid yn eu tro yn troi'n Foslemiaid, a pharhau felly hyd heddiw. Rhannwyd byd y Moslem – mor wahanol i'r cyfnod cynnar! – yn wladwriaethau cenedlaethol, a gorfu arnynt ddod i delerau, er gwell ac er gwaeth, â'r oes dechnolegol. Ac y mae yna wahaniaethau pwysig rhyngddynt. Ond erys y ffydd Islamaidd yn rym nerthol na ellir ac na ddylid ei osgoi.

Ac erys y Koran, a'i 114 o benodau, i ddisgrifio hyfrydwch y nefoedd ac erchylltra uffern, i gondemnio eilunaddoliaeth, i bwysleisio hollalluowgrwydd a chyfiawnder Duw, ac i gyhoeddi'r thema fawr dragwyddol: Un Duw, Un Proffwyd, Un Ffydd, i'r holl fyd.

BYD Y BLYNYDDOEDD CANOL

Sut fath o fyd, sut fath o fywyd, a oedd ar gael i bobl gyffredin Ewrop yn y bedwaredd ganrif ar ddeg a'r bymthegfed ganrif? Yn economaidd wrth gwrs, cymdeithas amaethyddol yn bennaf oll: byd caled, creulon a thrist. Yn 1346 a 7 ac 8, cyfnod y Pla Du yn ysgubo dros y cyfandir a hyrddio oddeutu traean o'r boblogaeth i fedd cynamserol. Yng Nghymru, er hynny, dyma gyfnod euraid barddoniaeth Gymraeg, barddoniaeth yr uchelwyr, a'u gwaith hwy yn dangos yn glir y math o feddylfryd a oedd yn gyffredin, nid yng Nghymru'n unig eithr ar draws gorllewin Ewrop hefyd. Awduron y cyfnod hwn, meddai Syr Thomas Parry, oedd "y meistri mwyaf a fu odid erioed ar yr iaith; er enghraifft, Guto'r Glyn, Dafydd Nanmor, Lewis Glyn Cothi, Dafydd ap Edmwnd, Tudur Aled, ac eraill". Ar wahân i ganu clod yr uchelwyr, a chanu i natur a serch, y mae crefydd a thynged dyn yn amlwg iawn yn eu barddoniaeth: Duw, y Forwyn Fair a'r seintiau. Ac i'r nef a'r byd arall. Yn hanner cyntaf y bymthegfed ganrif, tua'r flwyddyn 1420, y mae Siôn Cent, ar ôl sôn am ddiddymdra creulon y byd hwn, popeth yn dirywio a marw mewn amser, yn gweld y tu hwnt i hynny, at y gwynfyd yn y byd arall: o ganol malltod y bywyd caled hwn fe wêl

Y nef sydd yn llawn nwyfiant
Yn dragywydd, cynnydd cant;
Llan uchel yn llawn iechyd
O bob digrifwch o'r byd.
Llawn traserch yw, llawn trysor,
Llawn cerdd, llawn musig, llawn côr.

Llawn, llawn, llawn, llawn llawenydd,
Llawn oes deg, yn lle nos, dydd.
Llawn iawn aml yw'r llan yma,
Llawn, llawn, o bob dawn a da.

I bobl y cyfnod hwn felly, yn gyffredinol, yr oedd y byd arall yn enbyd o real, yn fwy bron na'r byd materol o'u cwmpas. Yr oedd gan laweroedd ddarlun clir, brawychus, yn eu meddyliau o'r Farn Ddiwethaf, a dychrynfeydd Uffern a Phurdan, a rhyw syniad, braidd yn niwlog efallai, o'r baradwys yr oeddent yn gobeithio'i chyrraedd ar ôl i ofidiau a threialon y byd hwn ddod i ben. Yr oedd yr Offeren wythnosol, y pregethau, darluniau, gwydrau lliw, eiconau ac yn y blaen yn atgoffa dyn o'i dynged – ac o'i gyfrifoldeb. A dysgent ef hefyd mai drwy'r eglwys yn unig y gallai ymgymryd â'i gyfrifoldeb, a bod yn rhaid iddo dderbyn ei sacramentau a'i dysgeidiaeth hi er mwyn sicrhau iachawdwriaeth, nid perthyn i grŵp bychan lleiafrif llethol, cyffredinol, fel heddiw.

Eto i gyd, i'r dyn canoloesol, ni rwystrai hyn oll ef ar brydiau i feirniadu'r Eglwys yn chwerw, nac i gwyno'n hallt am y beichiau ariannol, a osodid arno gan yr offeiriaid (am brynu maddeuebau a thalu trethi, er enghraifft). Hefyd byddai'n aml yn anufudd i'w gorchmynion. Ond credai'n gydwybodol – a byth nid amheuai hynny – mai gan yr Eglwys yr oedd allweddi'r bywyd tragwyddol, a'r adnoddau i'w warchod rhag damnedigaeth. A thrwy ei fywyd dôi wyneb yn wyneb â'r sacramentau: ei fedyddio, ei gonffyrmio, ei briodas, ei farw. Yna, calendr yr Eglwys, y gwyliau Cristnogol: y Nadolig, y Garawys (a Lludw'r Mercher yn arwydd o lygredd ei bechod), Sul y Blodau, y Groglith a'r Pasg, a'r Sulgwyn, a'r cyfan a olygent. Y gwir yw nad oedd yr un gornel o fywyd nad oedd yr eglwys yn treiddio i mewn iddi, heb anghofio byd addysg (fel ag yr oedd), elusennau, iechyd cyhoeddus a'r celfyddydau. Ac y mae'r miloedd o eglwysi ar hyd a lled Ewrop heddiw, rhai mawr a bach, rhai a godwyd yn yr Oesoedd Canol ac yn ddiweddarach, yn tystio mai'r Eglwys Gristnogol, yn anad yr un sefydliad arall, a greodd wareiddiad gorllewin Ewrop. Ffynhonnell a chanolbwynt yr holl weithgarwch rhyfeddol hwn, wrth gwrs, dros lawer o ganrifoedd oedd Eglwys Rufain, ac olynydd Pedr, Y Pab, Ficer Crist, yn bennaeth arni. Yn wir, yr oedd bywyd-pob-dydd yn y canrifoedd hynny wedi'i drwytho gan gred Gristnogol, a rhaid cydnabod bod y parch a delid i'r seintiau – ac yn arbennig i'r Forwyn Fair – ar brydiau yn gryfach nag i'r Drindod Fendigaid.

Ys dywaid un hanesydd: "The Church held him (sef y dyn canoloesol), whether he were a Florentine merchant, a French peasant or a Rhineland baron, literally from the cradle to the grave." Fel y gwrandawai ar y Gwasanaeth Angladdol, a chlywed bob Sul enwau'r ymadawedig yn cael eu darllen yn yr eglwys – adeg y Pla Du, dwsinau bob gwasanaeth – ni allai beidio â theimlo agosrwydd Nefoedd ac Uffern, a'i fod ef, yr aelod cyffredin, yn rhan o'r gymuned fawr anweledig, yr Eglwys Gatholig.

Fel yr awgrymwyd eisoes, dyma brofiadau dychrynllyd o real. Rhaid cydnabod er hynny y gallai gŵr, yn yr eglwys, fod yn sgwrsio, neu chwerthin, neu hyd yn oed biltran a stwna â'i gi, ond pan ganai cloch y *Sanctus*, yn arwyddo bod yr Offeren wedi cyrraedd yr uchafbwynt – a hynny ymhob eglwys drwy Ewrop – byddai'n sobri, ac yn canolbwyntio ei feddwl yn llwyr ar y ffaith bod aberth y Groes, drwy'r bara a'r gwin, yn ei arbed ef yn bersonol rhag cael ei fwrw i Uffern. Dyma ffaith fawr sylfaenol, ganolog, bywydau pobl yn yr Oesoedd Canol yn eu brwydr ddiddiwedd yn erbyn grym y drygioni a oedd o'u cwmpas ymhobman.

Yn gam neu'n gymwys bellach, y mae mwyafrif ein pobl heddiw yn derbyn na all fod, mewn unrhyw wlad, ond un awdurdod sofran, yr hyn a elwir yn wladwriaeth, a phob gallu a grym cyfreithiol yn nwylo'i phenaethiaid, wedi'u hethol ymha ffordd bynnag. Yr oedd syniad yr Oesoedd Canol yn hollol wahanol: peth newydd iawn yr adeg honno oedd undod sofraniaeth. Nid un awdurdod oedd ymhob gwlad, ond dau. Fel dinesydd yr oedd dyn yn atebol i'r *regnum*, sef y wladwriaeth a oedd yn hawlio ei ufudd-dod mewn pethau materol bywyd-pob-dydd. Ond yr oedd hefyd yn aelod o'r Eglwys, ac o'r herwydd yn atebol i'r *sacerdotium*, yr awdurdod a'r grym offeiriadol, a sefydlwyd gan Grist i sicrhau iachawdwriaeth i bob dyn byw. Dyna'r drefn felly: eneidiau pobl dan ofal yr Eglwys a'u cyrff yn nwylo'r wladwriaeth. Dau awdurdod o fewn pob gwlad, yn hollol annibynnol ar ei gilydd, a'r grym eglwysig, wrth reswm, yn rhyngwladol wedi'i ganoli yn Rhufain dan reolaeth absoliwt y Pab.

Rhaid sylweddoli hefyd nad cymdeithas wirfoddol oedd yr Eglwys, fel heddiw. Yr oedd cefnu arni, neu ei hanwybyddu, yn drosedd yn erbyn holl drefn bywyd byth ar ôl i Gristnogaeth gael ei derbyn fel crefydd swyddogol Ymerodraeth Rufain gan Gystennin Fawr ar ddechrau'r bedwaredd ganrif. Yr oedd y "dyn canoloesol" wedi'i fedyddio gan yr Eglwys i ufuddhau iddi yn ddigwestiwn, ac yn mynnu bod y wladwriaeth (pan fyddai angen) yn ei gynorthwyo i sicrhau'r ufudd-dod hwnnw. Yr Eglwys a benderfynai beth oedd y rheolau moesol Cristnogol i fod – ac wrth gwrs y gyfraith a'r drefn eglwysig; nid oedd gan y lleygwr cyffredin na'r wladwriaeth yr un llais o gwbl yn y mater. A phan dorrid y rheolau hyn gan hereticiaid neu rebeliaid, fe gosbid y cyfryw drwy benyd neu esgymuno. (Yr oedd gwahardd o'r Cymun yn yr Oesoedd Canol yn greulonach cosb bron na dedfryd o farwolaeth.) Yr oedd holl benderfyniadau Rhufain i'w cydnabod gan yr eglwys gyfan heb un hawl gan neb i apelio yn eu herbyn. Byddai materion bychain, cymharol ddibwys, yn cael eu penderfynu gan yr eglwys leol (fel y mae is-ddeddfau llywodraeth leol heddiw), ond y pethau pwysig megis dogmâu a chanonau, o Rufain – a Rhufain yn unig.

Yr oedd y ffydd Gatholig wedi'i deffinio gan gynghorau mawr eglwysig y canrifoedd cynnar: Nicea, Caergystennin a Chalcedon yn arbennig, ac i bob pwrpas gellid dweud bod dyfarniadau'r cynghorau hynny yn cael eu derbyn gan Gristnogion, mwy neu lai'n ddigwestiwn, ar draws y cyfandir. Yn anffodus iawn yr oedd rhwyg wedi digwydd yng nghanol yr unfed ganrif ar ddeg – prynhawn Sadwrn, Gorffennaf 16, 1054, yw'r union ddyddiad – rhwng Rhufain a Chaergystennin, rhwng y Gorllewin Lladin a'r Dwyrain Groeg, ar fater tarddiad yr Ysbryd Glân, yn ymddangosiadol o leiaf.* Ar wahân y maent o hyd, dros naw canrif a hanner yn ddiweddarach.

Yn y Gorllewin, ac eithrio mewn grwpiau bychain yma a thraw, yr oedd crefydd yn unffurf i bob pwrpas, a'r hyn a oedd yn clymu gwahanol genhedloedd wrth ei gilydd mewn materion eglwysig, crefyddol a diwinyddol, oedd bod pawb ohonynt yn cydnabod awdurdod traddodiadol Rhufain, a'i sofraniaeth yn gwbl gadarn a diysgog. O ganlyniad yr oedd cryn fesur o unffurfiaeth mewn ymarferiadau a threfn grefyddol, dulliau o wasanaethau, yr Offeren ac yn y blaen. Er bod yna amryw byd o wahaniaethau bychain wrth reswm, eto gallai teithiwr ar draws Ewrop ymweld â llawer o wledydd a theimlo'n hollol gartrefol mewn unrhyw eglwys – adnabod eu gwasanaethau fel y rhai yr oedd ef wedi ei fagu ynddynt er ei blentyndod gartref, gannoedd o filltiroedd i ffwrdd efallai, yng nghornel bellaf Sbaen, neu'r Eidal, neu'r Almaen, neu'r Alban, neu Iwerddon. A'r fantais fawr hollbwysig, wrth gwrs, oedd bod yr iaith yn gyffredin iddynt i gyd: Lladin. Ar yr wyneb o leiaf, gellir dweud bod hyn yn arddangos ystad o undeb ac unffurfiaeth ar raddfa na welwyd byth mohoni wedyn.

*   *   *

Am nifer o resymau yr oedd yr undeb Ewropeaidd hwn yn araf ymddatod yn y bedwaredd ganrif ar ddeg. O 1309 hyd 1377 yr oedd y Pabau (saith ohonynt, Ffrancwyr bob un) yn byw yn Avignon. Yna, o 1377 hyd 1418 bu *dau* Bab, un yn Avignon a'r llall yn Rhufain. (Bu *tri* Phab am flwyddyn!) Ffurfiwyd nifer mawr o wladwriaethau cenedlaethol yn Ewrop, a'r teyrn, neu'r brenin, neu'r ymerawdwr yn penderfynu

---

*Honnai'r Dwyrain fod y Gorllewin wedi ychwanegu un gair, *filioque*, (a'r Mab) i'r Credo am ffynhonnell yr Ysbryd, a bod hyn yn newid yr ystyr yn sylfaenol. Ond y gwir yw bod y ddwy adran o'r Eglwys wedi symud ymhellach oddi wrth ei gilydd dros gyfnod o tua dwy ganrif cyn hynny am wahanol resymau – adran y Gorllewin yn yr iaith Ladin a'i chefnogaeth i'r Pab yn Rhufain, ac adran y Dwyrain yng Ngroeg yn cefnogi'r Ymerawdwr yng Nghaergystennin.

crefydd ei diriogaeth. *Cuius regio, eius religio.* (Pwy bynnag sydd â'r hawl i reoli sydd â'r hawl i benderfynu crefydd ei wlad.) Ond yn bennaf oll, yr hyn a roes ergyd farwol i'r delfryd o unoliaeth gwledydd Cred oedd y Diwygiad Protestannaidd. Hyd dridegau'r unfed ganrif ar bymtheg, dwy garfan fawr oedd yna i fywyd crefyddol Ewrop: yr Eglwys Babyddol a'r Eglwys Uniongred. Yna ychwanegwyd yr eglwysi Protestannaidd – a'r rheini wedyn yn ymrannu'n sawl adran. O'r cyfnod hwnnw yn y rhan hon o'r byd, a'r rhwygo mor eang, rhoes pobl heibio'r sôn am wledydd Cred a dechrau siarad am Ewrop. Y mae'r Diwygiad, y mudiad a rannodd Gristnogaeth y cyfandir i ddau draddodiad, yn unigryw. Ni bu dros y canrifoedd unrhyw brotest grefyddol mor bellgyrhaeddol ei effeithiau, nac mor ffrwythlon yr hyn a greodd. Ai bendith ydoedd, ynteu trychineb?

CIPOLWG AR FYWYD HENRIK IBSEN

Mae llu o feirniaid y ddrama yn gosod Henrik Ibsen o Norwy yn un o'r hanner dwsin blaenaf o ddramodwyr byd-eang pob oes, ochr yn ochr â goreuon oes aur Groeg (Sophocles, Aeschylus, Aristophanes, Euripides), a rhai yn ei roi, gyda Chekov, yn ail i Shakespeare. Fe ddaeth i amlygrwydd yn ail hanner y bedwaredd ganrif ar bymtheg, a chaiff ei ystyried fel prif ysgogydd y deffro a fu mewn llenyddiaeth ddramayddol yn Ewrop yn y cyfnod hwnnw. Y mae un o'r llyfrau sydd gennyf amdano wedi ei brynu ers dros hanner can mlynedd, a dyry hynny syniad o'r cyfnod hir yr ymddiddorais yn ei waith.

Cyn mynd ymlaen, dyma restr o'i brif gyhoeddiadau:

Dramâu cynnar 1850 – 57

The Vikings at Helgeland 1858

Love's Comedy 1862

The Pretenders 1864

Brand 1866

Peer Gynt 1867

The League of Youth 1869

Emperor and Galilean 1873

*   *   *

The Pillars of the Community 1877

A Doll's House 1879

Ghosts 1881

65

An Enemy of the People 1882

The Wild Duck 1884

Rosmersholm 1886

The Lady from the Sea 1888

Hedda Gabler 1890

The Master Builder 1892

Little Eyolf 1894

John Gabriel Borkman 1896

When We Dead Awaken 1899

Ganed Henrik Ibsen ar Fawrth 20 1828 mewn lle o'r enw Skien, ryw gan milltir i'r de o Christiania (Oslo yn awr) yn fab i fasnachwr. Pan oedd Henrik oddeutu wyth oed, fe aeth busnes ei dad i'r wal, a dug hynny'r teulu i gryn dlodi. (Mae yna ryw fath o ddarlun o'u sefyllfa i'w ganfod yn y ddrama *Peer Gynt.*) Yn bymtheg oed cafodd Henrik waith fel prentis i fferyllydd mewn tref fechan wyth gant o boblogaeth o'r enw Grimstad, tua thrigain milltir i'r de o Skien. Yr oedd y gwaith yn atgas ganddo, a'r hyn a wnaeth i leddfu ychydig ar ei anniddigrwydd oedd cyfansoddi barddoniaeth. Yr oedd yn ddarllenwr mawr, a'i brif bynciau oedd diwinyddiaeth a barddoniaeth. Y mae darllen ei waith yn dangos yn glir iawn ei fod yn hyddysg yn y Beibl a hanes crefydd. Yr oedd yn ddifrifol o dlawd, ac fe'i gwelid allan ar brydiau yn y gaeaf – y gaeaf yn Norwy! – nid yn unig heb gôt uchaf ond heb 'sanau. Cadwai gysylltiad â Hedwig ei chwaer, a hi'n unig. Nid oedd ganddo ddim i'w ddweud wrth ei dad: yn wir, mewn papur newyddion y gwelodd hanes ei farwolaeth.

Yn 1850, ac yntau'n ddwy ar hugain oed, aeth yn fyfyriwr i'r brifysgol yn Christiania gan feddwl mynd naill ai'n feddyg neu'n arlunydd, ond ymhen blwyddyn gadawodd y coleg a derbyn swydd fel "bardd y theatr" yn y theatr newydd yn Bergen.

Bu yno am chwe blynedd, yna chwe blynedd arall mewn swydd debyg yn Christiania. Yn ystod y deuddeng mlynedd hynny yr oedd yn ysgrifennu a chynhyrchu dramâu, ond cyfnod oedd hwn o fethiant a siomedigaeth a dadrithiad. Yn ei ugeiniau cynnar fe ddigwyddodd rhywbeth anghyffredin iddo, ac nid oes neb wedi gallu egluro'n hollol *beth*. Cyn hynny yr oedd yn berson bywiog, siaradus, afieithus; yna aeth i'w gragen, yn ŵr swil ac encilgar. A pharhau felly weddill ei fywyd. Dyma eiriau un o'i gyfeillion amdano:

> "For me who had known him when young, there was a remarkable contrast to be observed when I met him again as an older man. There was no trace of his earlier liveliness and spontaneity. He had become exceedingly reserved and self-locked."

Efallai mai dyma'r rheswm mai cyfarwyddwr drama digon symol oedd ef yn Christiania. Yr oedd yn dda – yn dda iawn – am ddehongli cymeriadau, a deall testun drama er enghraifft, ond yn gyfan gwbl heb ddawn i gynghori actorion na'u cyfarwyddo ar y llwyfan. Diau mai rhan, o leiaf, o'r achos oedd elfen o swildod. Yn y pum degau, a'r trigeiniau cynnar, pan gyfansoddodd nifer da o ddramâu, rhyw wlad ddiarffordd oedd Norwy. Ychydig, mewn cymhariaeth â gwledydd eraill yn Ewrop, o ddiwylliant oedd yna. Bychan oedd maint y trefi. A'r brifddinas Christiania gyda dim ond rhyw ddeng mil ar hugain o boblogaeth – tua maint Bangor a Chaernarfon heddiw hefo'i gilydd efallai. Nid oedd yna fawr ddim llenyddiaeth, o leiaf o unrhyw safon.

Ni wyddai Ibsen unrhyw iaith dramor ac eithrio'r Almaeneg a'r Daneg, a heb fod yn orgyfarwydd â'r rheini ychwaith. Cyfieithiadau symol o lenyddiaeth dramor, yn y Daneg neu'r Almaeneg, a oedd ar gael, a dyma faes ei ddarllen: gwaith Voltaire, Charles Dickens, Walter Scott, Charles Darwin, John Stuart Mill, ac, wrth gwrs, Shakespeare. Yr oedd dylanwad Denmark yn drwm ar Norwy yn y cyfnod yma, er iddi ennill annibyniaeth tua'r flwyddyn 1814. Ond am flynyddoedd ar ôl hynny yr oedd yr iaith (Daneg) yn parhau ei dylanwad yn y wlad, ac yn arbennig yn y theatr. Nid oedd dim dylanwad Rwsia o gwbl yn y cyfnod hwnnw.

Yn ystod ei gyfnod fel "bardd y theatr" yn Bergen, fe'i hanfonwyd i'r Almaen a Denmark am ryw dri mis i astudio dulliau'r theatr fodern. Nid oedd unpeth tebyg i hynny yn Norwy ar y pryd. Ni allai fynd i Lundain nac i Baris am nad oedd yn gwybod Saesneg na Ffrangeg. Ond yng Nghopenhagen bu'n ddigon ffodus i weld pedair o ddramâu Shakespeare: *Hamlet, King Lear, Romeo and Juliet* ac *As You Like It*, ac mi ddysgodd lawer yn Dresden wrth wylio *A Midsummer Night's Dream*. Ys canodd Robert Williams Parry:

> Nes na'r hanesydd at y gwir di-goll
> Ydyw'r dramodydd, sydd yn gelwydd oll.

Gwelodd Ibsen hyn yn eglur wrth wylio perfformiad o'r *MND*: y gwrthgyferbyniad rhwng byd realaeth a byd ffantasi. Gweld byd breuddwydion fel tarddiad gwirionedd a doethineb. A realaeth pob dydd yn cael ei phortreadu yn gomig ac ysgafn ac afreal. Nid oes unrhyw amheuaeth o gwbl na ddylanwadodd hyn yn fawr ar Ibsen, ac ar ei gynhyrchion i'r theatr am lawer blwyddyn.

Ar ôl ei dri mis yn Nenmark a'r Almaen, dychwelodd i Bergen yn 1852, yn bedair ar hugain oed ac yn llawn brwdfrydedd. Ond yr hyn a oedd o'i flaen eto oedd blynyddoedd o fethiant. Ysgrifennodd nifer da o ddramâu – a'r rheini naill ai'n cael eu gwrthod yn llwyr, neu'n cael eu perfformio ryw unwaith neu ddwy ac yna'u hanwybyddu a'u hanghofio. Yn 1858 fe gyhoeddwyd y ddrama *The Vikings at Helgeland*, trasiedi hanesyddol bedair act (y cefais i lawer o bleser yn ei darllen). Ac fe gafodd gryn lwyddiant. Yna, tawelwch am bedair blynedd, nes cyhoeddi yn 1862 *Love's Comedy*, ei ddrama gyfoes gyntaf ers deng mlynedd. Ac y mae hi yn y wers rydd. A'i thema? Wel, thema feiddgar a mentrus tu hwnt, sef anghydnawsedd cariad a phriodas. Os ydych am briodas hapus, meddai'r awdur, peidiwch â phriodi'r person yr ydych yn ei garu! Cafodd y ddrama hon dderbyniad hollol wrthwynebus – stormus yn wir. A'i theatr ef ei hun yn Christiania yn ei gwrthod, a'r awdur, i bob pwrpas, yn cael ei esgymuno. Aeth ysbryd Ibsen i lawr i'r gwaelod. Yr oedd yn dlawd, yn gymaint felly fel bod gofyn arno i grefu am fenthyg tair punt gan y theatr a oedd yn methu talu ei gyflog bychan hyd yn oed.

Ac yna... ac yntau'n bymtheg ar hugain oed, fe droes y llanw. Ysgrifennodd *The Pretenders* a'i chyhoeddi yn 1864, drama bum act wedi'i hamseru yn hanner cyntaf y drydedd ganrif ar ddeg. Ugain o chwaraewyr a llu mawr o filwyr, offeiriaid, mynachod, lleianod, ac yn y blaen. Mae hi'n greulon, a diwedd trist iddi. Cafodd dderbyniad brwd, a derbyniodd Ibsen grant o gan punt amdani! Yr arian yma a'i galluogodd ef a'i deulu i deithio i ffwrdd o Norwy yn 1864, ac o hynny hyd 1891 – 27 o flynyddoedd – bu'n byw yn Rhufain am ychydig, yna yn Dresden a Munich. Yn Rhufain y penderfynodd droi ei gefn ar y theatr ac ysgrifennu dramâu i'w darllen yn hytrach na'u hactio. Yr oedd hwn yn benderfyniad pwysig: y mae llu o'i ddramâu yn rhai a fyddai'n anodd iawn eu llwyfannu.

Mae'n wir fod Ibsen wedi'i siomi oherwydd bod cynifer o'i ddramâu cynnar wedi'u gwrthod yn Norwy, a hefyd am iddo fethu am nifer o flynyddoedd gael pensiwn gan y Storthing (yr enw ar senedd Norwy), a nifer o awduron eraill wedi llwyddo.*

Ond yr oedd rheswm arall am ei ddigalondid. Y grym mawr ar gyfandir Ewrop yn rhan olaf y bedwaredd ganrif ar bymtheg oedd Prwsia, a'r gŵr mawr ym Mhrwsia oedd y Canghellor Otto von Bismarck. Yn y ddwy dalaith rhwng Denmark a'r Almaen, Schleswig a Holstein, Daniaid oedd yn y mwyafrif yn y naill (y dalaith agosaf at Denmark), ac Almaenwyr yn y llall. Ac yr oedd Bismarck eisiau'r ddwy. Yn nechrau 1864 bu rhyfel rhwng Prwsia a Denmark: rhyfel byr,

*Mae'n wir iddo ef hefyd lwyddo yn y man.

69

Prwsia yn ennill, a chymryd gofal o'r ddwy dalaith – a throsglwyddo Holstein i Awstria.

Yr oedd Ibsen yn enbyd o ddig nad oedd gwledydd Sgandinafia wedi gwneud dim i gynorthwyo Denmark, ac mae'n eithaf clir fod ei agwedd at y broblem wedi bod yn rhannol gyfrifol am ei benderfyniad i gartrefu allan o Norwy (a barhaodd, fel y dywedwyd, am saith mlynedd ar hugain). Y ddwy ddrama gyntaf a ysgrifennodd yn Ewrop oedd *Brand* a *Peer Gynt*, gweithiau enfawr, dramâu mydryddol yn y wers rydd. Ar ôl cyhoeddi'r rhain , yn 1866 ac 1867, fe benderfynodd Ibsen roi'r gorau'n llwyr i ysgrifennu dramâu mydryddol, a'r *League of Youth* (1869) yw'r gyntaf o'r pedair drama ar ddeg a luniodd mewn rhyddiaith. A derbyniad cymysglyd iawn a gafodd: y Rhyddfrydwyr yn ei gweld fel ymosodiad arnynt hwy gan y Ceidwadwyr, a'r Ceidwadwyr yn mynnu mai beirniadaeth arnynt hwy eu hunain oedd hi.

Yr oedd symud o ysgrifennu dramâu mewn mydr i ryddiaith yn gam pwysig. Tua'r amser yma, y mae'n dweud mewn llythyr:

"Verse has done incalculable harm to the art of acting, and any actor who is concerned with the drama of today should be on his guard against delivering even a single line of verse. I believe that in the theatre of the future, verse will hardly be used at all; it is irreconcilable with the aims of the drama, and so it will die out... For the past seven or eight years I have hardly written a single line of verse, confining myself to the much more difficult task of truthfully portraying the fluent speech of everyday life."

Eto i gyd, mae'n rhaid i mi gydnabod cael llawer o flas ar ddarllen *Brand* a *Peer Gynt* – a nodau'r ffefryn mawr o gerddoriaeth achlysurol Edvard Grieg (un o'm hoff gyfansoddwyr) yn swyno'r meddwl gyda'r ail o'r ddwy ddrama hyn. Siomedig oeddwn gyda *The League of Youth*, ond yna newid llwyr i *Emperor and Galilean*: drama hanes yn digwydd yng nghanol y bedwaredd ganrif, gwaith hir mewn dwy ran, dros ddau gant a hanner o dudalennau, ar fywyd yr Ymerawdwr Julian. Y mae'r dyn hwn yn adnabyddus i haneswyr fel *Julian the Apostate*. Prin dair blynedd y bu'n Ymerawdwr (361-3), yr oedd yn nai i Gystennin Fawr, a'i fryd oedd ail-gynnau'r diddordeb yn yr hen gwltiau paganaidd ar draul y grefydd Gristnogol. Digwydd y chwarae mewn gwahanol fannau: Caergystennin, Antiochia, Athens, Ephesus, ac ar gyrion dwyreiniol yr Ymerodraeth Rufeinig – lle y lladdwyd ef mewn brwydr. Mae ugeiniau o bobl yn cymryd rhan ynddi, a sut bynnag, drama i'w darllen yn hytrach na'i hactio ydyw. Ond yn awr, hon, mae'n ymddangos, yw'r ddrama a ddaeth ag Ibsen i enwogrwydd.

Hyd at *Emperor and Galilean*, dim ond rhyw unwaith y darllenais i'r holl ddramâu. Ond gyda'r dwsin sydd yn dechrau hefo *The Pillars of the Community*, fe ddarllenais amryw byd ohonynt dair a phedair gwaith drosodd – a chael mwynhad mawr bob tro. Nid wyf fi'n honni bod yn feirniad llenyddol o gwbl, ond credaf fod y beirniaid, mwy neu lai, yn cytuno mai un egwyddor wleidyddol bendant oedd gan Ibsen, a'i bod i'w chael ymhob un o'i ddramâu o'r *Pretenders* i *When We Dead Awaken*. A dyna yw'r egwyddor honno: y dylai cymdeithas roi pob cyfle posibl i'r unigolyn gyrraedd ei lawn dwf. Nid oedd ganddo ddim, neu fawr ddim, i'w ddweud wrth fudiadau i ddiwygio cymdeithas: sosialaeth, radicaliaeth, rhyddfrydiaeth. Daliai mai eu tuedd hwy i gyd oedd diraddio'r unigolyn er mwyn lles y wladwriaeth. Ac iddo ef, y wladwriaeth oedd gelyn mawr cymdeithas – am ei bod yn arferol yn cynrychioli'r mwyafrif.

Efallai mai'r ddrama sydd yn dod â hyn i'r amlwg fwyaf oll yw *An Enemy of the People*, lle y mae un dyn, Dr. Stockmann, y meddyg lleol, am weld chwalu'r ganolfan hamdden am fod gwenwyn yn y cyflenwad dŵr. Ac y mae'r

71

ardal i gyd yn ei erbyn, gan gynnwys ei frawd ei hun. Dyma rai geiriau o'i anerchiad yn y cyfarfod cyhoeddus:

"The majority never has right on its side. Never, I say. That is one of the social lies that a free, thinking man is bound to rebel against. Who makes up the majority in any given country? Is it the wise men or the fools? I think we must agree that the fools are in a terrible overwhelming majority, all the world over. But...it can surely never be right that the stupid should rule over the clever!"

Ac y mae'r un gŵr yn gorffen y ddrama gyda'r geiriau adnabyddus hyn:

"The thing is, you see, that the strongest man in the world is the man who stands most alone."

A gytunem ni mai'r gŵr cryfaf ohonom yw'r un sydd yn sefyll fwyaf ar ei ben ei hun?

Ym marn rhai, Ibsen yw'r artist mwyaf i ymdrin â'r hyn a elwir yn "ddrama fodern". Cyfnod gwan iawn i'r ddrama oedd y ganrif o'i flaen – gellid enwi Oliver Goldsmith a Richard Sheridan am eu comedïau, sef *She Stoops to Conquer* (Goldsmith) a *The Rivals* ac yn arbennig *A School for Scandal* (Sheridan) ond pwy arall? Dramâu gwych a doniol dros ben. Ond nid oes yna fawr ddim hiwmor gan Ibsen. Gydag ef y mae'r diddordeb yn symud o weithredoedd cynhyrfus i'r hyn sydd yn digwydd ym meddyliau pobl. Y mae ganddo feirniadaeth o foesoldeb cyfoes, ac o sefydliadau cymdeithasol. Dehonglwyd *A Doll's House* (Tŷ Dol, cyf, Ifor Williams.) fel ergyd gref o blaid annibyniaeth merched. Dyna'r effaith a gafodd. Ond gwrthodai Ibsen yr awgrym, gan ddweud mai ei broblem ef oedd y ddynoliaeth gyffredinol. Yn wir, gellid dweud mai pwnc canolog ei holl ddramâu yw rhywbeth dyfnach a mwy parhaol hyd yn oed na'r ddynoliaeth, sef yr enaid. A dyma frawddeg allan o un o'i lythyrau:

"Everything that I have written has the closest possible connection with what I have lived through, even though it has not been my own experience."

Y prif gymeriad yn *The Master Builder* yw pensaer galluog (Solness) a gychwynnodd ei yrfa trwy adeiladu eglwysi, mewn ysbryd o frwdfrydedd crefyddol. Yna, mae'n colli ei ffydd, a theimlo mai gwell o lawer fyddai codi tai cyfforddus i bobl. Mae'n mynd yn anfodlon ar hynny, ac mae'n penderfynu codi tai gwych hefo tyrau uchel a nobl. Ac mae'r pensaer yn colli'i fywyd trwy ddisgyn o gopa un o'r tyrau i'r llawr.

Fe sylwir mai yn 1892 y cyhoeddwyd y ddrama yma ac nid yw yn un o'm ffefrynnau i. Ond mae'r beirniaid yn dal ei bod hi'n perthyn i'r cyfnod olaf, o dri chyfnod, yng ngwaith Ibsen. Yn y cyfnod cyntaf, hyd 1873, y mae'r cymeriadau yn anelu at ateb crefyddol i fywyd: *Brand, Peer Gynt* ac *Emperor and Galilean*. Yna, y mae problemau cymdeithasol yn cael y flaenoriaeth: *The Pillars of the Community, A Doll's House, Ghosts* ac *An Enemy of the People*. Dïau y gellid dweud mai dyma'r gweithiau a ddaeth â'i enw'n adnabyddus ym Mhrydain. Ond yn y cyfnod olaf fe dreiddiodd yn ddyfnach i'r bywyd mewnol, ac i'r dosbarth hwn y perthyn *The Wild Duck, Hedda Gabler, The Master Builder, Little Eyolf, John Gabriel Borkman* a *When We Dead Awaken*.*

Fel yr awgrymwyd, y mae yna symud dros y blynyddoedd o drafod dyn mewn perthynas â'i gymdeithas i ystyriaeth o'r meddwl dynol, a chanlyniadau nid yn unig ei weithredoedd ond hefyd ei freuddwydion. A phwynt allweddol ei holl athroniaeth yw gwirionedd. Casglwn rhwng y llinellau fod Ibsen yn ystyried bod gwirionedd yn gysegredig, a bod dyn sydd yn ei wadu yn ei galon yn mynd i'w ddinistrio'i hunan a chlwyfo bywydau'r rhai sydd yn ei garu. Yn ei ddramâu olaf, yn gysylltiedig â'r ffaith hon, y mae'r gwerthoedd a'r

*Ni orffennodd y ddrama *When We Dead Awaken*. Dychwelodd i Norwy yn 1891, ac yr oedd yn wael ei iechyd am y pedair blynedd olaf o'i fywyd. Bu farw yn 1906.

rhinweddau eraill yn dod i'r golwg, megis rhyddid, cyfrifoldeb, cariad, diniweidrwydd a llawenydd. Y maent yma i gyd, ac yn dibynnu ar y gwir sydd yn y galon, a phwynt lle y mae gwrthdaro bwriadol rhwng y rhai sydd yn llawen a'r rhai sydd â'u bryd ar ddinistrio'r llawenydd yn enw dyletswydd. Y mae pob un o'r dwsin drama olaf yn gorffen yn drist.

The *Wild Duck* yw un o'm ffefrynnau i. Ynddi llwydda gorffwylledd dyn am gyhoeddi'r gwir i ddinistrio teulu hapus. Yn y llys barn, gelwir am y gwir, yr holl wir, a dim ond y gwir. Mewn bywyd, a ddylid bob amser gyhoeddi'r *holl* wir? Na ddylid, ar unrhyw gyfrif.

TEYRNGARWCH
RHAI SYLWADAU AR BWNC CYMHLETH

Un o'r pethau yr hoffaf ei wneud o dro i dro ym myd
llyfrau yw dewis cyfnod o ryw hanner can mlynedd, mwy neu
lai, o'r gorffennol, darllen popeth y gallaf roi fy llaw arno am y
cyfnod hwnnw – hynny efallai dros rai misoedd o amser – a
throi a throsi'r hanes yn fy meddwl: ceisio deall ystyr,
pwysigrwydd a chanlyniadau prif ddigwyddiadau'r cyfnod dan
sylw, gan gynnwys effeithiau, drwg a da, yr hanes ar yr oes neu
oesau dilynol. Fe wneuthum hyn, dros yr hanner canrif
diwethaf, gyda sawl cyfnod: 'Oes Aur' Athen yn rhan olaf y
bumed ganrif cyn Crist; yr Eidal a'r Dadeni ddiwedd y
bymthegfed ganrif a dechrau'r unfed ganrif ar bymtheg;
Prydain yng nghyfnod Harri'r Wythfed ac Edward y
Chweched a Mari; Ewrop yn y blynyddoedd cyn y Chwyldro
Ffrengig; a nifer o gyfnodau eraill.

Oes, y mae yna bleser mawr, i mi o leiaf, i'w gael mewn
astudio 'cyfnodau' fel hyn. Ond y mae yna hefyd wendidau
mewn edrych felly ar y gorffennol. Rhywbeth sydd yn llifo'n
ddi-baid yw hanes: afon ydyw, nid merddwr llonydd. Ac nid
yw'n deg, ar un wedd beth bynnag, i dynnu cyfnod o hanner
canrif neu drigain mlynedd, allan o ganol y darlun cyflawn, a'i
astudio ar wahân, *in isolation* ys dywed y Sais. I fesur pur
helaeth, y mae pob cyfnod a phob oes yn etifeddu arferion a
mympwyon, rhinweddau a methiannau, gobeithion ac ofnau
y cyfnodau a'r oesau a aeth heibio; ac wrth gwrs yn eu pasio
ymlaen i'w dilynwyr hwythau er gwell ac er gwaeth.

Golyga hyn fod newid parhaus yn digwydd. Debyg iawn:
mae'n anochel. A heb newid nid oes dim hanes. *'History is*

change, and without change there is no history' medd rhywun. Ond a oes unrhyw beth sydd yn gyffredin bresennol drwy'r broses ddiddiwedd hon? Oes, rhyw nifer o bethau. Ac un ohonynt yw hwn: gwewyr meddwl dynion a merched a'u cafodd eu hunain mewn sefyllfaoedd dyrys, argyfyngus, tyngedfennol efallai, ar brydiau oherwydd eu gweithredoedd hwy eu hunain, ond – yn fwy arteithiol drist na hynny – ambell waith oherwydd digwyddiadau a oedd yn llwyr a chyfan gwbl y tu allan i'w rheolaeth a'u dylanwad hwy'n bersonol. Darllenwn am bobl yn gorfod wynebu penderfyniadau anodd, dychrynllyd a dirdynnol weithiau, a'u tynged hwy eu hunain, ac efallai dynged pobl eraill hefyd, yn dibynnu ar eu hymateb i'r sefyllfa ger eu bron. Mewn amgylchiadau felly, gall fod yn rhaid i ddyn ddewis y lleiaf o ddau ddrwg, ac yn golygu rhannu teyrngarwch – os ei rannu hefyd.

*   *   *

Carafanio am dair wythnos yr oedd fy ngwraig a minnau yn Sir Benfro, yn ardal Tyddewi, sylweddoli i'r brenin Harri'r Ail lanio yno yn 1172, a phenderfynu canolbwyntio fy narllen ar yr hanner canrif a arweiniodd at lunio'r *Magna Carta* yn y flwyddyn 1215. Flynyddoedd ynghynt, pan oeddwn i'n byw yn Llundain, yr oeddwn wedi cymryd at yr un cyfnod, ond yr adeg honno o safbwynt hanes Ewrop: Eglwys Rufain, Philip Augustus, Innocent y Trydydd (gŵr mawr eithriadol a Phab gyda'r mwyaf), Ffransis o Assisi, Gerallt Gymro ac eraill. O fynd yn ôl at y cyfnod, yr oedd llawer o'r hyn a ddysgais ddeugain mlynedd ynghynt yn dod i'r cof, a darnau o'r jig-so mawr a chymhleth yn ffitio yn araf i'w lle.

Yr oedd canol y ddeuddegfed ganrif yn gyfnod o gynnwrf ac anhrefn yn yr ynysoedd hyn. Bu farw'r brenin Harri'r Cyntaf yn 1135, ac am bedair blynedd ar bymtheg bu rhyfel cartref rhwng y ddau berson a hawliai'r orsedd: Stephen, ŵyr William y Gorchfygwr, a Matilda, merch Harri. Cyfnod enbyd ydoedd, heb na threfn na llywodraeth effeithiol. Yna, yn 1154, ar farwolaeth Stephen, daeth mab Matilda yn frenin, sef Harri'r Ail, un ar hugain oed, ac am bymtheng mlynedd ar hugain – hyd 1189 – cafwyd un o'r brenhinoedd gorau a fu ar orsedd y wlad erioed.

Gŵr cryf, galluog, prysur: "He never sits down," meddai un o'i gyfoedion; "he is always on his legs from morning till night." Er ei fod yn frenin ar ran fawr o Ffrainc hefyd, fe roes drefn newydd ar bron bob agwedd o fywyd yn Lloegr, yn enwedig ei system gyfreithiol (sydd, dros y canrifoedd, wedi ei chopïo mewn rhannau helaeth o'r byd). Yn ei gyfnod cynnar fel brenin, un o'i gyfeillion pennaf oedd Thomas à Becket, a benodwyd gan Harri yn 1162 yn Archesgob Caergaint; a rhaid cyfrif y flwyddyn honno yn fan dechrau gofidiau o safbwynt Harri, a Thomas, a'r frenhiniaeth, a'r Eglwys. I Thomas, a oedd ryw bymtheng mlynedd yn hŷn na Harri, yr oedd annibyniaeth yr Eglwys yn rhan hanfodol o'i hetifeddiaeth gysegredig, yn ymestyn yn ôl dros ganrifoedd, ac yr oedd yn gwbl benderfynol mai i'r etifeddiaeth *honno* yr oedd ei deyrngarwch cyntaf ef. Yr oedd ar ei ben ei hun. Fe bwysodd y Pab arno i gymrodeddu. Gwrthododd. Yr oedd yr esgobion i gyd yn ei erbyn, ond dal yn gadarn a wnâi ef.

I Harri, i'r gwrthwyneb, yr oedd i'r Eglwys fod yn ddarostyngedig i'r frenhiniaeth yn rhan o draddodiad y deyrnas, a mynnai i bethau barhau felly. Yr oedd pob esgob ac abad i'w benodi gyda chaniatâd y brenin, a chynrychiolydd y brenin i fod yn bresennol yn holl lysoedd yr eglwys. Nid oedd neb i apelio at y Pab am gyfiawnder neu chwarae teg mewn materion eglwysig, na'r un esgob i adael y wlad, heb gydsyniad y brenin. Ac felly ymlaen. Fe gorfforwyd y penderfyniadau hyn oll yn 1164 mewn dogfen sydd yn dwyn y teitl *Constitutions of Clarendon*, y fangre ger Salisbury lle y cynhaliwyd y gynhadledd fawr. Nid rhyfedd yw darllen geiriau syfrdanol Thomas wrth Harri yn fuan wedi iddo gael ei apwyntio'n Archesgob:

> *"You will soon hate me as much as you love me now, for you assume an authority in the affairs of the church to which I shall never assent."*

Tuag adeg cyhoeddi *Cyfansoddiadau Clarendon*, fe ffodd Becket i'r Cyfandir, oherwydd tybid bod ei fywyd mewn perygl, a châi ei alw'n fradwr. Bu allan o'r wlad yn Ffrainc am dros chwe blynedd, gan ddychwelyd fis Rhagfyr 1170 wedi rhyw fath o gymod â Harri (a ddigwyddai fod yn Ffrainc ar y pryd). Cyrhaeddodd Gaergaint i groeso mawr gan dorf o bobl: "an uproarious welcome" meddai un adroddiad. Ond yn llys y brenin, yn dilyn cwestiwn (rhethregol?) Harri, "Who will rid me of this turbulent priest?" fe sleifiodd pedwar marchog yn ddistaw o'i ŵydd, croesi'r sianel, a gwthio'u ffordd i mewn i blas yr Archesgob yng Nghaergaint. Wedi dadl chwyrn yn y fan honno, fe ruthrwyd Becket gan ei gefnogwyr i'r Eglwys Gadeiriol er diogelwch, a'r marchogion yn ymladd eu ffordd â'u cleddyfau ar eu hôl. Yng ngolau gwan yr Eglwys, dyma lais y prif farchog, Reginald Fitzurse, yn galw drwy'r gwyll, "Where is the traitor Thomas Becket?" A Thomas â'i gefn at yr allor yn ateb, "Here am I, no traitor but a priest of God." Prin ddau funud wedyn, gorweddai ei gorff marw mewn llyn o waed wrth droed yr allor, a'r llofruddiaeth erchyll yn gyrru ias o arswyd ar draws Gwledydd Cred.

Fe fwriodd lladd Becket gysgod dros fywyd Harri am weddill ei oes, ac nid anodd yw credu na welwyd gwên ar ei wyneb byth wedyn. Â phwy y mae ein cydymdeimlad: â'r brenin a'i deyrngarwch i hanes a thraddodiad yr Eglwys (fel y deallai ef hwy), ai ynteu â'r Archesgob diysgog ei ffydd a selog dros yr etifeddiaeth gysegredig?

*   *   *

Daeth yr ymrafael rhwng yr Eglwys a'r frenhiniaeth i'r amlwg drachefn lai na deugain mlynedd wedi marwolaeth Thomas à Becket. Pan fu farw Archesgob Caergaint, Hubert Walter, yn 1205, yr oedd yr is-esgobion am i Esgob Norwich, John de Grey, gael ei ddewis i'r swydd, a dyna'r gŵr yr oedd y brenin John (1199-1216), mab ieuengaf Harri'r Ail, yn ei gefnogi. Ond yr oedd grŵp o fyneich ieuainc yn benderfynol am weld prior o'r enw Reginald yn y swydd. Anfonwyd y ddau ŵr, ar wahân, i Rufain i'w cadarnhau'n swyddogol gan Innocent III, ond ar ôl gwrando'n ofalus ar achos y naill a'r llall, gwrthododd y Pab y ddau a gorfodi dewis Stephen Langton yn Archesgob. Yn bersonol, o ran cymeriad a phersonoliaeth ac ysgolheictod, yr oedd ef yn ŵr delfrydol i'r swydd. Ganed ef yn sir Lincoln yn 1150, symud i fyw i Baris, graddio'n uchel yn y brifysgol yno, aros yn y ddinas am chwarter canrif gan ddod yn un o ddiwinyddion blaenaf ei gyfnod. Ysgrifennodd yn eang ar faterion megis hawliau offeiriaid, ufudd-dod i'r Babaeth ac awdurdod eglwysig, ac yn erbyn grym gormesol y frenhiniaeth – pa mor bell, er enghraifft, y disgwylir i ddyn ufuddhau i'r pŵerau, hynny yw, beth mewn gwirionedd yw terfynau ei deyrngarwch. (Y tebyg yw, gyda llaw, mai ef a rannodd lyfrau'r Hen Destament yn benodau.) Ac wrth gwrs, ym mhrifysgol Paris daeth i adnabod gŵr o'r enw Lothar o Segni, yn ddiweddarach (yn 1198) y Pab Innocent y Trydydd, un o'r gwŷr teilyngaf i lywio Eglwys Rufain erioed.

Yn awr, fe enynnodd penodiad Langton i Gaergaint lid y Brenin John. Dialodd ar y myneich a gefnogai'r Pab trwy eu herlid yn chwerw, ac ymateb hynny o Rufain yn 1208 oedd gosod Prydain o dan yr hyn a elwir yn *interdict*, sef gwahardd holl offeiriaid y wlad rhag cynnal gwasanaethau yn yr eglwysi, gydag ychydig o eithriadau breintiedig. Ni weinyddid y Cymun, na'r bedydd (ac eithrio'n breifat); clychau'r eglwysi yn fud; llaweroedd o feirwon ar hyd a lled y tir heb eu claddu. Aeth blwyddyn heibio. Daliai'r brenin yn gadarn. Cymerodd Innocent y cam anorfod nesaf sef esgymuno'r brenin, a thrwy hynny dorri'n llwyr ei gysylltiad â'r Eglwys. A dylem gofio bod hynny, yr adeg honno, yn waeth dedfryd, bron, na marwolaeth. Nid effeithiodd hyn fawr ddim ar John, er y gwyddai'n burion fod y wlad oll yn ei erbyn ac yn ei gasáu.

Yr oedd un arf ar ôl gan y Pab. Nid ystyrid bod brenin a esgymunwyd bellach yn Gristion, ac nid oedd ganddo hawl i ddisgwyl ufudd-dod ei ddeiliaid Cristnogol. Fel pennaeth ysbrydol Gwledydd Cred, yr oedd y Pab cyn hyn wedi arddel yr hawl i ddiorseddu brenin, a hyd yn oed i roi rhywun teilyngach yn ei le. Dyma sefyllfa Innocent yn awr: cyhoeddodd, yn 1212, fwl o ddiorseddiad yn erbyn John, a cheisiodd annog brenin Ffrainc, Philip Augustus, i groesi'r sianel â'i fyddin i ddwyn hyn i fod. Dirywiodd pethau'n arw dros y misoedd dilynol: pawb yn cefnu ar y Brenin, ac ef yn encilio rhag y llu gelynion i Gastell Nottingham.

Eto i gyd, er gwaethaf hyn oll, mae'n rhaid cydnabod bod John yn ŵr o gryn allu. Yr oedd yn fywiog, yn fedrus, yn llawn hiwmor, hyd yn oed yn ddengar. Hoffai waith pobl fel Gerallt Gymro, ac yr oedd ganddo ryw ddawn brin i ennill ffrindiau – a chariad merched. Ond na: enaid aflan ydoedd, haerllug, hunanol, gormesol. Ac y mae'n anodd deall paham y penderfynodd, yn Nottingham, yn gwbl annisgwyl, ildio i'r Pab. Cydsyniodd i dderbyn Langton yn Archesgob, ac addawodd ad-dalu'r arian a gribddeiliodd o'r Eglwys. Mae'n debyg iddo dybio y dygai'r ymostyngiad hwn ef yn ôl i ffafr ei bobl, ond siomwyd ef yn enbyd. Ymhellach, trechwyd ei fyddin ef a'r eiddo'i gymheiriaid mewn sawl brwydr yn Ffrainc. Yr oedd bellach yn benisel ac mewn cywilydd mawr.

Cyn dyfod at fater y *Magna Carta*, y Siarter Fawr, oedwn ennyd i ystyried y tri chymeriad ag ymglymiad yn achos penodi Archesgob newydd yng Nghaergaint: y Brenin John; y diwinydd a'r ysgolhaig Stephen Langton; a'r Pab Innocent y Trydydd. Am John, cyfeiriwyd eisoes at ei ragoriaethau a'i wendidau, a gellir dweud yn ddiragfarn mai gŵr ydoedd na feddai deyrngarwch o fath yn y byd tuag at bersonau (fel ei dad Harri'r Ail a'i frawd Rhisiart y Cyntaf), na thraddodiadau, nac egwyddorion; dichon mai ef oedd yr annheilyngaf i eistedd ar orsedd Lloegr erioed. Am Langton, o'r foment y cyrhaeddodd Gaergaint, cymerodd safle gyfansoddiadol yr Archesgob fel amddiffynnydd y gyfraith a'r defodau yn erbyn gormes y brenhinoedd, ac fe'i paratôdd ei hun i wrthsefyll ac achub ei wlad rhag gorthrwm John: er enghraifft, trwy ei orfodi i ymdynghedu i ufuddhau i gyfreithiau Edward Gyffeswr. Soniwyd o'r blaen am fawredd Innocent: ni bu dylanwad ac awdurdod Eglwys Rufain erioed efallai'n gadarnach nag oeddent yn ystod y deunaw mlynedd, 1198-1216, pan oedd ef yn Bab. Yr oedd, yn wir, yn ŵr cwbl arbennig ymhob ystyr.

Rhestrir y *Magna Carta* fel yr ystatud gyntaf yn yr iaith Saesneg a chyfrifir hi fel conglfaen rhyddid y genedl yn Lloegr. Nid creu deddf newydd oedd bwriad y barwniaid a'i lluniodd, ond rhwystro'r Goron rhag treisio hawliau sylfaenol cymdeithas, sef y breintiau ffiwdal, dinesig ac eglwysig. Ei phwysigrwydd i ni heddiw yw mai dyma'r esiampl gyntaf yn ein hanes o brotest genedlaethol yn erbyn llywodraeth ddrwg ac annheilwng.

Ynys yn afon Tafwys rhwng Staines a Windsor a ddewiswyd fel man i'r barwniaid ei chyflwyno i'r Brenin: John a'i gefnogwyr (prin) ar un ochr i'r afon, a'r barwniaid ar yr ochr arall a elwir yn Runnymeade.* Cyfarfu'r dirprwyon ar yr ynys rhyngddynt. Trafodwyd y Siarter Fawr, cytuno arni a'i harwyddo mewn un diwrnod: Mehefin 15, 1215.

Rhaid dweud nad oedd hyn yn ddechrau democratiaeth o gwbl; yn hytrach, amlyga wrthwynebiad cenedlaethol i ormes y frenhiniaeth gan glerigwyr, barwniaid a threfwyr fel ei gilydd. Sail y cyfan o'r Siarter yw'r ddogfen a luniwyd ryw ganrif ynghynt gan Harri'r Cyntaf (pryd y cofnodwyd terfynau i orthrwm y Normaniaid ar y boblogaeth): y mae'r Siarter Fawr yn golygu'r trawsnewid o oes yr hawliau traddodiadol i oes y gyfraith ysgrifenedig – a'r Senedd a'r Statudau, a ddaeth y ganrif ddilynol. (Ni chrybwyllir y geiriau 'senedd' a 'rheithgor' yn y ddogfen o gwbl.) Nid oedd mwyach berygl i unrhyw ddyn rhydd gael ei atafaelu, ei garcharu na'i ddifeddiannu, nac mewn unrhyw ffordd ei ddwyn i ddistryw, ac eithrio drwy farn gyfreithiol neu gyfraith gwlad. Ac mor ddiysgog benderfynol oedd y barwniaid fod y Brenin yn cadw holl gymalau'r Siarter hyd drwch y blewyn fel eu bod yn barod i gyhoeddi rhyfel yn ei erbyn pe byddai galw.

Cefnogai Stephen Langton y barwniaid yn erbyn gormes a chreulondeb y Brenin, ond gwrthododd ufuddhau i Rufain

*Ymwelodd fy ngwraig a'n dau blentyn a minnau â'r fan yng Ngorffennaf 1976. Edmygem y gofgolofn dwt ac artistig a godwyd yma yn 1965 gan Gymdeithas Cyfreithwyr Unol Daleithiau'r America, a hynny 750 o flynyddoedd wedi ei harwyddo. Gosodwyd y garreg ganddynt er cof am yr Arlywydd Kennedy.

trwy fod yn galed â hwy yn yr ystyr y dylent fod yn gwbl deyrngar i'r frenhiniaeth. Diarddelwyd ef o'r herwydd gan y Pab am ddwy flynedd. A thrigai yn Rhufain drwy'r cyfnod hwnnw. Bu farw'r Brenin John a'r Pab Innocent y Trydydd o fewn ychydig fisoedd i'w gilydd yn y flwyddyn yn dilyn arwyddo'r *Magna Carta* (sef 1216), ac fe ddaeth Langton yn ôl i Gaergaint yn 1218. Am y deng mlynedd olaf o'i oes (1218-28) yr oedd yn un o ffigurau mwyaf nerthol Lloegr. Cawr o ddyn heb amheuaeth, ysgolhaig a Christion trwyadl. Pery hyd heddiw ei waith ynglŷn â chyfreithiau'r Eglwys yn Lloegr. Ym marn rhai haneswyr, ef oedd yn bennaf gyfrifol am drawsnewid yr eglwys ffiwdal (a oedd yn bod yn y ganrif flaenorol) i fod yn eglwys genedlaethol. Yn y flwyddyn 1928 fe gynhaliwyd cyfarfodydd yng Nghaergaint i gofio saith can mlynedd ei farwolaeth, pryd y llefarwyd y geiriau hyn amdano gan yr Esgob Gore:

> "Langton managed to mediate between excessive nationalism and excessive papalism, leaving both parties unsatisfied, but always the just moderator and harmonizer."

Dyna deyrnged deilwng, yn dangos i Langton,i raddau go helaeth, ddod i delerau â phroblem y 'teyrngarwch rhanedig' anodd yma, trwy lwyddo i gymrodeddu rhwng y wladwriaeth (ormesol ar brydiau) a'r Eglwys Babyddol bwerus.

*　　*　　*

Y mae haneswyr, fel economegwyr, yn ddiarhebol am anghydweld ymhlith ei gilydd am arwyddocâd a phwysigrwydd digwyddiadau'r gorffennol. Dibynna'r farn yn aml ar safbwynt – gwleidyddol, crefyddol, economaidd, cymdeithasegol – yr hanesydd ei hun, a'i athroniaeth bersonol o fywyd efallai. Ond am a welais i, mewn cyfnod o dros hanner canrif bellach o ymhel â hanes Ewrop, mae'r haneswyr oll, heb eithriad mi gredaf, yn ystyried y Diwygiad Protestannaidd fel un o ddigwyddiadau pwysicaf y byd gwareiddiedig. Gan rai yn

82

drychineb llethol, gan eraill yn fendith rasol, ond gan bawb yn odiaeth bwysig.

Fe ddichon mai'r hyn a ddigwyddodd mewn tref fechan eithaf disylw ar lannau'r afon Elbe yn yr yr Almaen, Wittenberg, ar y diwrnod olaf o Hydref 1517 sydd yn cynrychioli'r llinell a wahana'r hen fyd a'r byd newydd, y ffin eglur rhwng yr Oesoedd Canol ar y naill law a'r cyfnod 'modern' ar y llall. A fu erioed doriad mor gwbl bendant rhwng dau gyfnod? Gyda chymorth dylanwadau'r Dadeni Dysg, i ba faes bynnag bron yr awn, crefydd, gwleidyddiaeth, celfyddyd, economeg, diplomyddiaeth, masnach, gwyddoniaeth, seryddiaeth, y mae popeth yn newid yn llwyr.

Athro diwinyddiaeth digon anhysbys yn y brifysgol oedd Martin Luther (1483-1546) a achosodd yr helynt yn Wittenberg, tua hanner y ffordd rhwng Hamburg a Berlin. Nid ystyrid mohono'n feddyliwr arbennig o wreiddiol, nac yn athronydd o fri, ond credai'n ddisyflyd fod yr holl wirionedd am broblemau bywyd a meddylfryd i'w gael yn y Beibl. Ystyriwn am ennyd ei flynyddoedd cynnar. I deulu tlawd y ganed ef: cynorthwyodd i dalu am ei addysg elfennol trwy ganu yng nghôr yr eglwys – a hyd yn oed ar y stryd. Bwriad ei dad oedd iddo astudio'r Gyfraith, a chychwynnodd ar ei gwrs prifysgol trwy ddarllen y clasuron Lladin. Ond yna, yn ddirybudd, yn ddwy ar hugain oed, rhoes y cyfan heibio a throi'n fynach. Paham tybed? Ni wyddys i sicrwydd, ond y mae'n bosibl mai gorthrwm parhaol yr amheuaeth a lechai yn ei enaid a fyddai'n gadwedig ai peidio. Ymdeimlai'n ddwys â'i bechadurusrwydd llwyr ochr yn ochr â chyfiawnder anorchfygol Duw.

Wedi rhyw ddwy flynedd yn y fynachlog, cafodd ei ordeinio i'r offeiriadaeth, ac yn rhinwedd y swydd honno galwyd arno i ymweld â Rhufain: a mynd yno yn llawn gobeithion. Ond daeth yn ôl wedi'i gynhyrfu a'i dramgwyddo i eigion ei fodolaeth gan lygredd yr Eglwys yn y ddinas fawr. Sylweddolodd y drwg anaele yr oedd Pabau megis Alecsander y Chweched (1492-1503) a Julius yr Ail (1503-13) wedi ei wneud i'r Eglwys ac i Gristnogaeth yn gyffredinol. Adweithiodd yn chwyrn yn erbyn yr arferiad, gan Julius a'i olynydd Leo'r Degfed (1513-22), o werthu maddeuebau er mwyn chwyddo cronfa ailadeiladu Eglwys Sant Pedr. Yn rhan Luther o'r Almaen rhennid yr elw rhwng y Pab a'r Tywysog Albrecht o Brandenburg, Archesgob Magdeburg, gŵr ieuanc tair ar hugain oed a oedd newydd "brynu" Archesgobaeth Mainz ac yn defnyddio arian y maddeuebau i glirio dyled y llwgrwobrwyon a'r benthyciadau yr oedd hynny wedi'i olygu. Rhaid cydnabod nad Luther oedd y cyntaf i ddatgan gwrthwynebiad i'r arferiad o werthu maddeuebau, ond nid protestio yr oedd ef yn gymaint ynghylch camwri'r syniad: yn hytrach, oherwydd bod y drefn yn bwrw dirmyg ar grefydd ac yn dinistrio diffuantrwydd a sylfaen gwir edifeirwch. Ar y pwynt hwn y paratôdd yn Lladin ei Naw Deg a Phum Pwnc, a'u hoelio ar ddrws yr eglwys yn Wittenberg – y lle arferol i hysbysiadau Prifysgol – ar Ddydd Gŵyl yr Holl Saint, Hydref 31, 1517.

Fel y dywedwyd, ag yntau wedi'i lethu gan y syniad o'i bechod ei hun a'i frawychu gan drefn hollgyfiawn y Duwdod, teimlai bod gweithredoedd o benyd yn ddiwerth i dawelu ei ofnau: daeth rhyddhad iddo o frawddeg Sant Paul, "Y cyfiawn a fydd byw trwy ffydd." Iddo ef fe droes y geiriau syml hyn holl system iachawdwriaeth yr Oesoedd Canol a'i phen i waered. Maddeuebau, penyd, gweithredoedd da – ni chyfrannent hwy ddim oll i'r broses. Ffydd a dibyniad llwyr ar Dduw oedd popeth.

Y cyfnod hwnnw yn Ewrop, dechrau'r unfed ganrif ar bymtheg, oedd oes y chwyldro mewn dulliau o argraffu, a golygai hynny i syniadau newydd ymledu'n gyflym ar draws y cyfandir. O fewn ychydig fisoedd, Luther oedd y gŵr enwocaf yn yr Almaen, ac fel y cynyddai gwrthwynebiad yr Eglwys yn ei erbyn, rhoes heibio i bwnc y maddeuebau ac ymosod ar holl faes dysgeidiaeth ac arferion y byd Pabyddol. Os ffydd oedd popeth – a ffydd yn deillio o'r Gair a bregethid a'r ysgrythurau a ddarllenid – yna pa bwrpas oedd mewn dibynnu ar offeiriadaeth a sacramentau? Onid ofer y cyfan? Erbyn 1520 daethai i'r casgliad fod pob Cristion bedyddiedig yn offeiriad, mai Babilon oedd

Rhufain, y Pab yn Anghrist, y dylai offeiriaid gael priodi, a bod ysgariad yn gyfreithlon. Yr oedd tân ysol y Diwygiad mawr wedi'i gynnau. Ar Fehefin 15, 1520, cyhoeddodd y Pab – nid yn annisgwyl – y Bwl o Esgymuniad arno, ond nid cyn i Luther gyhoeddi tri thraethawd grymus ar y sefyllfa: ynddynt, meddir, "the whole genius of the Reformer appears in its most complete and energetic form."* Ei ymateb i'r Bwl oedd ei losgi'n gyhoeddus gerbron aelodau'r brifysgol yn Wittenberg ar Ragfyr 10, 1520, gan ychwanegu mai mater dibwys oedd y llosgi hwn, y dylid llosgi hefyd y Pab a'r Babaeth! Ac yna'r geiriau deifiol hyn: "He who does not resist the papacy with all his heart cannot obtain eternal salvation." Y mae ei eiriau "with all his heart" yn arddangos ei deyrngarwch llwyr i'w neges.

*   *   *

Paham y digwyddodd y Diwygiad Protestannaidd o gwbl? Y mae cytundeb cyffredinol am y ddau brif achos: yn gyntaf anfodlonrwydd mawr a chynyddol ynglŷn â'r Eglwys fel sefydliad. Y ffaith blaen yw na fu hi *erioed*, na chynt nac wedyn, mor llwgr ei chyflwr ag ydoedd yn y chwarter canrif 1495-1520. Digon fydd enwi eto ddau o Babau'r Dadeni: Roderigo Borgia, y Pab Alecsander VI, a oedd yn dad i o leiaf naw o blant anghyfreithlon (yn cynnwys Lucretia a Cesare Borgia) gan o leiaf dair o ferched†; a Julius II a arweiniodd fyddin i ryfel mewn gwisg frwydro gyflawn, er mwyn ehangu tiriogaeth y Babaeth. Yr oedd y ddau ŵr hyn yn euog o odro'r boblogaeth am faddeuebau i lenwi coffrau eu teuluoedd a chodi adeiladau gwych – pobl yn talu arian am "faddeuant pechodau", ac i sicrhau bod eu hynafiaid yn osgoi uffern a phurdan! "This rot," medd un hanesydd, "had spread throughout the Church. Impartial evidence is appallingly plentiful as to simony, nepotism, plurality, non-residence, immorality and neglect of duty. These faults were widespread throughout the fifteenth

*Dyma deitlau'r traethodau: I Gyfarch y Bendefigaeth Gristnogol, Y Gaethglud Fabilonaidd, ac Ynghylch Rhyddid Cristnogol.

†Yng nghyfnod Alecsander hefyd y cychwynnwyd y "Spanish Inquisition".

century church." Yr oedd hyn oll wedi arwain at sefyllfa o ddifaterwch dychrynllyd ymhlith yr offeiriadaeth: darllenwn am syrffed offeiriaid ynglŷn â'u gwaith a'u dyletswyddau.

Ac anwybodaeth: niferoedd ohonynt yn anghyfarwydd â'r Deg Gorchymyn, a hyd yn oed â Gweddi'r Arglwydd! O ganlyniad, i drwch nid ansylweddol y boblogaeth, aethai'r Offeren yn seremoni ofergoelus heb fawr o ystyr, a'r Forwyn Fair yn cael ei mawrygu a'i dwysbarchu gymaint â'r Drindod bron.

Y mae'r ail achos am y Diwygiad yn dilyn, yn naturiol efallai, o'r cyntaf, sef dyhead pur gyffredinol ymhlith pobl Ewrop am ddychwelyd at grefydd bersonol, syml, wedi'i seilio ar hanes cynnar yr Eglwys Fore, a hynny'n golygu llai o ddibyniant ar offeiriad fel cyfryngwr rhwng Duw a dyn. A defnyddio un o ymadroddion ein hoes ni, a oedd angen y "middle man" o gwbl? Y gwir oedd nad oedd yn bosibl cysoni'r safbwynt hwn â pholisi swyddogol Eglwys Rufain. Ac felly yr oedd mynd allan o'r Eglwys yn anorfod.

Gwahoddwyd Luther gan y Pab Leo y Degfed – mewn ysbryd reit garedig yn ôl yr hanes – i fynd i'w weld ym Mawrth 1519. Fe aeth, a gwrthod tynnu'i eiriau yn ôl, er yn parhau i gydnabod awdurdod y Babaeth a'r ddyletswydd o ufuddhau i Rufain. Aeth dwy flynedd heibio. Esgymunwyd ef a'i wysio i ymddangos gerbron y "Diet of Worms" i wadu'r holl gyhuddiadau, a gorchymyn iddo amddiffyn y cyfan o'i ysgrifeniadau. Y mae ei ymateb yn enwog:

" Os na chaf fy argyhoeddi gan dystiolaeth yr Ysgrythur neu gan reswm eglur – oherwydd nid wyf yn ymddiried yn y Pab nac mewn Cyngor yn unig, gan ei bod yn sicr iddynt gyfeiliorni'n aml a gwrthddweud eu hunain – yr wyf yn cael fy nal yn ddiysgog gan yr Ysgrythurau a ddyfynnwyd gennyf fi, a'm cydwybod yn gaeth i Air Duw, ac ni allaf, ac ni wnaf, ddiddymu dim oll, o weld nad yw'n ddiogel nac yn gyfiawn i weithredu yn erbyn cydwybod. Duw a'm cynorthwyo. Amen."

Aeth allan o derfysg y Llys, a thorf yn galw am ei anfon i'r stanc. Wedi pedair blynedd o wrthdaro, yr oedd y rhwyg rhyngddo a'r Eglwys yn derfynol.

*   *   *

Thomas à Becket a Harri, John (er ei saled) ac Esgobion y *Magna Carta*, Stephen Langton a'r Pab Innocent y Trydydd, Martin Luther a'r Eglwys – y mae dalennau hanes yn frith o enghreifftiau tebyg: John Wesley, arwr mawr y ddeunawfed ganrif, er dwysed ei angerdd, er disgleiried ei weledigaeth, yn cadw'n gadarn o fewn Eglwys Loegr; ond yna, mewn hanner canrif, yn ei gadael am Rufain wedi gwewyr hir, John Henry Newman, un o sylfaenwyr Mudiad Rhydychen; Dietrich Bonhoeffer, y diwinydd o'r Almaen, gŵr duwiol ac egwyddorol, yn wynebu'r penderfyniad dirdynnol o gefnogi'r cynllwyn i ladd Hitler. Ac ymlaen ac ymlaen... Beth a wnaem ni yn eu sefyllfa hwy? Onid hollol ddiamgyffred oedd honiad James Boswell, ar ôl taith gyda Samuel Johnson i'r Hebrides yn 1773, mai egwyddor wedi'i diddymu'n gyfan gwbl o Brydain oedd teyrngarwch?

OES Y CHWYLDROADAU

('One man's ideas of liberty is another's of tyranny',
Wordsworth)

Mewn prin ganrif a hanner o amser, 1640 hyd 1789, fe brofodd Prydain a'r Gorllewin saith chwyldro mawr a phellgyrhaeddol: y Chwyldro Piwritanaidd (1640-60); yr un Gwleidyddol ym Mhrydain (1642-60, a 1689); yr un Gwyddonol o 1660 ymlaen; y Diwydiannol oddeutu 1760; yr Amaethyddol oddeutu'r un adeg; y Chwyldro Americanaidd yn 1776 a'r un Ffrengig yn 1789. Fel y bu pethau, fe arweiniodd yr olaf ohonynt i nifer rhagor o chwyldroadau eraill yn y bedwaredd ganrif ar bymtheg; digon fydd enwi'r flwyddyn 1848, blwyddyn pan fu chwyldro mewn cryn hanner dwsin o fannau yn Ewrop.

Yr oedd y ddau chwyldro cyntaf o'r saith – yr un Piwritanaidd a'r un Gwleidyddol – yn debyg mewn un ystyr i'r ddau olaf, y Chwyldro Americanaidd a'r Chwyldro Ffrengig, oherwydd i'r pedwar ohonynt, ysywaeth, gynnwys llawer o ymladd a thywallt gwaed. Ond y tri yn y canol, yr un Gwyddonol, a'r Diwydiannol a'r Amaethyddol, wrth reswm, yn gwbl wahanol: chwyldroadau dyfeisiol y tri.

Sut bynnag am hynny, nid oes amheuaeth o gwbl na bu i'r saith chwyldro fel ei gilydd effeithio'n enfawr ar gymdeithas y gorllewin. Ystyrier y flwyddyn 1640. Dyna'r pryd a gydnabyddir fel adeg dechrau'r Chwyldro Piwritanaidd oherwydd mai dyna'r amser y torrwyd y cysylltiad rhwng y Brenin Siarl y Cyntaf a'r Senedd, a sefydlu'r "Senedd Hir". Ac eto, y gwir yw bod Piwritaniaeth yn mynd yn ôl dros hanner canrif cyn hynny, i ganol teyrnasiad Elisabeth y Gyntaf.

Dyma'r cyfnod pryd y daeth trigolion Prydain yn "Bobl y Llyfr," a'r llyfr hwnnw, wrth gwrs, oedd y Beibl. Dyma'r llyfr a ddaeth yn gyfarwydd i bawb: fe'i darllenid yn yr eglwysi, ac yn y cartrefi; ac am beth amser yn y blynyddoedd hynny yr oedd gorfodaeth ar bawb i fynychu'r eglwys neu wynebu dirwy.

Efallai mai tua 1567 y daeth y term 'Piwritan' i fod, a'r gŵr a gysylltir yn bennaf ag ef ar y dechrau yw Thomas Cartwright: gŵr galluog iawn a fu'n astudio yng Ngenefa, a dod yn ôl hefo ffydd ffanatig mewn Calfiniaeth *ac* yn y system o lywodraeth eglwysig yr oedd Calfin wedi'i dyfeisio. Pan ddaeth Cartwright i'r swydd o Athro mewn Diwinyddiaeth yng Nghaergrawnt, fe ddefnyddiodd bob cyfle i ledaenu ei syniadau eithafol. Ar wahân i'w allu academaidd eithriadol, yr oedd hefyd yn hynod grefyddol. Ond nid oedd ysbryd goddefol y Frenhines Elisabeth wrth ei fodd o gwbl. Yr oedd yn gas ganddo hen arferion crefydd, rhai Eglwys Rufain – defnyddio'r groes ar fedydd, y dillad (megis y casog), rhoi modrwy i'r wraig ddiwrnod ei phriodas, penlinio i dderbyn y Cymun. Ac felly ymlaen. Yr oedd arferion fel y rhain, i Cartwright, nid yn unig yn anghynnes – fel yr oeddent i'r holl Biwritaniaid cynnar – ond yn golygu eilunaddoliaeth ronc. Nid oedd syniadau fel yna yn peri gofid mawr i Elisabeth a phenaethiaid yr Eglwys. Yr hyn a'u dychrynodd oedd syniad Cartwright a'i ddilynwyr am system o lywodraeth eglwysig a osodai'r Wladwriaeth is-law'r Eglwys. Mewn gair, gwrth-Erastiaeth. Fe gondemniai ef reol absoliwt yr esgobion ("y mae hyn", meddai, "wedi'i eni o'r diafol"), ond meddai, yr oedd rheol absoliwt y penaethiaid Presbyteraidd wedi'i sefydlu gan air Duw.

I'r eglwys a oedd wedi'i modelu ar ddull eglwys Calfin yng Ngenefa, fe hawliai Cartwright awdurdod uwch hyd yn oed na meistri'r Fatican. Yr oedd pob awdurdod ysbrydol, penderfynu ar ddogmâu, trefnu seremonïau, y cyfan i fod yn nwylo gweinidogion yr eglwys – a hwy wedi'u dewis gan y bobl, nid gan esgobion o ddewis gan y Frenhines. Paham? Am fod y materion hyn i gyd yn y Beibl. Dyma, mewn gwirionedd, ddechrau'r mudiad Piwritanaidd. A syniadau fel rhai

Cartwright a arweiniodd mewn amser i'r Rhyfel Cartref yn 1642 – a dienyddio'r brenin yn 1649. Ond a ydym i dderbyn popeth o'r Beibl a gwrthod popeth arall?

Nac ydym, o gwbl, meddai Richard Hooker (1553-1600), yn ei lyfr nodedig *Ecclesiastical Polity* a gyhoeddwyd yn 1594. Yn y gwaith mawr hwn fe wrthwynebai'r awdur yn gadarn syniadau Piwritanaidd Thomas Cartwright ac eraill, ac ni allai dderbyn o gwbl mai'r Beibl oedd i benderfynu popeth. Daliai'r Piwritan mai'r rheol ddigyfnewid i weithredoedd dynol ymhob dim ynglŷn â chrefydd – addoliad, disgyblaeth a chyfansoddiad yr eglwys – oedd beth oedd wedi'i ysgrifennu yn y Beibl. (A rhaid cydnabod bod yna filoedd o bobl heddiw yn credu hynny, rhai o gefnogwyr y cyn-Arlywydd George Bush, er enghraifft.) Na, meddai Hooker, nid datguddiad ysgrifenedig yn unig yw'r drefn, ond perthynas foesol, datblygiad hanesyddol, a sefydliadau cymdeithasol a pholiticaidd, hyn oll sydd yn penderfynu pa fodd y dylem ni weithredu.

Wrth gwrs, y mae i reswm, y rheswm dynol, ei le amlwg wrth benderfynu rheolau'r drefn hon, penderfynu rhwng yr hyn yn y Beibl sydd yn gyfnewidiol a'r hyn sydd yn anghyfnewidiol, rhwng yr hyn sydd dragwyddol a'r hyn sydd dymhorol. Felly, mewn ffordd, petaem ni'n byw yn yr oes honno, fe allem ni ystyried – a dilyn dadleuon Richard Hooker – wrth benderfynu ein safbwynt personol ni ein hunain, a fyddem ni'n derbyn popeth am grefydd: am ffurf lywodraeth, am ddogmâu, am athrawiaethau, am ddulliau addoli, am ddisgyblaeth; mewn gair yn wir, popeth ynghylch crefydd a bywyd, a fyddem ni yn eu derbyn neu eu gwrthod, popeth, oherwydd yr hyn sydd yn ysgrifenedig yn y Beibl? Dyna, mewn gwirionedd, fyddai'r pwnc hollbwysig.*

*   *   *

*Dwy farn ar lyfr Richard Hooker: Yn ôl un awdurdod, dyma'r llyfr "cyntaf mwyaf gwreiddiol o ryddiaith yn yr iaith Saesneg". A barnodd y Pab Clement VIII (1592-1605) fod ynddo y fath "hadau o dragwyddoldeb fel y parhâi nes ei ddifa'n ulw gan y tân mawr olaf a losgai bob gwybodaeth."

Y materion a grynhöwyd hyd yma, y rhain oedd wrth wraidd y Rhyfel Cartref. (Er hynny, dadleuwyd yn eiddgar, ers dros ddwy ganrif a hanner, am y gwir resymau dros y gwrthdaro: ai materion crefyddol a gwleidyddol, ynteu rhai economaidd a chymdeithasol. Pery'r ddadl o hyd.) Mae'n gywir dweud, am Iago y Cyntaf a'i fab Siarl y Cyntaf, fod y ddau ohonynt yn casáu'r Piwritaniaid. Credent yn gadarn yn yr "hawl ddwyfol i reoli". Parhaodd rhan gyntaf y Rhyfel am ryw dair blynedd, yna heddwch am ddwy flynedd cyn i'r brwydro dorri allan wedyn am tua dwy flynedd arall – a dienyddio'r Brenin Siarl yn Ionawr 1649, gan gofio geiriau Oliver Cromwell am y digwyddiad trist hwnnw, "a cruel necessity". Yr oedd prif ddyn Siarl, yr Archesgob William Laud wedi'i roi i farwolaeth bedair blynedd cyn ei feistr oherwydd iddo geisio gorfodi'r Albanwyr i ddefnyddio'r *Llyfr Gweddi Gyffredin* – ac achosi Rhyfeloedd yr Esgobion.

Canlyniad cyhoeddi heddwch yn 1649 oedd newid llwyr o'r system frenhinol i'r un weriniaethol – o dan Cromwell – hyd ei farwolaeth yn 1658; yna dwy flynedd o dan Richard ei fab, cyn iddo ef gael ei fwrw allan gan nad oedd, o bell ffordd, o'r un gallu â'i dad. Galwodd y wlad yn groyw am adfer y frenhiniaeth yn 1660 o dan Siarl yr Ail. A dyna fu. Gwelwn felly fod chwyldro Piwritanaidd wedi arwain i chwyldro cyfansoddiadol: crefydd yn cael y gorau ar wleidyddiaeth!

Pwy oedd yr arloeswyr Piwritanaidd hyn? Yr oedd yna amryw byd o ddosbarthiadau ohonynt, er eu bod oll yn rhannu'r syniadau gwaelodol am Galfiniaeth, yn enwedig ar fater rhagordeiniad neu etholedigaeth. Yr oeddent oll am weld "puro" 'r eglwys sefydledig o "staen pabyddiaeth". Ond ar ôl dweud hynny, pobl yr adain chwaith oeddent: Annibynwyr, Presbyteriaid, Bedyddwyr, Ymwahanwyr, Esgobaethwyr a Chrynwyr, ac eraill.

A'r rhain oll â syniadau gwahanol am y math o eglwys y carent hwy ei weld. Tra oedd Cromwell wrth y llyw yr oedd caniatâd i bob "enwad" gael ei ffurf ei hun o addoliad *ond*

Anglicaniaid ac Eglwys Rufain.* Annibynnwr cadarn oedd ef, wrth reswm, a cheisiodd ddwyn egwyddorion annibyniaeth i rym drwy'r wlad yng nghyfnod ei reolaeth. Daeth y Senedd Hir i ben yn 1653, yna daeth Senedd y Saint *(Barebones Parliament)* am gyfnod gweddol fyr, ac wedyn Cromwell fel Gwarchodwr *(Protector)* hyd ei farwolaeth yn 1658.

Cafwyd Chwyldro Gwleidyddol pellach yn 1689 pan alltudiwyd Iago'r Ail o'r orsedd oblegid ei syniadau Pabyddol penstiff, yntau'n ffoi i'r cyfandir wedi tair blynedd o reolaeth, a phasio'r Mesur Iawnderau adnabyddus *(Bill of Rights)*. Fe ddigwyddodd hynny heb golli'r un diferyn o waed, a'i alw o'r herwydd yn Chwyldro Gogoneddus – a byth oddi ar y digwyddiad hwnnw y Senedd yn gyffredinol sydd wedi rheoli'r deyrnas. Yn ystad y cyfnod 1660-1689 y ffurfiwyd pleidiau gwleidyddol; yn gyffredinol, y Whigiaid yw olynwyr yr Annibynwyr a'r Toriaid y Brenhinwyr.

Un o eiriau pwysig hanner olaf yr ail ganrif ar bymtheg oedd "goddefgarwch". Yr oedd yn bwysig iawn i Cromwell, fel yr oedd i'r Annibynwyr yn gyffredinol. Ystyrid bod goddefgarwch crefyddol o fwy o bwys na rhyddid gwleidyddol, a pharadocs y cyfnod yn ddïau yw y gwaherddid Anglicaniaid a Phabyddion rhag cynnal gwasanaethau. Yna, am yn agos i ddeng mlynedd ar hugain wedi adfer y frenhiniaeth yn 1660 nid oedd gan anghydffurfwyr hawl gyfreithiol i addoli'n gyhoeddus. Pasiwyd Ddeddf Goddefiad yn 1689 mae'n wir, ond aeth bron i ddwy ganrif arall heibio cyn iddynt gael rhyddid i fynd i golegau Rhydychen a Chaergrawnt (1871). Proses hir ac araf iawn fu hyn ym Mhrydain, ac er gwaethaf agwedd John Calfin yn cefnogi llosgi Servetus yng Ngenefa oherwydd ei syniadau am y Drindod Fendigaid, diolchwn i'r mudiad Piwritanaidd fod gennym radd mor helaeth o oddefgarwch crefyddol yn ein cymdeithas.

*Yn y Rhyfel Cartref, yr oedd mwyafrif y Cymry yn cefnogi'r Brenhinwyr yn erbyn y Pengryniaid. Ymunodd rhyw 175 o aelodau Tŷ'r Cyffredin â'r Brenin yn Rhydychen gan adael tua 300 yn Westminster. O Dŷ'r Arglwyddi, aeth tuag 80 hefo'r Brenin, rhyw 30 hefo Cromwell, a thuag 20 heb ochri o gwbl. Dilëodd Cromwell Dŷ'r Arglwyddi.

*   *   *

Ym mlynyddoedd olaf yr ail ganrif ar bymtheg fe gyhoeddwyd yn Lladin lyfr bychan, llai na deunaw mil o eiriau, yn dwyn y teitl "Llythyr ynghylch goddefgarwch". Ym marn rhai ysgolheigion, dyma lyfr a "newidiodd y byd i gyd". Athronydd oedd yr awdur, John Locke, athronydd mawr rhyddid, ac y mae ei waith yn delio â phynciau sylfaenol cymdeithas: deallusrwydd, gwleidyddiaeth ac addysg, ac wedi dod inni drwy y Datganiad Americanaidd ar Annibyniaeth – yn ogystal â thrwy'r ddau chwyldro mawr, Americanaidd a Ffrengig. Yn ei lyfr ar oddefgarwch, y mae Locke yn ymdrin ag un o bynciau gwaelodol yr oesoedd diweddar: sut y gall pobl sydd yn dal syniadau gwahanol ar natur cymdeithas fyw hefo'i gilydd mewn heddwch?

Tua 1690 yr oedd cyfyngder ysbryd, neu gulni ysbrydol, ar bob ochr, wedi cyfrannu at achosi casineb a chymhlethdod cymdeithasol, a galwai Locke am i bawb fod yn fwy hael mewn ewyllys ac ysbryd, am ryddid wedi'i gyfyngu gan reswm a'r gyfraith yn hytrach na rhyddid absoliwt ymhob achos ac amgylchiad.

Beth am fyd crefydd? I Locke, mater i'r unigolyn yw crefydd, nid i'r wladwriaeth. Meddai: "Y mae'r gofal am enaid pob dyn yn perthyn i'r dyn ei hunan, ac y mae i aros felly". Dylai'r wladwriaeth roi'r un gradd o amddiffyniad i'r holl eglwysi ac i bob barn grefyddol. Ni ddylid bod unrhyw erledigaeth ar dir crefyddol. Yn wir, rhaid inni beidio â bodloni ar fesurau cul cyfiawnder yn unig – dylid ychwanegu at hynny gariad (*charity* yw ei air ef), elusen a rhyddid. Y mae'r Efengyl yn galw am hyn, meddai, a rheswm yn arwain ato, ac mae'r brawdgarwch naturiol y cawsom ein geni iddo yn disgwyl cymaint â hyn oddi arnom. Hyd yma, y mae'n ymddangos bod Locke yn sefydlu damcaniaeth o ryddid hollol absoliwt, hyd yn oed ar yr amod bod ar unigolion ac eglwysi ddyletswydd tuag at ei gilydd o ewyllys da, wedi'i sylfaenu ar eu brawdgarwch dynol hwy. Ond y mae'n gofalu mynegi'n glir nad yw bod yn hollol a thrwyadl oddefgar ddim yn bosibl bob amser.

93

Pa bryd y mae gweithredu goddefgarwch yn amhosibl? Y mae holl lywodraethau'r byd dros ganrifoedd wedi dod wyneb yn wyneb â'r cwestiwn hwn. Ateb Locke yw na ellir disgwyl i lywodraethau oddef syniadau sydd yn amlwg yn mynd i danseilio sylfeini cymdeithas. Ai dyma sydd wrth wraidd y trafod mawr y blynyddoedd hyn ynghylch sut i ddelio â therfysgaeth? A fyddai ef yn credu bod Natsïaeth a Ffasgaeth yn disgyn i'r categori hwn, a'u bod felly y tu allan i fyd goddefgarwch? Mae'n wir nad yw Eglwys Rufain bellach yn mynnu'r hawl, fel yr oedd hi am ganrifoedd lawer, i ddadorseddu ac esgymuno brenhinoedd.

Mae'n briodol cofio nad oedd John Locke ddim am i'w ddarllenwyr ei ystyried *ef* fel petai'n anffaeledig, oherwydd ei gred fawr oedd mewn rheswm, nid awdurdod. Ond y mae ei syniadau am oddefgarwch cyffredinol yn fwy gwerthfawr oherwydd ei fod yn cydnabod bod yna rai pethau sydd yn anoddefadwy, pethau a allai ddinistrio bywyd a chymdeithas yn llwyr. Ac nid oes angen enwi ond y llyfr *Mein Kampf** yn ugeiniau'r ganrif ddiwethaf i gadarnhau hynny.

*   *   *

Yn 1660, blwyddyn adfer y frenhiniaeth, fe sefydlwyd yn Llundain y gyntaf (a'r bwysicaf) o gymdeithasau gwyddonol byd-eang, sef y Gymdeithas Frenhinol, y *Royal Society*. Rhyw bum mlynedd yn ôl, mewn tŷ yn Hampshire, daethpwyd o hyd i gyfrol o dros bum cant o dudalennau o waith Robert Hooke yn disgrifio cyfarfodydd y Gymdeithas o'i dechrau hyn 1691. Anhygoel o ddarganfyddiad! Sylw un arwerthwr am hyn oedd "This is, for historians of science, the equivalent of finding one of the original gospels". Yn y dogfennau yma fe geir cyfeiriadau at weithiau gwyddonwyr fel Syr Isaac Newton ynglŷn â disgyrchiant a'r planedau, arbrofion Hooke ei hun (ef oedd Ysgrifennydd y Gymdeithas o 1677 ymlaen) am gelloedd mewn planhigion er enghraifft, a llu mawr o bethau eraill. Rhyw 68 o "Gymrodyr" oedd i ddechrau yn y Gymdeithas, a 42 ohonynt yn Biwritaniaid! Yr oedd John Locke yn un o'r aelodau cyntaf. Gan fod Siarl yr Ail, fel ei dad a'i daid, yn casáu'r Piwritaniaid, mae'n syn ei fod

*Gweler yr erthygl *Rhwng Rhyfeloedd*, tud 194

wedi rhoi enw brenhinol iddi: *The Royal Society of London for the Promotion of Natural Knowledge!* Bellach, mewn rhyw dair canrif a hanner o amser, gwnaed cyfraniad enfawr i'n gwybodaeth gan y Gymdeithas hyglod hon, am lu mawr iawn o bynciau. Deil i wneud hynny. Amcangyfrifwyd bod rhyw drigain y cant o'r problemau y deliwyd â hwy yn ei chwarter canrif cyntaf yn ymwneud â materion ymarferol cyhoeddus, a'r deugain y cant arall yn broblemau gwyddoniaeth bur. A phetaem ond yn enwi pobl fel Isaac Newton, Robert Hooke, Robert Boyle a Christopher Wren, a oedd ymhlith aelodau cynnar y Gymdeithas, dyna roi syniad pur dda inni o safon uchel anghredadwy y gwaith a gyflawnwyd ganddi. Nid rhyfedd i Voltaire, yn ystod ei dair blynedd o arhosiad yn Llundain (1726-9), roddi'r fath ganmoliaeth iddi.

*   *   *

O'r saith chwyldro a enwyd ar y dechrau, erys pedwar: yr Amaethyddol, y Diwydiannol, yr Americanaidd a'r Ffrengig, ac mewn rhai llyfrau cynhwysir y rhain o fewn un adran dan y teitl cyffredinol *The Great Revolutions.* Paham tybed? Am eu bod yn ffurfio math o undeb hanesyddol ym marn rhai awduron. Yn nhrigeiniau'r ddeunawfed ganrif, mewn amser cymharol fyr, fe ffurfiwyd rhai o nodweddion canolog ein bywyd ni heddiw yn y gorllewin. Un o'r rheini yw diwydiant, ar raddfa fawr. Daeth hyn i fod gyntaf oll yn Lloegr. Yr ail nodwedd yw'r ffaith fod "craidd disgyrchiant" *(centre of gravity)* y byd gorllewinol wedi symud o ganol Ewrop i ryw bwynt dychmygol ynghanol Môr Iwerydd, rhwng cyfandir Ewrop ac America. Yna cyfnewid llywodraethau etholiadol ac absoliwt y gorllewin (y tu allan i Loegr) am rai democrataidd (yn sgil y Chwyldro Ffrengig).

Mae'n bwysig iawn nodi yma mai pobl gyffredin at ei gilydd oedd yr arloeswyr yn y Chwyldro Diwydiannol a'r Chwyldro Amaethyddol. (Yr oedd y rhai uchel-ael, academaidd, yn aelodau o'r Gymdeithas Frenhinol erbyn canol y ddeunawfed ganrif.) Fel y cyfeiriwyd eisoes, yr oedd gwaharddiad ar anghydffurfwyr rhag mynd i'r prifysgolion hyd 1871, a chan mai anghydffurfwyr oedd y rhelyw o'r bobl gyffredin ddyfeisgar hyn, y mae'n golygu mai y tu allan i'r Gymdeithas Frenhinol y gwnaethpwyd y gwaith arloesol, gan rai wedi dysgu eu crefft wrth ennill eu bara beunyddiol. Hefyd, yr hyn oedd y chwyldro – yn fwy os rhywbeth na mater o greu peiriannau newydd yn y diwydiant cotwm yn sir Gaerhirfryn, y diwydiant gwlân yn Sir Efrog, a'r diwydiant glo yn Durham, Northumberland, De Cymru a'r Canolbarth – yr hyn oedd y chwyldro yn fwy na hynny oedd mater o newid trefn ar gymdeithas.

Cyn y trigeiniau gweithio yn eu cartrefi a wnâi pobl. Gwlad o unedau bychain oedd hi: nid oedd llawer o drefi'n bod, ar wahân i leoedd fel Llundain, Bryste, Norwich a'u tebyg. Ond o tua 1760 ymlaen, gyda dyfodiad y system ffatri, yn hytrach na'r meistr yn cyflogi ychydig weithwyr a phrentisiaid yn ei gartref, tyfodd ffatrïoedd – ac o'r herwydd, cymunedau – dan ddwylo pobl gyfoethog. Cynyddodd y boblogaeth yn gyflym: o ryw chwe miliwn i naw miliwn erbyn diwedd y ganrif, fel y dengys y cyfrifiad cyntaf o rifo'r boblogaeth yn 1801. Enwau pwysig yn y cyfnod hwn yw James Hargreaves (dyfeisydd y peiriant nyddu, y *Spinning Jenny*), a'i gwnaeth hi'n bosibl i un dyn wneud gwaith wyth o bobl, John Kay (am beiriant i gyflymu'n fawr iawn waith brethyn gan y gwehydd), Richard Arkwright am weithio peiriant Kay â grym dŵr, (a chyflymu'r broses ymhellach fyth) a Jethro Tull a'r Arglwydd Townshend am eu dyfeisiadau arloesol ynglŷn â gwasgaru had a gwrteithio'r tir. Cyn diwedd y ganrif pasiwyd nifer mawr o ddeddfau'r mudiad Cau'r Tiroedd Comin; cyn hynny yr oedd y tir cyffredin yn hollol agored, ac yr oedd y newid sylfaenol hwn yn gam pwysig i wneud ffermio llwyddiannus yn bosibl.

Tra symudai'r bywyd diwydiannol ac amaethyddol yn ei flaen fel hyn, yn araf ond yn gyson, i'r gwrthwyneb yn union yr âi'r byd gwleidyddol, ar draws Iwerydd ac ar draws y Sianel. Yn Senedd Lloegr yn 1765 pasiwyd Deddf Ddatgeiniol yn cadarnhau'r hawl i drethu'r Trefedigaethau, gan dybio y tawelid gwrthwynebiadau'r Americanwyr a fynnai na ddylent orfod talu unrhyw dreth heb gynrychiolaeth yn Llundain. Yn dilyn y Rhyfel Annibyniaeth, ar Orffennaf 4 1776 torrwyd y cysylltiad gwleidyddol rhwng y ddwy wlad, a'r milwr Ffrengig, Lafayette, ar ôl cynorthwyo America yn erbyn Lloegr yn dychwelyd adref i hyrwyddo'r Chwyldro yn ei wlad ei hun.

Ystyrir y Chwyldro Ffrengig gan haneswyr fel un o'r digwyddiadau pwysicaf yn holl hanes modern cyfandir Ewrop. Effeithiodd ar bob gwlad yn y Gorllewin, a dylanwadu ar syniadau dynion am ryddid a chydraddoldeb a llywodraeth. Beth a achosodd y Chwyldro? Y mae nifer o resymau, ond yn bennaf oll fe ddylid enwi'r drefn lywodraethol anfad: hynny yw, dulliau yr *Ancien Régime*. Yn wir, graslonrwydd trofáus yw sôn am y drefn hon fel "system", oblegid anhrefn lwyr oedd y cyfan. Yr oedd pob awdurdod yn nwylo'r brenin. Onid oedd pennaeth yr "oes aur" (?), Louis'r Pedwerydd ar Ddeg, wedi datgan mai efô *oedd* y wladwriaeth? Gwagedd? Ie, ond y gwirionedd. Dri chwarter canrif yn ddiweddarach, dywedodd un o'i olynwyr, Louis'r Unfed ar Bymtheg: "Y mae'r peth yn gyfreithlon am fy mod i'n dymuno hynny." Y mae'r dywediadau hyn yn crynhoi holl natur llywodraeth yr *Ancien Régime*. Meddylier am lywodraeth ganolog yn rheoli materion dros *ddeugain mil* o drefi a phlwyfi! Pa syndod felly yw darllen bod ambell blwy, o anfon cais am gymhorthdal i drwsio to'r eglwys, wedi disgwyl am ddeng mlynedd am ateb?

Yr oedd poblogaeth Ffrainc wedi'i rhannu'n dair ystad. Yr ystad gyntaf oedd yr offeiriadaeth, yr ail y bendefigaeth, a'r drydedd, pawb arall – o'r cyfreithwyr a'r meddygon ac eraill o'r dosbarth canol i lawr i'r dosbarth gweithiol isaf oll. Mewn poblogaeth o ryw bum miliwn ar hugain, dim ond oddeutu chwarter miliwn oedd cyfanrif y ddwy ystad gyntaf: tuag un y cant, a'r holl system wedi'i threfnu er budd ac elw iddynt hwy. Hwy oedd piau'r tir bron i gyd. Ni thalent drethi (neu bron ddim). Heidiai'r pendefigion wrth y cannoedd o gwmpas y brenin a'i deulu yn Versailles – yn gwneud dim byd ond ymblesera.

97

Beth am y gwerinwr? Yr oedd ei enillion yn ddigon prin fel yr oedd pethau, ac eto talai tua thri chwarter ei incwm mewn trethi: treth i'r Eglwys, i'r meistr tir, i'r brenin – a'r *gabelle* enwog (sef y dreth halen) yr oedd yn rhaid i bob person ei thalu, a phawb dros saith oed yn gorfod prynu saith pwys o halen bob blwyddyn. Yna'r tolldaliadau: am gludo nwyddau drwy bentref, efallai y gorfodid talu chwech neu saith o weithiau i wahanol swyddogion am fynd â throl a cheffyl ar hyd y ffyrdd. Rhaid oedd hefyd wneud gwasanaeth yn y milisia, a gwneud rhyw gymaint o waith ar yr heolydd neu ar adeiladau cyhoeddus.

Ond beth am y "Senedd", Cynulliad y Tair Ystad? Diwerth, hollol ddiwerth: nid oedd wedi cyfarfod er cyn geni Louis Bedwar ar Ddeg, sef yn 1614. Wrth ddarllen am gyflwr Ffrainc yn yr ail ganrif ar bymtheg a'r ddeunawfed, ni all dyn fethu â rhyfeddu na fu na chwyldro na gwrthryfel ymhell cyn 1789: y gwerinwr druan yn cael ei drethu hyd yr asgwrn, yn byw mewn tlodi dychrynllyd, a'r esgobion a'r pendefigion yn mwynhau moethusrwydd digyffelyb; tua deng mil, meddir, yn cael eu carcharu bob blwyddyn, a channoedd yn cael eu rhoi i farwolaeth, am droseddu yn erbyn y ddeddf halen yn unig.[*]

Pwy oedd arweinwyr y Chwyldro felly? Y gwerinwyr? Y dosbarth gweithiol? Nage. Y prif ysgogwyr oedd aelodau o'r dosbarth canol, y cyfreithwyr a'r meddygon yn arbennig. Yr oeddent hwy ymhlith y rhai a ffieiddiai'r holl system yn Ffrainc. Nid oedd ganddynt ddim hawl i feirniadu, na rhyddid crefyddol. Os darganfyddai'r awdurdodau fod gwasanaeth Protestannaidd yn cael ei gynnal, câi'r gweinidog ei arestio ac efallai ei grogi, a rhoid y gynulleidfa oll yn y galeiod. O'r dosbarth hwn y daeth arweinwyr y Chwyldro bron yn gyfan gwbl.

Gwaethygu'n barhaus a wnâi'r sefyllfa drwy'r ddeunawfed ganrif. Yr oedd moethau'r llys brenhinol yn ystod teyrnasiad Louis'r Pymthegfed y tu hwnt i bob disgrifiad (a bu ef ar yr

---

[*]Sonnir mewn man arall yn y gyfrol hon am feirniadaeth Voltaire, Montesquieu a Rousseau am gyflwr y wlad (Gw. tud 40).

98

orsedd am dros hanner can mlynedd); rhaid cydnabod bod ei olynydd (Louis XVI) beth yn fwy economaidd nag ef: dim ond dwy fil o geffylau a dau gant o gárejis yn y stablau; a'i frenhines, Marie Antoinette, druan bach, yn ymdopi â rhyw bum cant o weision a dim ond pedwar pâr newydd o esgidiau yr wythnos!

Dyna ni. Yr oedd y frenhiniaeth, yr offeiriadaeth a'r bendefigaeth yn gwbl lygredig. Sefyllfa ffrwydrol. Beth a roes y fflach iddi? Yr ateb yw: y tywydd.

Yn 1788 fe ddifethwyd y cynhaeaf, a chynyddodd pris grawn nes achosi newyn cyffredinol ar draws y wlad. Yr oedd misoedd Ionawr a Chwefror 1789 yn fileinig o aeafol, ac fe rewodd prif afonydd Ffrainc i gyd. A phorthladd Marseilles (yn y de!) wedi'i gau gan rew. Tyrrodd pobl cefn gwlad o gwmpas y brifddinas i Baris yn y gobaith o gael bwyd a chysgod. Ac fel hyn y daeth y *mob* i fod. Ar y pumed o Fai 1789 cyfarfu Cynulliad y Tair Gradd – am y tro cyntaf ers 175 o flynyddoedd. Ond yr oedd yn rhy ddiweddar: naw wythnos wedyn, ar Orffennaf 14, ymosododd y dorf ar gadarnle'r carcharorion yng nghanol Paris, y Bastille, a rhyddhau'r holl gaethion. Pan glywodd Louis am y digwyddiad, meddai, "Gwrthryfel yw hyn." "Nage, syr," atebodd y negesydd, "chwyldro ydyw." Byth er hynny, y mae'r dydd yn ŵyl genedlaethol yno.

*   *   *

Ar y dechrau mynegwyd cryn gydymdeimlad ym Mhrydain tuag at y Chwyldro. Credid bod y Ffrancwyr am sefydlu system gyfansoddiadol fel yr un yn Lloegr, a chefnogai'r Prif Weinidog, William Pitt, a'i ddilynwyr, yn ogystal â'i elynion, y mudiad yn frwdfrydig. Un o'r prif gefnogwyr cynnar oedd y Cymro disglair o Langeinor yn sir Forgannwg, y Parchedig Richard Price (1723-91), Gweinidog Undodaidd yn ardal Stoke Newington yng ngogledd Llundain, athronydd moesol a mathemategydd o fri. Yn ddwy a deugain oed fe'i etholwyd yn Gymrawd y Gymdeithas Frenhinol (F.R.S.) am ei waith ym myd cyfrifon; derbyniodd ryddfreiniad dinas Llundain yn 1776, a gradd Doethuriaeth Er Anrhydedd gan

Brifysgol Yale yn 1781. Rhoes Price groeso i'r Chwyldro mewn cyfrol *Love of our Country* yn 1789, a dywedir mai darllen y gwaith hwn a achosodd i Edmund Burke ysgrifennu'r gyfrol *Reflections on the Revolution in France* a gyhoeddwyd yn 1790. Gwrthodwyd syniadau Burke yn frwd gan Tom Paine yn ei lyfr *The Rights of Man*, ond mewn gwirionedd, pan aethpwyd i eithafion erchyll ym Mharis – ac anfon miloedd i'r *guillotine* – fe droes y mwyafrif mawr o Brydeinwyr mewn amser i ategu Edmund Burke. Yr oedd ef wedi cefnogi Chwyldro America, a daliai nad oedd unrhyw gydnawsedd rhwng y digwyddiadau yno yn 1765 a'r hyn a fu ym Mharis o 1789 ymlaen. Wedi'r cyfan, onid gwir bod y syniadau am ryddid a chydraddoldeb a ysbrydolodd y Chwyldro ym Mharis wedi effeithio nid yn unig ar Ffrainc ond ar holl gyfandir Ewrop, a hynny drwy'r bedwaredd ganrif ar bymtheg yn gyfan gwbl?

A YW'R GAIR YN BRIN
A'R WELEDIGAETH YN ANFYNYCH?

(ANERCHIAD A DDRADDODWYD YNG NGHYFARFOD MISOL HENADURI-
AETH MÔN YNG NGHAPEL BRYNSIENCYN, GORFFENNAF 2004.)

Fe garwn yn gyntaf ddiolch yn gywir iawn am y gwahoddiad caredig i annerch cyfarfod o Henaduriaeth Môn. Yr wyf yn mawr werthfawrogi'r fraint, ac yn arbennig felly am mai yma ym Mrynsiencyn – o bobman yng Nghymru – yn y capel hwn – o bob capel yng Nghymru – y mae'r Cyfarfod Misol heddiw.

Paham y dywedaf hynny? Wel, pan oedd fy mrawd a minnau yn blant yn ardal y Carneddi ym Methesda, yr oeddem yn gyfarwydd iawn er cyn cof ag enw'r Parchedig John Williams. Yn wir, yr oeddem mor ieuanc fel bod yr enw Brynsiencyn yn hysbys inni ymhell cyn bod gennym syniad ble yn union yr oedd y lle. A'r rheswm, wrth gwrs, oedd mai John Williams oedd arwr mawr fy nhad. Fel llawer o'i gyfoedion, mi gerddai ac mi deithiai ymhell ar noson waith i glywed y "Seraff Bregethwr", a nifer o weithiau y clywsom ef yn cyfeirio, er enghraifft, at y bregeth ar "Ffydd Moses". Fe'i darllenais hi yn y gyfrol gyntaf o'r ddwy o'i bregethau sydd gennyf gartref, pregethau sydd yn llenyddiaeth wych. Mae'r bregeth honno, fel y gwyddoch reit siŵr, wedi'i seilio ar adnodau o'r unfed bennod ar ddeg o'r Llythyr at yr Hebreaid:

"Trwy ffydd, Moses, wedi myned yn fawr, a wrthododd ei alw yn fab merch Pharo, gan ddewis goddef adfyd gyda phobl Dduw, yn hytrach na chael mwyniant pechod dros amser*, gan farnu yn fwy golud ddirmyg

*Yr wyf yn hoffi brawddeg y New English Bible yn y fan yna: "rather than enjoy the transient pleasures of sin" (f'italeiddio i).

101

Crist* na thrysorau yr Aifft."

Er bod sbel dros drigain mlynedd wedi treiglo bellach, gallaf ddwyn i gof yn glir fy nhad yn disgrifio John Williams yn gwrthgyferbynnu'r dewis a oedd gan Moses. Fel hyn hefo'i ddwylo:

Ar y llaw yma (chwith): Tlodi cyfoeth yr Aifft.

Ar y llaw arall (dde): Cyfoeth tlodi pobl Dduw.

Y chwith: Adfyd trysorau yr Aifft. Y dde: Trysorau adfyd pobl Dduw.

Y chwith: Dirmyg golud yr Aifft. Y dde: Golud dirmyg pobl Dduw.

Beth *na* roddwn i am gael bod wedi clywed John Williams, Brynsiencyn, yn pregethu! Y gŵr y cyfeiriodd ei gyfaill Thomas Charles Williams ato – o'r union fangre yma yn y sêt fawr hon – ar ddydd ei angladd ddechrau Tachwedd 1921 fel "un o'r pregethwyr mwyaf a gododd yr Eglwys Gristionogol erioed, a Chymru fach wedi ei gael yn gyfan gwbl iddi hi ei hun." Yng Nghofiant ardderchog John Williams gan R. R. Hughes, Niwbwrch, dyfynnir Syr John Morris Jones yn dweud mai dyna un o ddyddiau tristaf ei fywyd. A meddylier bod 207 o foduron yn hebrwng gweddillion y pregethwr mawr o Frynsiencyn i fynwent Llanfaes, i'w gladdu ochr yn ochr â gŵr enwog arall, John Elias o Fôn.

Yn awr, y mae'r rhagymadrodd yna, fel y mae'n digwydd, yn berthnasol, ond gwrthgyferbyniol, i ystyriaeth o'r testun heno. Ceir y geiriau yn y drydedd bennod o Lyfr Cyntaf Samuel, a rhan o'r adnod gyntaf:

"Yr oedd gair yr Arglwydd yn brin, a gweledigaeth yn anfynych." (Y Beibl Cymraeg Newydd)[†]

*Y Beibl Cymraeg Newydd: "gwaradwydd yr Eneiniog"

[†] "A gair yr Arglwydd oedd werthfawr yn y dyddiau hynny; nid oedd weledigaeth eglur." (Cyfieithiad William Morgan/ John Davies).

O gyfeirio fel y gwneuthum at un o sêr disgleiriaf oes aur pregethu Cymru ganrif yn ôl, dau ymadrodd na fuaswn i'n sicr ddim yn eu defnyddio am y cyfnod hwnnw fyddai dau gymal y testun: "Gair Duw yn brin" a "gweledigaeth yn anfynych". Cyfnod John Williams, wedi'r cyfan – hynny yw, yn fras, chwarter olaf y bedwaredd ganrif ar bymtheg ac ugain mlynedd cyntaf yr ugeinfed – dyna gyfnod dylanwadau ac ôl-effeithiau Diwygiad '59, diwygiad Dafydd Morgan, Ysbyty Ystwyth, heb sôn am ddaeargryn mawr 1904-05 dan ddylanwad Evan Roberts.

Ac nid yn unig y ddau ddigwyddiad ysgytwol yna ychwaith. Soniodd yr hanesydd nodedig Gomer Roberts am bymtheg o ddiwygiadau crefyddol, mawr a mân, a fu yng Nghymru mewn canrif a chwarter, sef rhwng 1789 (blwyddyn y chwyldro mawr yn Ffrainc) a'r Rhyfel Byd Cyntaf 1914. Ni feddyliwn i y byddai'r ymadrodd "gweledigaeth yn anfynych" neu'n "aneglur" yn wir am y cyfnod hwnnw. Yn sicr ddigon, nid oedd "gair yr Arglwydd yn brin." Fy nheimlad i yw bod cadw cyfnod fel hwnnw yng nghefn y meddwl yn rhywfaint o gymorth inni allu deall a dadansoddi'n well gyfnod sydd yn gyfan gwbl wahanol: cymharu trwy ystyried gwahaniaethau. (Nid oes gair Cymraeg boddhaol am "contradistinction".)

Mae'n ofynnol inni ystyried y pwnc o ddau safbwynt, neu mewn dau ddimensiwn, sef yng nghefndir y cyfnod y mae'r testun yn perthyn iddo, gan edrych arno o hirbell felly, a hefyd o safbwynt ein hoes ni heddiw. Y mae'r naill ddimensiwn a'r llall yn bwysig os ydym am lunio barn gytbwys ac osgoi beirniadu'n fyrbwyll ac annheg.

Beth am gefndir hanesyddol y testun yma o Lyfr Samuel? Yr ydym yn mynd yn ôl sbel dros dair mil o flynyddoedd i gyfnod creulon, cymhleth ac ansicr. Yr oedd Josua, olynydd Moses ar orchymyn Duw, wedi arwain deuddeg llwyth Israel dros afon Iorddonen i wlad Canaan, hyn oddeutu'r flwyddyn 1225 C.C, a'r genedl o fewn cyrraedd i wlad yr addewid ac ar fin cyflawni gobeithion cenedlaethau – yn wir, gobeithion dyddiau Abraham yn Ur y Caldeaid, bedwar can mlynedd ynghynt. O'u blaenau yr oedd y wlad a oedd "yn llifeirio o laeth a mêl." Ac er gwaethaf llu o anawsterau a rhwystrau, yr oedd Duw, trwy Josua, yn cyflawni ei fwriadau achubol yn hanes y genedl etholedig hon. Fe ddywedir bod yr Iddewon ar hyd y canrifoedd wedi edrych yn ôl i hanes Josua fel cyfnod iachawdwriaeth eu cenedl.Ond yr oedd dyddiau blin iawn o'u blaenau. Ar ôl marwolaeth Josua tua 1200 C.C. fe gododd nifer o farnwyr i arwain deuddeg llwyth Israel "i feddiannu gwlad yr addewid yn llawnach" fel y mae rhai esbonwyr yn disgrifio'r hanes. Cyfnod oedd hwn o bron i ddau gan mlynedd, a'r hanes yn ei holl erchylltra a'i greulonderau i'w gael yn yr un bennod ar hugain o lyfr y Barnwyr; ac y mae adnod olaf y llyfr rhyfedd hwnnw yn arwain yn uniongyrchol, yn fy nhyb i, i adnod ein testun, adnod sydd yn ysgytio dyn braidd:

> "Yn y dyddiau hynny, nid oedd brenin yn Israel; yr oedd
> pob un yn gwneud yr hyn oedd yn iawn yn ei olwg ei
> hun."

Os oedd hyn yn llythrennol gywir, pa ryfedd bod "gair yr Arglwydd yn brin, a gweledigaeth yn anfynych"? Mae'n ymddangos i mi mai llyfr y Barnwyr yw'r allwedd i'n testun ni heno.* Caiff dyn yr argraff bendant fod diwedd yr oes honno (amser Samson yn arbennig) yn gyfnod o argyfwng dwys yn hanes Israel, a nifer o weithiau yn y llyfr deuwn ar draws y geiriau hyn:

> "Unwaith eto, gwnaeth yr Israeliaid yr hyn oedd ddrwg
> yng ngolwg yr Arglwydd."†

Mewn un lle fe ddywedir pethau brawychus; dyma ddyfyniad o'r ddegfed bennod:

> "Enynnodd llid yr Arglwydd yn erbyn Israel, a gwerthodd
> hwy i ddwylo'r Philistiaid. Ysigodd y rheini yr Israeliaid,

---

*Diddorol yw cofio cymaint a ysbrydolodd y llyfr ar ŵr o athrylith fawr fel George Frederic Handel. Y mae tair oratorio o'i waith wedi eu sylfaenu arno: *Saul, Jephtha a Samson.*

†Golygai hynny addoli duwiau dieithr: Baal, a duwiau Syria, Sidon, Moab a'r Philistiaid.

a'u gormesu...a bu'n gyfyng iawn ar Israel. A dywedodd yr Arglwydd wrthynt, 'Pan ormeswyd chwi gan y Philistiaid ac eraill, galwasoch arnaf fi, a gwaredais chwi o'u gafael. Ond yr ydych chwi wedi fy ngadael i a gwasanaethu duwiau eraill, ac am hynny nid wyf am eich gwaredu ragor. Ewch a gelwch ar y duwiau yr ydych wedi eu dewis; bydded iddynt hwy eich gwaredu chwi, yn awr eich cyfyngder...' Yna dywedodd yr Israeliaid wrth yr Arglwydd, 'Yr ydym wedi pechu; gwna inni beth bynnag a weli'n dda, ond eto gwared ni y tro hwn.' Bwriasant y duwiau dieithr allan o'u plith, a gwasanaethu'r Arglwydd, ac ni allai yntau oddef adfyd Israel yn hwy."

Ond fel y gwyddom ni, mynd yn ôl i'w hen ffyrdd pechadurus a wnaethant, dro ar ôl tro. Neges eglur llyfr y Barnwyr yw mai achos pob llwyddiant oedd teyrngarwch i'r cyfamod, ond canlyniad pob anffyddlondeb oedd gorfod byw dan iau'r gormeswr. Heb amheuaeth, yr oedd diwedd oes y Barnwyr, tua 1050 C.C., yn adeg o argyfwng enbyd, mor ddwys yn wir fel bod bodolaeth y genedl yn y fantol. Dywedir hynny'n glir gan un hanesydd o fri – Almaenwr – a dyfynnaf ei eiriau o'r fersiwn Saesneg o'i waith sydd yn fy meddiant: geiriau sobreiddiol yn wir am y cyfnod dan sylw:

"About 1050 B.C. Israel's very existence was threatened...It was on the verge of falling under the yoke of the Philistines, and facing an existence of hopeless slavery. The only way to meet this frightful peril would be to amalgamate the loosely federated tribes, and form a solid united front. It was in face of this pressure from without that Israel became a nation, and in those days there was only one possible form of government – a monarchy. The choice fell upon Saul, a man renowned for his bravery."

Mae pawb ohonom yn gyfarwydd â'r hyn a ddigwyddodd i arbed y genedl a fyddai bron yn sicr wedi achosi difodiant Iddewiaeth yn llwyr: fe gododd gŵr mawr yn eu plith, sef Samuel. Mae ei fam, Hanna, yn ei gyflwyno'n gynnar i wasanaeth Duw yn y cysegr yn Seilo, dan Eli'r offeiriad. Pan ddaeth i oedran fe lanwodd swydd offeiriadol a phroffwydol – dwy ran bwysig o grefydd yr Iddew – a chodi hefyd i amlygrwydd fel barnwr llwyddiannus. Â'r Philistiaid yn gormesu Israel yn llym, y mae'r bobl yn ymbil arno i osod brenin arnynt, ac er nad oedd yn cytuno â'r cais ar y dechrau fe gydsyniodd yn y diwedd ar ôl cael gorchymyn gan Dduw. Yn ei gyfrol ardderchog ar ddau lyfr Samuel, y mae'r Athro Gwilym H. Jones yn cyfeirio at y ddau safbwynt gwahanol yma ynglŷn â dewis brenin, a dyma'i eiriau:

"Ar y naill law cyflwynir y frenhiniaeth fel datblygiad annymunol na chaiff ei gymeradwyo gan Dduw. Ar y llaw arall, bu i Dduw, o dan bwysau, oddef y datblygiad, ac ef yn y man a ddewisodd frenin cyntaf Israel."

Ac y mae Samuel yn eneinio Saul fel brenin cyntaf y genedl tua'r flwyddyn 1025 C.C. Ni chawn lawer iawn o wybodaeth am ei deyrnasiad, ar wahân iddo arwain ei bobl yn y frwydr yn erbyn y Philistiaid, a'i berthynas â Dafydd, a ddaeth, bymtheng mlynedd yn ddiweddarach, yn frenin ar ei ôl.

I rai o haneswyr y cyfnod yr oedd gorseddu Saul, o edrych yn ôl, yn gychwyn rhyw fath o 'oes aur' yn hanes Iddewiaeth: uno'r genedl oddi tano fel brenin yn cael ei ddilyn mewn amser gan Ddafydd; yntau yn dewis Jerusalem fel prifddinas, yn ei rheoli am ddeugain mlynedd, ei ddilyn gan ei fab, Solomon, am ddeugain arall – ond yna trychineb, sef rhwygo'r wladwriaeth yn ddwy ran o dan Rehoboam a Jeroboam. Felly, dim ond am 95 o flynyddoedd y bu'r genedl yn sefydlog ac unedig. Dyna hyd yr 'oes aur'. A chyfnod yr argyfwng oedd y chwarter canrif rhwng 1050, pan oedd gormes y Philistiaid ar ei waethaf, a 1025, pan ddaeth Saul i'r orsedd: yr *oedd* gair Duw yn brin, a fawr ddim gweledigaeth gan neb. Chwi gofiwch y geiriau a ddyfynnwyd eisoes: "Israel's very existence was threatened."

106

Pa argyfwng mwy a all ddod i ran unrhyw genedl na bod ei bodolaeth hi yn y glorian? Ond wedi'r cyfan, cenedl gyfarwydd ag argyfyngau yw Israel wedi bod erioed. Dyna'r waredigaeth o'r Aifft a threulio deugain mlynedd yn yr anialwch; y caethgludo i Ninefe yn Asyria yn yr wythfed ganrif cyn Crist yng nghyfnod y proffwyd Hosea; yna i Fabilon yn y chweched ganrif C.C; gwrthryfel y Macabeaid tua 165 C.C. yn erbyn y "gwreiddyn pechadurus"* Antiochus Epiffanes, pan ysgrifennwyd llyfr Daniel. Wedyn dyna gwymp Jerusalem a dinistrio'r deml gan y Rhufeiniaid yn O.C. 70; yr erlid dychrynllyd o wledydd Ewrop yn yr Oesoedd Canol, ac ymlaen hyd gyfnod erchyll a barbaraidd yr holocost o fewn ein cof ni.

A oes unrhyw genedl (ac eithrio Rwsia, efallai) sydd wedi goroesi cynifer o argyfyngau ag Israel? Nid anodd yw dychmygu'r Iddew, dros y canrifoedd, mewn gofid ac ofn a dychryn, yn teimlo i ddyfnder ei enaid fod "gair yr Arglwydd" yn wir yn brin iawn, a hynny'n arbennig oherwydd mai pŵerau o'r tu allan oedd yn ei fygwth ef a'i genedl: Pharo yn yr Aifft; brenin Asyria yn Ninefe; Nebuchadnesar o Fabilon; Antiochus Epiffanes o Syria adeg gwrthryfel Judas Macabeus; yr Ymerodraeth Rufeinig yn y ganrif gyntaf O.C; Hitler a'i Gestapo drigain mlynedd yn ôl. Ymosodiadau a bygythiadau allanol bob un. Yn ein testun ni o lyfr Samuel, mae'n wir bod bygythiad o'r tu allan, sef gormes gynyddol y Philistiaid; er hynny, o ddarllen yr hanes yn fanwl, gwelwn mai gwendidau a ffaeleddau mewnol sydd fwyaf amlwg: y genedl yn dilyn duwiau dieithr, y gwahanol lwythau yn anghytuno â'i gilydd, diffyg arweiniad cyn sefydlu'r frenhiniaeth ("pob un yn gwneud yr hyn oedd yn iawn yn ei olwg ei hun"). Mewn gair, anarchiaeth. A oes gwaeth cyflwr i bobl ddisgyn iddo na hynny?

Dyna'r agwedd hanesyddol i'n testun. Beth am y dimensiwn cyfoes? Serch bod astudio a dadansoddi digwyddiadau'r gorffennol o fudd mawr – astudio hanes er ei fwyn ei hun felly – eto i gyd, prif werth y peth, fel y mynnai'r

*I Macabeaid i.10, yn yr Apocryffa.

Eidalwr galluog hwnnw yn Fflorens ar dro'r bymthegfed ganrif, Niccolo Machiavelli, yw ein dysgu sut orau i osgoi llithro i'r un ffyrdd trofáus yn y dyfodol ag a wnaethom yn y gorffennol. Gŵr arbennig iawn oedd ef, un a gamddeallwyd ac a gamfarnwyd gan rai haneswyr. Yn ei lyfr enwog *Y Tywysog*, yr astudiaeth gyntaf yn y byd modern o athroniaeth boliticaidd, y mae'n gofyn paham na ddylai cymdeithasegwyr a gwleidyddion – ie, a chrefyddwyr hefyd – fanteisio ar brofiadau ddoe i ddysgu ac ehangu eu gwybodaeth yn eu meysydd fel y gwna'r cyfreithwyr a'r meddygon?

Beth am ein cyfnod ni? Fe gytunem fod y Gymru Gristnogol Gymraeg gyfoes mewn argyfwng dwys. Ac nid nyni yn unig, ond gwareiddiad y gollewin yn gyffredinol. Dyma dair brawddeg a glywais gan wŷr cyfrifol:

"We are living in an age when everything is falling apart."
"We are now witnessing the accelerating disintegration of civilised values."; "...this increasingly secular and material-istic world."

Mae ein sefyllfa ni yn wir yn ddifrifol. Yng nghyfnod John Williams yr oedd yna ar gyfartaledd gapel Cymraeg newydd yn cael ei agor bob wythnos. Heddiw ar gyfartaledd fe ddatgorfforir achos Cymraeg bob wythnos. Prin ddeugain mil o aelodau sydd gan Eglwys Bresbyteraidd Cymru bellach: gostyngiad anhygoel mewn hanner can mlynedd. Ond gwaeth o lawer yw sylweddoli nad yw bron dri chwarter o'r aelodau hynny byth yn mynychu oedfa ar y Sul. Ym Methesda y mae llai na thri y cant o'r boblogaeth yn addolwyr rheolaidd. Pa sawl achos fydd ar ôl ym Môn yma ymhen deng mlynedd arall? A phob sir arall yng Nghymru hefyd?

Y mae mwyafrif llethol pob cynulleidfa dros oed yr addewid: oedfaon y Sul, y Seiat, y Cyfarfod Gweddi, yr Ysgol Sul, y Cylch Trafod, y Gymanfa Ganu. Felly, yn nhrefn naturiol pethau, mae'r rhain i gyd yn debyg o ddiflannu yn y rhelyw mawr o'n hardaloedd ni yn y dyfodol agos. Y maent eisoes wedi diflannu mewn llawer ardal. Ac y mae yna gymaint o weithgareddau teilwng eraill – mewn ardal fel Bethesda sydd yn eithaf nodweddiadol reit siŵr – sydd, gydag ychydig iawn o eithriadau, yn cael eu cynnal gan ffyddloniaid yr eglwysi: Sefydliad y Merched, Merched y Wawr, y Cymdeithasau Llenyddol a Diwylliannol, yr Eisteddfodau blynyddol, Clwb yr Henoed, Clwb Darbi a Joan, Ymgyrch Flynyddol Cymorth Cristnogol, Cronfa Ymchwil Cancr, yr NSPCC--, ac eraill. Sut olwg fydd yna yn gymdeithasol, yn ogystal ag yn grefyddol, ar Gymru ymhen chwarter canrif?

Bygythiad allanol yr Israeliaid oedd gormes gynyddol y Philistiaid. Beth sydd yn cyfateb i hynny yn ein hoes ni heddiw? Gellid enwi llawer o bethau: er enghraifft, seciwlariaeth ronc, effeithiau dychrynllyd cyffuriau, dylanwad holl-dreiddiol y cyfryngau (y teledu a'r wasg boblogaidd) a hwnnw'n ddylanwad dinistriol ragor na dyrchafol. I filiynau, hedonistiaeth yw prif sylfaen bywyd. Gallwn ddychmygu John Williams yn addasu ei bregeth fawr ar "Ffydd Moses" ar gyfer y malltod presennol: tlodi cyfoeth y byd modern, adfyd ei drysorau, a dirmyg ei olud.

Am y ffaeleddau mewnol a flinai'r Israeliaid gynt, y maent yma yn ein plith ni heddiw. A ydym wedi dilyn duwiau dieithr? Do'n wir. A oes adrannau o'r eglwys yn methu â chytuno ymhlith ei gilydd fel yr oedd llwythau Israel, ac oherwydd hynny'n brin o arweiniad? Oes, yn siŵr. Y mae prinder arweiniad yn golygu nad oes weledigaeth, ac ys dywaid yr Ysgrythur: "Lle ni fyddo gweledigaeth, methu a wna y bobl."* Ond sut, felly, y goroesodd Iddewiaeth drwy'r canrifoedd? Trwy ymddiried yn ddiymollwng, a glynu'n gadarn, yn ei thraddodiad crefyddol. A wnawn ni yng Nghymru hynny tybed?

*Y mae'r Saesneg yn gryfach: "Where there is no vision, the people shall perish."

KARL HEINRICH MARX

"THE MOST INFLUENTIAL PERSON SINCE JESUS"
(GEIRIAU PWY?)

RHAI AGWEDDAU AR EI WAITH

Ganed Karl Marx ddechrau Mai 1818 yn Trier, tref yn yr Almaen yn ymyl y ffin â Ffrainc. Yn 1824 fe roes ei dad, cyfreithiwr o Iddew, heibio grefydd ei hynafiaid am Gristnogaeth, ac fe'i bedyddiwyd ef a'i holl deulu fel Protestaniaid.

Wedi gadael yr ysgol ramadeg, addysgwyd y mab, Karl, mewn tair prifysgol, Bonn, Berlin a Jena, gan astudio'r gyfraith i ddechrau, ac yna hanes ac athroniaeth, a derbyn – yn dair ar hugain oed – y radd o ddoethur mewn athroniaeth. Gweithiodd fel gohebydd, ac yna fel golygydd, papur newydd yn Cologne, *The Rhineland Newspaper*, nes oedd tua phump ar hugain: papur beirniadol iawn o'r llywodraeth, ac yn 1843, oherwydd hynny, fe'i gwaharddwyd. Yn haf y flwyddyn honno priododd Marx â Jenny von Westphalen, merch swyddog uchel o'r llywodraeth, a fu'n gydymaith trwyadl ffyddlon iddo drwy holl droeon ei yrfa hyd ei marwolaeth o'r cancr ddiwedd 1881.

Yn yr hydref 1843 aeth Marx a'i briod i fyw ym Mharis, ac yna, mewn dwy flynedd, cawsant eu hymlid o Ffrainc a symud i Brussels am dair blynedd. Yn ystod y pum mlynedd hyn, 1843-48, y datblygodd y syniadau cymdeithasol a arweiniodd i ysgrifennu'r *Maniffesto Comiwnyddol* mewn cydweithrediad â'i gyfaill mawr Friedrich Engels (1820-95) ac a gyhoeddwyd ddiwedd 1847.*

---

*Mae'n briodol nodi yma mai gwaith Marx ei hun oedd y Maniffesto er iddo, yn dra haelfrydig, enwi Engels fel cyd-awdur.

1848 oedd blwyddyn y chwyldroadau mawr ar draws Ewrop, ac wedyn yr oedd gan y dosbarth uchaf fwy o rym na chynt – gan olygu ei bod yn anos nag erioed i gael gwaith. Symudodd Marx a'i deulu i Lundain yn 1849, ac yno y buont mwyach, mewn tlodi mawr. Cawsant amser caled: colli merch a dau fachgen yn ieuainc iawn. Bu Marx farw ar Fawrth 13, 1883, yn 64 mlwydd oed, a'i gladdu ym mynwent Highgate, gogledd Llundain. Flynyddoedd lawer yn ôl bellach, ar ôl dechrau ymddiddori yn ei waith ac yn byw heb fod ymhell o'r fan, euthum i weld y golofn drom ar ei fedd, a darllen yr ysgrifen arni:

"The philosophers have only interpreted the world in various ways. The point, however, is to change it."

Ie, gweithredu sydd yn bwysig, yn fwy na thrafod a dehongli.

*   *   *

Sut ddyn oedd Karl Marx? Gŵr mawr, cryf; pen nobl; locsyn tew; llygaid tywyll, treiddgar. Aelod o deulu hapus, yn ffodus eithriadol yn ei wraig, Jenny. A'r plant yn addoli eu tad. Yr oedd yn weithiwr hynod ddyfal ac ymroddedig, yn treulio'i amser yn llyfrgell yr Amgueddfa Brydeinig, a gweithio'n hwyr y nos gartref gan yfed coffi a smocio. Ychydig o fywyd cymdeithasol a gaent, ond ar y Sul ym misoedd y gwanwyn a'r haf cerddent fel teulu llawen i ben Hampstead Heath – gwaith awr a hanner o gerdded o'u cartref yn Soho. Yna, picnic a chwaraeon a chael diod yn Jack Straw's Castle ar yr Heath cyn cerdded adref.

Yr oedd Marx, wrth gwrs, yn ŵr eithriadol o alluog. Gallai ysgrifennu'n rhugl mewn Almaeneg, Ffrangeg a Saesneg, ac yr oedd ganddo wybodaeth o gryn ddwsin o ieithoedd eraill yn ogystal. Dysgodd Rwsieg a Groeg hefyd. Ffactor holl bwysig yn ei hanes oedd ei gyfeillgarwch â Friedrich Engels. Yr oedd tad Friedrich yn un o berchenogion cwmni ym Manceinion, a'r mab,

111

athrylith o ddyn, gyda gwybodaeth eang am bob mathau o bynciau – ac mor frwd â Marx dros yr achos comiwnyddol. Daeth y ddau i adnabod ei gilydd pan oeddent yn yr ugeiniau, ac fe barhaodd eu cyfeillgarwch dwfn am weddill eu hoes. Yr oedd gan Marx lawer o ffrindiau ymhlith sosialwyr cynnar Prydain, a rhai ohonynt yn dechrau trefnu undebau llafur ym mlynyddoedd canol y ganrif. Yn 1864 fe gynhaliwyd y cyfarfod yn Llundain a arweiniodd i sefydlu'r *International Working Men's Association*, gyda Marx, mewn gwirionedd ond nid mewn enw, yn bennaeth ei gyngor cyffredinol. Daeth cynrychiolwyr yno o Ffrainc, yr Almaen, y Swistir a gwlad Belg. Hwn oedd y cyfarfod cyntaf o'r fath yn y byd, wedi'i sylfaenu ar y syniad fod gan weithwyr, o ba genedl bynnag, yr un diddordebau a'r un anghenion. Dros bymtheng mlynedd ynghynt yr oedd y *Maniffesto Comiwnyddol* wedi galw ar i holl weithwyr y byd uno â'i gilydd, ac fel y gwyddys, un o frawddegau mwyaf adnabyddus Marx yw "Workers of the World, Unite. You have nothing to lose but your chains."

O 1864 hyd ei farw yn 1883, Marx oedd arweinydd yr *International*, ac ar brydiau cafodd yrfa dymhestlog iawn. Yn 1871 fe drechwyd byddin Ffrainc gan Prwsia, ac yn sgil hynny gwrthryfelodd gweithwyr Paris yn erbyn eu llywodraeth, ei dymchwel, a sefydlu gwladwriaeth newydd o dan yr enw y *Commune*. Yn ôl Marx, dyma'r system fwyaf blaengar a democrataidd mewn hanes hyd at hynny. Am ba hyd y parhaodd? Am 73 o ddyddiau (18 Mawrth – 28 Mai). Fe'i trechwyd gan grŵp yr adain dde, a bu cyflafan erchyll. Yr oedd y nifer o'r Parisiaid, naill ai a laddwyd neu a fu'n rhaid ffoi o'u gwlad, oddeutu can mil: i sosialwyr yr oedd dinistrio'r *Commune* yn drychineb ofnadwy. Ac i Marx wrth reswm. Ond ni thorrodd ei galon er bod 1871 yn gyfnod tywyll yn ei hanes. Gweithiodd yn ddyfal drwy'r saith degau ar ei *magnum opus, Cyfalaf.* Yr oedd hi'n well o dipyn ar y teulu'n ariannol – diolch i haelioni mawr Engels – ond yn y cyfnod hwn fe brofodd Marx gryn lawer o afiechyd. Symudodd y teulu o Soho i Haverstock Hill, Hampstead, ac yna i dŷ arall yn yr un ardal yn 1875. Erbyn hynny yr oedd y rhannau cyntaf o'r

Das Kapital wedi'u cyfieithu i amryw o ieithoedd gan gynnwys Rwsieg. Cyfieithwyd y *Maniffesto Comiwnyddol* bellach i ddeng iaith ar hugain ac yr oedd grwpiau o chwyldrowyr dros y byd yn eu galw'u hunain yn *Marxists* – er na hoffai Marx hyn o gwbl.

Ar ôl colli Jenny yn 1881, fe aeth ef ei hun i lawr yr allt, a goroesi ei wraig o ryw bymtheng mis.

*   *   *

System o feddwl yw athroniaeth, yr hyn sydd yn dod i'r golwg pan yw dyn yn rhoi trefn ar ei syniadau am bob math o wahanol faterion: gwleidyddiaeth, crefydd, cymdeithaseg, celfyddyd, moeseg, ac yn y blaen. Fe edrych rhai pobl ar hyn o chwith. Dywedant fod dyn yn penderfynu ar ryw ddull o feddwl arbennig ac yna'n trefnu'i fywyd yn gyfatebol. Dyna roi'r drol o flaen y ceffyl. Yn union i'r gwrthwyneb, meddai Marx: bywyd dyn, ei gefndir, ei addysg, ei waith, ei deulu, dyna'r pethau sydd yn dod gyntaf, ac y mae ei ddull o feddwl, a'i athroniaeth, yn datblygu allan o'i brofiad o fywyd. Materolydd oedd ef. Materoliaeth oedd ei athroniaeth.[*]

Ond rhaid cofio mai gair yw hwn a ddefnyddir mewn mwy nag un ystyr. I'n hoes ni ei ystyr yw bod â gofal am bethau materol *yn unig*: bwyd, moethusrwydd, arian. Pan gondemnir ni am ein materoliaeth, yr hyn a olygir bron yn ddieithriad yw nad oes gennym at ein gilydd ddiddordeb mewn dim ond pethau ac arian, yn hytrach nag anelu at egwyddorion aruchel a gwerthoedd ysbrydol. Nid dyna athroniaeth Karl Marx. Iddo ef yr oedd ein hymwneud ni â phethau ac â'r materol yn hanfodol. (Ac fe gofiwn i'r gŵr mawr, yr Archesgob William Temple, alw Cristnogaeth fel "the most materialistic of all religions.") Nid dweud y mae bod y materol yn bwysicach na'r anfaterol, ond bod dyn, cyn gallu dilyn neu gymryd rhan mewn gwleidyddiaeth neu wyddoniaeth neu'r celfyddydau, mewn crefydd neu lenyddiaeth neu gerddoriaeth ac yn y blaen,

[*]Gelwir hi'n fateroliaeth ddilechdidol.

113

yn gorfod cael bwyd a diod, dillad a chartref. Hynny yw, y mae'r gwerthoedd uwch yn dibynnu ar gynnyrch y nwyddau angenrheidiol i fywyd.

Er nad oedd Marx yn ddyn crefyddol o gwbl, fe fyddai'n sicr o gydweld â byrdwn Epistol Iago: "Ffydd heb weithredoedd, marw yw." Dyna'r rhan o'r Ysgrythur a alwodd Martin Luther yn "epistol gwellt". Nid oedd gan Marx ddim i'w ddweud wrth bobl a ddywedai un peth ac a weithredai fel arall. Nid yr hyn a *ddywedir* sydd yn bwysig, ond yr hyn a *wneir*. A dyna arwyddocâd y geiriau (a ddyfynnwyd uchod) ar ei gofgolofn ym mynwent Highgate.

Yn dilyn o'r athroniaeth yma, mae'n rhaid ystyried pob pwnc a sefyllfa yng ngoleuni hanes a datblygiad. Maentumir bod pob syniad a theori, pob damcaniaeth – wir, rannol wir, gau – wedi dod i'r amlwg am fod dynion, ar ryw adeg neu'i gilydd, wedi gorfod wynebu math o sefyllfa neu broblem. Mewn gair, profiad sydd yn creu damcaniaeth.*

Golyga hynny nad oes y fath bethau â gwerthoedd a gwirioneddau oesol a digyfnewid: y mae dyn yn newid ei syniadau am wirionedd a moesoldeb yng ngoleuni ei brofiad yn y byd. Yr oedd crefyddau'r byd (meddai Marx) wedi dod i fod mewn gwahanol gyfnodau am resymau hanesyddol. Ni chredai fod unrhyw grefydd yn wir, er nad oedd am wadu gwerth rhai mudiadau a delfrydau crefyddol mewn hanes. Troi at grefydd fel swcwr a wnâi dyn: dianc ati am obaith ac i osgoi poen. Dyna a feddyliai wrth sôn am grefydd fel "the opium of the people". Yn y gymdeithas ddelfrydol, ddiddosbarth *(classless society)*, ni fyddai angen crefydd o gwbl. Ac fel y gellid disgwyl, nid oedd ef yn fyr o gondemnio'r eglwys yn hallt am fod yn berchen ar eiddo ac arian.

Yna, y mae popeth yn newid, yn barhaus. Nid oes dim yn aros yn ei unfan: dyn ei hun, y natur ddynol, cymdeithas, na syniadau. Ond nid newid y byd trwy newid syniadau dynion a wneir, ond fel arall: newidier y byd a chyflwr cymdeithas, ac

---

*"Experience is the school of mankind, and they will learn at no other" (Edmund Burke).

114

fe newidia syniadau yn sgil hynny. Gwaith anodd, dychrynllyd o anodd yw newid cymdeithas, ac y mae bywydau dynion sydd am ddwyn newidiadau felly i fod yn llawn brwydrau yn erbyn anwybodaeth a gau syniadau. Fe ragwelai Marx ddirywiad y drefn gyfalafol, a threfn sosialaidd yn dod i'w lle. Honno mewn amser yn cael ei disodli gan gomiwnyddiaeth. A chomiwnyddiaeth sydd yn uno pobl – o bob gwlad, o bob iaith, o bob lliw croen, o bob cenedl. Llinell olaf y gân genedlaethol yw "The International unites the human race". Yn ôl y gred Farcsaidd, y mae hyn yn peri bod rhoi terfyn ar ryfel, am y tro cyntaf yn hanes y ddynoliaeth, yn bosibilrwydd gwirioneddol ac ymarferol. Ac mae'n rhaid cydnabod bod yna sail i'r gred. Ond eto, sut y gellir cysoni hyn â'r elyniaeth rhwng Rwsia a China?

*   *   *

Er i Karl Marx ysgrifennu llu o gyfrolau a phamffledi yn ystod ei oes, swm enfawr yn wir, fe'i cofir yn arbennig am ddau o'i weithiau: *Y Maniffesto Comiwnyddol* a'r *Das Kapital*. Damcaniaethau economaidd yw'r *Das Kapital*: pedair cyfrol drwchus (ac y mae'r drydedd gyfrol ei hunan oddeutu naw cant o dudalennau). Un o'r pedair yn unig a gyhoeddwyd gan Marx ei hun, yn 1867. Engels a orffennodd y gweddill, gan ddilyn y nodiadau a adawodd ei gyfaill ar ei ôl. Nid erthygl fer fel hon yw'r lle i drafod cyfrolau'r *Cyfalaf*, a sut bynnag cytunir mai'r *Maniffesto* sydd yn cynnwys athrawiaethau hanfodol Marcsiaeth, a'i fod felly, gyda chyfrol Charles Darwin, *On the Origin of Species*, ymhlith dogfennau pwysicaf y bedwaredd ganrif ar bymtheg.

Gwaith byr iawn yw'r *Maniffesto*, rhyw ddeugain tudalen, tua deuddeng mil o eiriau, ac oddeutu chwech wythnos a gymerth i'w gwblhau. Hwn yn ddiau yw gwaith mwyaf adnabyddus Karl Marx: a dweud y gwir, oni bai amdano, tybed a fyddai sôn am ei awdur o gwbl bellach? O leiaf, amcangyfrifwyd bod bron hanner poblogaeth y byd yn ei gydnabod fel meistr, diolch i'r gyfrol fach hon.

115

Y prif ddylanwad ar Marx i ffurfio'i feddwl a'i athroniaeth oedd Georg Wilhelm Friedrich Hegel, athro athroniaeth yn Heidelberg o 1816 hyd 1818, ac yna symud i swydd gyffelyb yn Berlin lle y bu hyd ei farw yn 1831. Pan aeth Marx yno'n fyfyriwr darganfu fod yr "holl Brifysgol" yn drwm dan ddylanwad syniadau Hegel. Dyna'r gŵr a wnaeth dduw o'r genedl a'r wladwriaeth, gan gyfiawnhau popeth bron os oedd yn cael ei gyflawni yn eu henwau hwy. Dyma ddwyfoli ac addoli'r wladwriaeth. Anffaeledig!

Y mae darllen am athroniaeth Hegel am y wladwriaeth – y "nation state" fel y geilw ef hi – yn codi dychryn ar ddyn. Y farn gyffredinol heddiw yw mai dylanwad drwg iawn a fu, o'i ddyddiau ei hun hyd yr oes hon. "He achieved", meddai un gŵr o fri, ryw gan mlynedd go dda yn ôl, "the intellectual corruption of a whole generation". Beth, tybed, a ddywedai'r gŵr hwnnw pe gwyddai fod Hitler a'i griw Natsïaidd wedi dyfynnu Hegel i gyfiawnhau anfon chwe miliwn o Iddewon a Phwyliaid i'r siamberi nwy arswydlon ychydig dros hanner canrif yn ôl? Trwy'r wladwriaeth a'r genedl y mae dyn yn sylweddoli ei ddelfrydau uchaf, meddai Hegel: "The State is the Divine Idea as it exists on earth. We must therefore worship the State as the manifestation of the Divine on earth. The State is the march of God through the world". Gwareder ni!

Canlyniad hyn oll drwy hanes yw gwrthdaro rhwng cenhedloedd – hynny yw, rhyfeloedd. I Hegel, y mae rhyfeloedd yn anochel: yn wir, dywed bod gwrthdaro yn angenrheidiol i "glirio'r awyr", a gwareiddiad felly yn ymgyrraedd at berffeithrwydd, fel y mae drycin gref achlysurol, o wynt gerwin a glaw ysgubol, yn pereiddio a bywiocáu'r awyr a phopeth o gwmpas. (A chofiwn yn ofidus am eiriau brawychus y Natsïaid gynt am y *Master Race*.) Dywedir gan rai na fu'r meddwl Ewropeaidd byth yr un fath o ganlyniad i effaith andwyol Hegel.

*   *   *

Fe ddylanwadwyd yn enfawr ar Karl Marx gan syniadau Hegel am wrthdaro rhwng cenhedloedd mewn hanes. A fyddem,

116

tybed, wedi clywed sôn amdano, ac eithrio fel economydd efallai, onibai am ddylanwad Hegel? Eithr nid rhwng cenhedloedd y gwelai Marx y gwrthdaro, ond rhwng dosbarthiadau mewn cymdeithas. Brawddeg gyntaf un y *Maniffesto* yw: "The history of all hitherto existing society is the history of class struggles". Yr hyn a welai Hegel oedd cenedl neu wladwriaeth gref yn datblygu, un arall yn codi mewn gwrthwynebiad, a'r ddwy yn gwrthdaro yn erbyn ei gilydd i gynhyrchu system sydd yn gyfuniad o'r ddwy. Yna, mewn amser, y drefn newydd yn rhannu wedyn, gwrthdaro drachefn, ac yn yn blaen. Ac felly (meddai Hegel) y mae gwareiddiad yn datblygu i gyfeiriad perffeithrwydd. Na, na, meddai Marx, y mae'r gwrthdaro yn digwydd rhwng cyflogwyr a gweithwyr, rhwng perchenogion a thaeogion, rhwng cyfoethog a thlawd, rhwng y breintiedig a'r difreintiedig; a hyn yn arwain nid at genedl berffaith ond at gymdeithas berffaith – sef y gymdeithas ddiddosbarth, hynny yw, comiwnyddiaeth. A'r unig ffordd i ddod â hyn i fod oedd drwy chwyldro.

Fel y dywedwyd ynghynt, 1848 oedd blwyddyn y chwyldroadau mawr yn Ewrop. Yn yr Eidal, Awstria, Hwngari, yr Almaen, Ffrainc – yr oedd ysbryd y chwyldro yn lledu ar draws y cyfandir fel tân gwyllt. Dyma oedd proffwydoliaeth Marx. Ond yr hyn sydd yn arwyddocaol yw na bu chwyldro yn y wlad fwyaf cyfalafol yn Ewrop ar y pryd, sef Prydain. Paham?

*　　*　　*

Beth yw'r pwyntiau pwysicaf yng ngwaith Karl Marx? Nodwn rai ohonynt. Ei gred gadarn ef oedd mai economeg sydd yn rheoli pob peth, *popeth*, mewn bywyd: crefydd, moesoldeb, gwleidyddiaeth, cymdeithaseg, gwyddoniaeth, celfyddyd, ac yn y blaen. Credai'n ddiwyro fod meistrolaeth o economeg yn hanfodol i wir ddeall y byd a'i hanes. Gwyddom iddo astudio gwaith "tad" y pwnc, *The Wealth of Nations*, Adam Smith, yn drylwyr, yn ogystal â gwaith David Ricardo ar bwnc y tir.

117

Llafur yw'r peth canolog, a ffynhonnell pob cyfoeth. *Symbol* o gyfoeth yw arian. Nid oedd arian o werth yn y byd i Robinson Crusoe ar ei ynys unig: ei gyfoeth oedd ei allu hefo'i ddwylo, ei lafur.

Pwnc creiddiol y *Das Kapital* yw'r hyn y mae Marx yn ei alw yn *surplus value*, y gwerth-dros-ben. A dyma enghraifft syml i egluro'r pwynt. O fynd â'r car i'r modurdy i'w drwsio, y mae'r cyfrif a geir yn dangos bod tâl yn ddyledus o (dyweder) bymtheg punt yr awr am y gwaith – sef y llafur. Efallai fod cyflog y peiriannydd yn ddecpunt yr awr. Y mae'r perchennog felly yn codi pumpunt yr awr yn ychwanegol at yr hyn y mae'n ei dalu i'w beiriannydd. Dyna'r gwerth-dros-ben, a'r enw a rydd Marx ar yr elwa yma ar lafur pobl eraill yw *exploitation*, a dyma'r hyn, iddo ef, sydd yn annerbyniol mewn system gyfalafol. Dyma hanfod *Marxist Economics*, ac achos y gwrthdaro mewn cymdeithas. Y mae'r cyflogwyr (meddai) am gael cyn gymaint o waith gan y gweithwyr ag sy'n bosibl a thalu cyn lleied ag sydd raid. I'r gwrthwyneb gwna'r gweithwyr cyn lleied o waith am cyn gymaint o dâl â phosibl. Dyma ddau safbwynt hollol wrthgyferbyniol ac amhosibl eu cysoni. I Marx dyma ddau amcan anghymodadwy *(two irreconcilable objectives)*.

Cynnydd, *progress*, oedd cael gwared o'r rhaniadau dosbarth. Ond nid oedd ond un ffordd o ddod â hyn i fod, sef trwy chwyldro. Nid oedd Marx o blaid gwrthryfel, chwyldro gwaedlyd, ond yn gorfod cydnabod mai dyna oedd yn digwydd yn amlach na pheidio. Fe dreuliodd gryn amser yn dadlau â therfysgwyr ei gyfnod, pobl a gredai mewn ymladd i gyrraedd eu hamcanion. Yr oeddent hwy, meddai ef, drwy eu gweithredoedd o drais, yn gwneud mawr ddrwg i'w hachos hwy eu hunain.

Rhyw wyth ar hugain oed oedd Marx pan ddechreuodd ei alw ei hun yn gomiwnydd. Gwnaeth fwy na neb arall i sefydlu'r mudiad comiwnyddol modern. Y syniad sylfaenol yw cymdeithas a'r elw personol wedi'i ddileu yn gyfan gwbl, a phopeth yn cael ei drefnu a'i weinyddu er mantais a lles i bawb yn hytrach nag i ryw unigolion breintiedig.*

Ond sut y mae dwyn y gymdeithas ddelfrydol honno i fod? Sut y mae troi'r breuddwyd – sef y gymdeithas ddiddosbarth – yn ffaith, a'r delfryd yn realiti? Un ffordd yn unig: rhaid i'r dosbarth gweithiol gymryd yr awdurdod o ddwylo'r cyfalafwyr a sefydlu trefn newydd sbon, sef comiwnyddiaeth. A hynny mewn dau gam, nid mewn un. (Cafodd y pwynt hwn ddylanwad mawr ar Lenin adeg Chwyldro 1917 yn Rwsia.) Y cam cyntaf yw'r chwyldro sosialaidd: o gyfalafiaeth i sosialaeth i ddechrau, ac yna cwblhau'r broses trwy fynd o sosialaeth i gomiwnyddiaeth. Arwyddair sosialaeth yw "Gan bob un yn ôl ei allu, i bob un yn ôl ei *waith*." Ond arwyddair comiwnyddiaeth yw "Gan bob un yn ôl ei allu" (fel o'r blaen) ond "i bob un yn ôl ei *angen*." Sosialaeth felly yw'r stad-hanner-ffordd rhwng y gymdeithas ddosbarth a'r gymdeithas ddiddosbarth.

Teitl ail bennod y *Maniffesto* yw "Proletariaid a Chomiwnyddion". Dyma frawddeg olaf y bennod:

> "In place of the old bourgeois society, with its classes and class antagonisms, we shall have an association in which the free development of each is the condition for the free development of all."

Pwy ohonom a fentrai anghytuno â'r delfryd aruchel yna?

---

* Cofiwn nad Marx oedd y cyntaf i feddwl am hyn. Dri chan mlynedd o'i flaen, yng nghyfnod Harri'r Wythfed, yr oedd Syr Thomas More wedi rhoi amlinelliad o'r un peth yn ei lyfr *Utopia*.

LLANW A THRAI

Prin bod fawr un thema yn holl hanes bywyd ar ein planed, o'i ddechreuadau yn oesoedd bore'r byd, sydd cyn hyned â'r syniad o 'lanw a thrai' – mewn rhyw ffurf neu'i gilydd. Yr oedd y dydd a'i oleuni, a'r nos a'i thywyllwch, fel yr oedd dilyniant y tymhorau yn eu hoerni a'u gwres, yn rhan o ymwybod greddfol y mwyaf cyntefig oll o'n hynafiaid. Yn un o'r croniclau cynharaf mwyaf adnabyddus sydd gennym, sef hanes caethwasiaeth cenedl Israel yn yr Aifft yn llyfr Ecsodus, bron bedair mil o flynyddoedd yn ôl, fe dderbynnid, i bob ymddangosiad, fod y saith mlynedd o lawnder a saith wedyn o brinder yn rhan naturiol o drefn y greadigaeth. A chan aros ennyd gyda'r Hen Destament, ceir yr argraff drwyddo draw fod pendilio o un eithaf i eithaf arall dros gyfnod o amser yn broses anorfod : o ennill i golli, o lwyddiant i fethiant, o drefn i dryblith, o heddwch i ryfel, o gyfoeth i dlodi – a phob pâr tebyg o eiriau gwrthenwol y gellid eu nodi. Yn hanes Israel ei hun, wedi'r waredigaeth o'r Aifft a'r gwladychu yng Nghanaan, wele ddwy ganrif o led-anarchiaeth cyfnod y Barnwyr; yna cynllwynio a rhyfela dan Saul, eu brenin cyntaf; dyddiau gwell dan Ddafydd (a chael Jerusalem yn brifddinas), a chyffelyb dan Solomon ; yna rhwygo'r deyrnas unedig yn ddeg llwyth y gogledd a dau lwyth y de yng nghyfnod Jeroboam a mab Solomon, Rehoboam; caethgludo llwythau'r gogledd gan yr Asyriaid i Ninefe, a 'deg llwyth colledig Israel' yn diflannu o lwyfan hanes am byth; caethgludo o Jwda i Fabilon, dychwelyd adref wedi hanner canrif. Ac ymlaen, ac ymlaen... A hynt hynod debyg drwy'r canrifoedd yn hanes nifer mawr o genhedloedd daear.

Ym myd llenyddiaeth, y mae llên yr Iddew yn gyforiog o enghreifftiau o'r thema, ac enwi (yn unig) ond dwy ohonynt wrth fynd heibio, sef llyfr Job – y clasur athronyddol a gyfrifir ymhlith goreuon ysgrifeniadau'r byd – a rhan gyntaf y drydedd bennod o Lyfr y Pregethwr : amser i hyn, ac amser i arall (y gwrthwyneb).

O roi naid o ryw fil a hanner o flynyddoedd o gyfnod Job a'r Pregethwr, ond gan aros yn y Dwyrain Canol, y mae'n rhaid cyfeirio at fardd mawr Persia, neu Iran fel y gelwir y wlad bellach, sef Omar Khayyâm (1048 – 1136). Diolch i lafur ac ysgolheictod syfrdanol John Morris-Jones, fe gawsom ni Gymry y cyfle i werthfawrogi cerdd fyd-enwog Omar, y 'Rubáiyát', yn ein hiaith ein hunain, a honno yn ei gwisg fireiniaf bosibl. Bu llawer o feirniaid yn dadansoddi a dehongli'r gerdd byth er pan gyhoeddwyd cyfieithiad Saesneg Edward FitzGerald ohoni yn Ebrill 1859 a dwyn y bardd a'i waith i sylw'r byd llenyddol am y tro cyntaf erioed; ond ynghanol yr amrywiol farnau (a rhagfarnau) ac opiniynau fe deimlir bod un edefyn yn rhedeg drwyddynt oll. Breuder bywyd, ei ansicrwydd a'i oriogrwydd, dyna yw hwnnw, yn gymysg â pheth anobaith a sinigiaeth. Nid hawdd yw dewis esiamplau allan o'r ugeiniau o benillion, ond dyma ddau :

> Fel llif mewn afon, ac fel gwynt ar draeth,—
> Dydd arall o derm f'einioes treiglo wnaeth;
> Am ddau o ddyddiau ni ofidiaf fi,
> Am ddydd i ddyfod, ac am ddydd a aeth.

> Hen westy'r byd lle'r ŷm dros bryd yn byw,
> Rhyw frithle o ddydd a nos yn gymysg yw,
> Rhyw wledd lle'r uchel eistedd llawer teyrn,
> A bedd lle'r isel orwedd llawer llyw.

Ymhlith llinellau enwog barddoniaeth yr oesau, efallai mai'r rhai a ddyfynnwyd gyda'r amlaf oll ar y thema dan ystyriaeth yn awr yw'r pedair hynny o bedwaredd act trasiedi Shakespeare, Julius Caesar, ac y mae eu neges yn arbennig o dreiddiol o gofio amgylchiadau eu llefaru. Brutus a Cassius mewn pabell ar faes y frwydr, yn sylweddoli fwyfwy fod eu tynged wedi'i selio, a dydd y cyfrif am eu gweithred ysgeler o lofruddio Caesar yn agosáu. Medd Brutus:

> There is a tide in the affairs of men,
> Which, taken at the flood, leads on to fortune;
> Omitted, all the voyage of their life
> Is bound in shallows and in miseries.

Ie, dyna'r pegynau: hawddfyd ac adfyd.

Chwarter canrif ar ôl marw'r dramodydd mawr hwnnw, yr oedd cenhedloedd Prydain wedi'u rhwygo'n wleidyddol ac yn grefyddol yng nghyfnod cythryblus y Rhyfel Cartref, a sefydlu'r Weriniaeth a ddilynodd ddienyddio'r brenin yn 1649. Gan mai cynnyrch gwae a chyfyngder yw rhai o gynhyrchion celfyddydol mwyaf y gorffennol, nid yw'n syndod, ar adeg mor argyfyngus, fod dau glasur llenyddol wedi ymddangos o fewn ychydig flynyddoedd i'w gilydd, y naill yng Nghymru a'r llall yn Lloegr, a'r ddau yn darogan adfyd. Yn 1653 cyhoeddwyd 'Llyfr y Tri Aderyn' gan y Piwritan tanbaid o Ardudwy, Morgan Llwyd, gyda'i rybudd brawychus fod y bumed frenhiniaeth – a'r un derfynol – ar fin gwawrio, a'r Crist yn dod i'w deyrnas. Byddai honno'n dragwyddol, nid i ddiflannu fel yn hanes ymerodraethau Asyria, Persia, Groeg a Rhufain. Gwrandawn eiriau'r Golomen, a hithau'n cynrychioli'r Piwritaniaid, ond hefyd (yn bwysicach) y bobl fel yr awdur ei hun a fynnai ddilyn 'y goleuni mewnol' yn hytrach na chyfyngu eu crefydd o fewn hualau cyfundrefn megis yr eglwys sefydledig (sef y Gigfran yn llyfr Morgan Llwyd):

'Deffro, O! Gymro, deffro ... Edrych o'th amgylch a gwêl, wele, mae'r byd a'i bilerau yn siglo. Mae'r ddaear mewn terfysg... Wele, mae calonnau llawer yn crynu ... wrth edrych am y pethau sydd ar ddyfod. Mae dydd mawr yr Arglwydd yn chwilio ac yn profi pob meddwl dirgel ... Mae einioes ac amser dyn yn rhedeg fel gwennol gwehydd, a'r byd mawr tragwyddol yn nesáu at bawb ...Am hynny mae hi yn llawn amser i ti i ddeffro o'th gwsg, ac i chwilio am y llwybr cyfyng, i adnabod y Gwirionedd, ac i'w ddilyn yn ofalus.'

122

Piwritan cadarn ac argyhoeddedig arall oedd John Milton, y byddai rhai ysgolheigion yn ei ystyried fel un o feirdd mwyaf y byd mewn unrhyw oes, ef yn treulio blynyddoedd lawer yn cyfansoddi'i gerdd o dros ddeng mil a hanner o linellau, 'Paradise Lost', a dwy fil ymhellach gyda 'Paradise Regained'. A'r un neges yn ei hanfod ganddo â'i gyfoeswr Morgan Llwyd: goblygiadau anufudd-dod dyn i lawr y canrifoedd, yr holl ffordd o Ardd Eden; 'Man's first disobedience' yng ngeiriau llinell gyntaf 'Coll Gwynfa'.

Y mae ein thema a'r 'pegynau' yn dod i'r wyneb yn amlwg yn llenyddiaeth y ddeunawfed ganrif, ond – heb anghofio na diystyru am foment gynnyrch blynyddoedd y Diwygiad Methodistaidd yng Nghymru ac yn Lloegr – eto y mae dyn yn teimlo rywsut mai achosion gwahanol yn y bôn a ysgogai rai o'r llenorion o leiaf i roddi rhwydd hynt i'w hawen greadigol hwy; hynny yw, yn hytrach na'r cymhelliad crefyddol. Priod waith llenor ym marn Alexander Pope, fel ei gyfoeswyr Jonathan Swift a Samuel Johnson, oedd moesoli, ac er ein bod yn gyndyn i edmygu moesolwr – un sydd o lwyrfryd calon ac a ymhyfryda (fel y gwnâi ef) mewn ymosod yn giaidd ddychanol ar eraill a ddigwydd anghytuno ag ef, neu wedi ei gythruddo am ba reswm bynnag, – er hynny, rhyfeddwn at odidowgrwydd llinellau fel y pedair isod gan Pope. Disgrifio y mae, mewn cerdd hir, 'The Dunciad' (1729), fel y diddymir holl alluoedd a deallusrwydd dyn, a'r holl gelfyddydau a'r gwyddorau yn ogystal, gan rym anorchfygol ei ffolineb a'i ynfydrwydd. Diorseddir trefn, a theyrnasa anhrefn:

Lo! thy dread empire, Chaos! is restor'd;
Light dies before thy uncreating word;
Thy hand, great Anarch! lets the curtain fall,
And universal darkness buries all.

Geiriau treiddgar, coeth, fel y rhain sydd, fe dybiwn, yn cyfiawnhau'r farn led-gyffredinol mai eu hawdur oedd un o fydryddwyr galluocaf unrhyw oes ac unrhyw wlad.

Ond nid moesoli oedd dyletswydd bardd ym marn pawb ychwaith. Y newid, y mynd-a-dod – gan olygu yma ddirywiad – ym mywyd cefn gwlad a ysgogodd Thomas Gray i gyfansoddi ei Farwnad enwog 'wedi'i hysgrifennu mewn Mynwent Wledig', sef yn Stoke Poges yn swydd Buckingham yn ne Lloegr. Tybed a fu rhagorach mynegiant erioed nag a gawn yn y gerdd odidog hon? Er enghraifft:

> The boast of heraldry, the pomp of power,
>   And all that beauty, all that wealth e'er gave,
> Awaits alike th' inevitable hour:
>   The paths of glory lead but to the grave.

Ac eto:

> Full many a flower is born to blush unseen,
>   And waste its sweetness on the desert air.

I'r Gwyddel Oliver Goldsmith, diboblogi cefn gwlad oedd y felltith, ac y mae'r pedwar cant a rhagor o linellau ei gerdd i'r 'Pentref Anghyfannedd' yn glodforedd artistig a diedifar i hyfrydwch a hudoliaeth y gymdeithas wledig werinol. A'r cyfan oll wedi mynd am byth, er dirfawr dristwch iddo:

> Sweet smiling village, loveliest of the lawn,
>   Thy sports are fled, and all thy charms withdrawn;
> Amidst thy bowers the tyrant's hand is seen,
>   And desolation saddens all thy green.

Fe gyflwynodd y bardd ei gerdd i'w eilun, yr arlunydd mawr Syr Joshua Reynolds, Arlywydd cyntaf yr Academi Frenhinol, ac yn ei 'Gyfarchiad' iddo ef ar y dechrau y mae'n gwrthgyferbynnu tlodi'r ardaloedd gwledig â'r cynnydd ym moethusrwydd y dosbarth cefnog. Moethau i Goldsmith oedd prif achos llygredd a dirywiad cymdeithas a gwladwriaeth. Gŵr llariaidd, teimladwy, oedd y bardd hwn a deimlai'n ddiffuant ac i'r byw dros gyflwr y tlodion, ac yn wir dros holl orthrymderau dynol-ryw (fel y gellir casglu hefyd o ddarllen ei nofel 'The Vicar of Wakefield'). Dyfalu yn unig a allwn sut y byddai ef wedi ymateb i ddigwyddiadau'r cyfnod petai wedi cael byw am ryw ugain mlynedd yn rhagor, oblegid bu farw yn 1774 yn chwech a deugain oed, bymtheng mlynedd cyn i'r Chwyldro mawr yn Ffrainc ysgwyd y byd i'w sylfeini. Ai'n debyg i William Wordsworth yr ymatebai Goldsmith? I'r bardd pedair ar bymtheg oed o Ardal y Llynnoedd, yr oedd y newyddion cyffrous o Baris yn haf 1789 fel rhyw lifeiriant grymus o blaid gwaredigaeth y dyn cyffredin o ormes pendefigion a chlerigwyr, a phobl hyd a lled Ewrop yn gweld gwawr newydd yn torri dan y tri arwyddair, Rhyddid, Brawdoliaeth, Cydraddoldeb. Dyn yn ôl Rousseau yn 'naturiol dda' ac yn 'dod i'w oed', a Wordsworth yn gogoneddu'r cyfan gyda holl egni ei ieuenctid haelfrydig:

> Bliss was it in that dawn to be alive,
> But to be young was very heaven.

Eto i gyd, o fewn llai na phedair blynedd fe'i dadrithiwyd yn llwyr gyda'r adroddiadau erchyll am 'deyrnasiad braw' ym Mharis a dienyddio'r miloedd dan y 'guillotine', y brenin a'r frenhines yn eu plith. Ac yna i goroni'r cyfan, rhyfeloedd Napoleon am dros ugain mlynedd.

Prin ddwy flynedd o'r cyfnod blin yna a gafodd Williams Pantycelyn, gan iddo ef, fel John Wesley, farw yn 1791. Tybed ai yn y cyfnod yma y canodd y Pêr Ganiedydd y llinellau adnabyddus hyn?

> Mynych ceir cystuddiau yma,
> > Rhagluniaethau chwerwon iawn,
> Ton ar ôl y llall yn rhuo
> > O foreddydd hyd brynhawn.
> Disgwyl pethau gwych i ddyfod,
> > Croes i hynny maent yn dod;
> Meddwl 'fory daw gorfoledd,
> > 'Fory'r tristwch mwya' 'rio'd.

Blwyddyn o golledion mawr fu 1791. Yn ogystal â cholli'r ddau ddiwygiwr (a'r athrylith gerddorol anghyffredin Mozart), bu farw hefyd yr athronydd o Gymro o Langeinor, sir Forgannwg, Richard Price, un o wŷr galluocaf ei oes, a'r gŵr a

125

groesodd gleddyfau ag Edmund Burke ynghylch y Chwyldro Ffrengig. Y mae crybwyll ei enw ef yn ein hatgoffa am agwedd Gwyneddigion Llundain – Owain Myfyr, Jac Glan-y-gors, William Owen Pughe ac eraill – tuag at y cythrwfl yr ochr draw i'r Sianel. Dan ddylanwad syniadau Tom Paine yn ei lyfr 'Rights of Man', fe groesawent â breichiau agored ar y dechrau y newyddion o Baris, ond newidiodd eu hagwedd hwythau fel Wordsworth a llaweroedd eraill yn sgil creulondebau'r Jacobiniaid, ac yn y man wele'r Gwyneddigion yn cyfrannu at dysteb i Ddug Wellington! Ni fwriedir hyn fel gair o gerydd o gwbl, oherwydd peth hollol naturiol yw i ddyn newid ei feddwl yng ngoleuni amgylchiadau. Ac ni byddai'n syndod o fath yn y byd mai dyna a ddigwyddasai i Richard Price hefyd pe cawsai fyw – ac y byddai'r gweinidog Presbyteraidd hwn, derbynnydd rhyddfreiniad dinas Llundain, wedi bod yn ddigon mawrfrydig ac anrhydeddus i gydnabod mai Burke, yn y diwedd, oedd yn iawn ynglŷn â Ffrainc.

Rhai misoedd cyn yr ymosodiad ar garchar y Bastille ym Mharis yng Ngorffennaf 1789 i danio'r Chwyldro, fe gwblhawyd cyhoeddi un o gampweithiau rhyddiaith yr oesau, 'The Decline and Fall of the Roman Empire' gan Edward Gibbon. Mewn saith cyfrol drwchus (dyma hwy ar y bwrdd o'm blaen yn awr, cyfanswm o 3781 o dudalennau a 139 tudalen o Fynegai) – gwaith a gymerth dair blynedd ar ddeg o lafur diollwng i'w ysgrifennu, a'r arddull fel y cydnebydd pawb yn gyfryw na chafwyd mo'i rhagorach ar glawr erioed – y mae'r awdur yn olrhain ffawd-ôl-a-gwrthol, llanw a thrai, yr Ymerodraeth fawreddog dros gyfnod o bedair canrif ar ddeg: mewn gair ac mewn ffordd o siarad, dilyn ymddatodiad yr hen fyd a sefydlu'r gwareiddiad modern. Am ei bwnc, fe'i disgrifir gan yr awdur ar ddalen olaf y gyfrol olaf fel 'the greatest, perhaps, and most awful scene in the history of mankind'. Efallai nad oes rhaid ymddiheuro am gynnwys yma'n awr, yn llawn, baragraff olaf y 'magnum opus' rhyfeddol hwn, cyn i Gibbon roi ei ysgrifbin i lawr ar ei ddesg yn Lausanne yn y Swistir ar Fehefin 27, 1787. Dyma 'précis' gan yr awdur ei hun; mae'n sicr y gwneid cam ag ef o'i gyfieithu:

'Of these pilgrims, and of every reader, the attention will be excited by an History of the Decline and Fall of the Roman Empire: the greatest, perhaps, and most awful scene in the history of mankind. The various causes and progressive effects are connected with many of the events most interesting in human annals: the artful policy of the Caesars, who long maintained the name and image of a free republic; the disorder of military despotism; the rise, establishment, and the sects of Christianity; the foundation of Constantinople; the division of the monarchy ; the invasion and settlements of the Barbarians of Germany and Scythia; the institutions of the civil law; the character and religion of Mahomet; the temporal sovereignty of the popes; the restoration and decay of the Western empire of Charlemagne; the crusades of the Latins in the East; the conquests of the Saracens and Turks; the ruin of the Greek empire; the state and revolutions of Rome in the middle age. The historian may applaud the importance and variety of his subject; but, while he is conscious of his own imperfections, he must often accuse the deficiency of his materials. It was among the ruins of the Capitol that I first conceived the idea of a work which has amused and exercised near twenty years of my life, and which, however inadequate to my own wishes, I finally deliver to the curiosity and candour of the public.'

Nid dyma'r lle i roi llinyn mesur ar waith mor nodedig, hyd yn oed pe meddem y cymwysterau priodol. Yn unig fe gyfeiriwn yn foel at y brif feirniadaeth arno dros y ddwy ganrif er pan fu farw'r awdur yn ddisymwth yn Llundain ar Ionawr 16,1794, yn 56 oed; sef yw hynny iddo ddibrisio ac yn wir wawdio'r grefydd Gristnogol a'i phroffesiaid, yn enwedig ym mhennod gyntaf yr ail gyfrol, a phriodoli iddi lawer o broblemau'r canrifoedd dan sylw. Ond ar ôl dweud cyn gymaint, rhaid cydnabod mai oes oedd y ddeunawfed ganrif o gwestiynu a beirniadu oer ac amheugar. Nid oedd trigias tair blynedd y digymar Voltaire yn Llundain ddiwedd y dauddegau heb ei ddylanwad! A sut bynnag, y mae byw mewn cyfnod felly bob amser yn anorfod liwio meddylfryd a chrebwyll beirdd a llenorion, ac nid oedd Edward Gibbon, er ei alluoedd disglair digwestiwn, yn eithriad yn hynny o beth.

Y mae'n werth craffu am foment ar y dyfyniad uchod o ddalen olaf Edward Gibbon i'w waith Olympaidd, a sylwi'n arbennig ar y geiriau gwrthgyferbyniol: 'greatest', 'most awful'; 'disorder', 'rise'; 'foundation', 'division'; 'restoration', 'decay'; 'conquests', 'ruin'. Gwiw gofyn a oes unrhyw batrwm clir neu gynllun pendant i'w ganfod mewn hanes? Ganrif a hanner ar ôl Gibbon yr oedd hanesydd mawr arall, H.A.L. Fisher, yn ei 'Hanes Ewrop hyd 1937' yn mynegi na chanfyddai ef yr un. Os oedd, meddai, fe'i celwyd rhagddo ef, a'r cyfan a welai oedd un argyfwng yn dilyn y llall, fel ton ar ôl ton. Fe soniodd Ieuan Glan Geirionydd am ei brofiad personol o gael ei daflu 'o don i don nes ofni bron cael byw'. Ond ni all yr hanesydd na neb arall honni fel y gwnâi'r emynydd y daw 'yn ddihangol drwyddynt oll'. Rhaid parchu yr un rheol ddiogel, sef cydnabod y rhan a chwaraeir yn natblygiad y ddynoliaeth gan y damweiniol, yr hyn na ellir ei ragweld na'i ragfynegi. Ac yn ddi-os, gall y tir a enillwyd gan un genhedlaeth gael ei golli gan yr un a'i dilyn. Er bod cynnydd yn ffaith ddiymwad, nid ydyw yn un o ddeddfau byd natur.

CYMRU DAU GYFNOD

Un o'r materion sydd yn destun pryder mawr i lawer yng Nghymru heddiw yw anwybodaeth a diffyg diddordeb y to ieuanc yn hanes ein cenedl ni, ac, fe ymddengys, o genhedloedd eraill yn ogystal. Wrth annerch cynhadledd ynglŷn â chyrsiau addysg mewn ysgolion a cholegau rai blynyddoedd yn ôl, fe ddywedodd un hanesydd enwog rywbeth fel hyn:

'Dysgwch wybodaeth a thechnoleg, ar bob cyfrif, i'r ieuenctid. A mathemateg, economeg, daearyddiaeth, ieithoedd clasurol a modern. A gwaith llaw, etc. Ardderchog! Ond beth bynnag arall a ddysgwch chi iddyn'nhw, cofiwch ddysgu HANES! Mae'n holl bwysig iddyn' nhw astudio'r gorffennol yn anad unpeth oherwydd y sawl sy'n gweld gliria'n ôl sydd hefyd yn gweld gliria' ymlaen.'

Bum canrif yn ôl fe ddadleuai'r Eidalwr athrylithgar Niccolò Machiavelli, gŵr a gamfarnwyd yn ddybryd gan haneswyr a gwleidyddion, yn ei glasur 'Y Tywysog' – yr astudiaeth ddiplomyddol gyntaf o'r cyfnod modern, a gyhoeddwyd yn 1513 – na allai ddirnad, os oedd cyfreithwyr a meddygon, peirianwyr ac adeiladwyr yn dysgu'n helaeth oddi wrth gamgymeriadau'r gorffennol, paham na ddilynid eu hesiampl gan bawb arall, ac yn arbennig gan lywodraethwyr a 'phenaethiaid y bobl', wrth ddatrys problemau'r presennol ac wynebu'r dyfodol? Ac os oedd hynyna'n berthnasol yn Fflorens gymhleth a therfysglyd ar dro'r bymthegfed ganrif, y mae'n ddiamheuol felly ar ddechrau'r unfed ar hugain. Tristwch mawr yw sylweddoli bod cenhedlaeth gyfan o'n pobl ieuainc ni yng Nghymru heddiw nad yw enwau fel William Salesbury,

John Penri, Edmwnd Prys, William Morgan, John Davies, Morgan Llwyd, Hywel Harris, Daniel Rowlands, Williams Pantycelyn, Ann Griffiths, Griffith Jones, a llu eraill yn golygu dim oll iddynt. (Ac y mae enwi'r offeiriad o Landdowror yn atgoffa dyn am yr hanes am Catrin Fawr, Ymerodres Rwsia o 1762 hyd 1796, yn llawn edmygedd o glywed am waith y gwron hwnnw yn sefydlu tair mil a hanner o'r 'ysgolion cylchynol' yng Nghymru a chael cant a thrigain mil o'i gydgenedl i ddysgu darllen mewn chwarter canrif o amser.)

Clywsom bwysleisio droeon nad mater o gofio dyddiadau yw hanes. Hanner y gwir yw hynny. Oblegid heb ryw syniad o ddyddiadau, nid oes gobaith inni ffurfio darlun clir o ddigwyddiadau a dylanwadau mawr y gorffennol, a'u heffeithiau, a'u cysylltiadau â'i gilydd. Byddai hynny'n amhosibl heb fod inni ryw syniad am 'galendr' hanes. Yn awr, petai gofyn inni wneud rhestr o ddyddiadau pwysig y gorffennol yng Nghymru, digwyddiadau sydd, er gwell ac er gwaeth, wedi dylanwadu'n drwm ar hanes ein pobl a'n cenedl, diau yr enwid rhai fel y rhain, ymhlith eraill: 589 (marwolaeth Dewi Sant); 950 (marwolaeth Hywel Dda); 1240 a 1282 (marwolaeth Llywelyn Fawr a'i ŵyr, y Llyw Olaf); 1485 (buddugoliaeth Harri Tudur ar Faes Bosworth); 1536 a 1542 (deddfau Uno Cymru a Lloegr dan Harri'r Wythfed); 1588 (cyhoeddi Beibl yr Esgob Morgan – a rhai'n sicr o nodi darostyngiad Armada'r Sbaenwyr a'n cadwodd ym marn llawer yn wlad Brotestannaidd); 1735 (y Diwygiad Methodistaidd). Am amryw resymau, mae'n debyg y nodid 1859 – Diwygiad Dafydd Morgan, Ysbyty Ystwyth, suddo'r llong y 'Royal Charter' a'i chargo o aur ger y Traeth Coch ym Môn, cyhoeddi'r 'Origin of Species' gan Charles Darwin; ond i mi oherwydd cyhoeddi'r 'Llyfr Emynau a Thonau' o waith Ieuan Gwyllt, gyda'i 'Raglith' ragorol, a llyfr a fu'n allweddol i gychwyn traddodiad y Gymanfa Ganu yng Nghymru.

Byddai, fe fyddai amryw o'r dyddiadau yna ar restr pawb ohonom. Ond fe fyddai gennyf fi ddau ddyddiad arall hefyd. Fe fu digwyddiad o bwys mawr i Gymru, yn fy marn i, yn 1621, sef cyhoeddi'r 'Salmau Cân' gan Edmwnd Prys, Archddiacon

Meirionnydd, dros ganrif cyn cyfnod Pantycelyn. I bob pwrpas, hwn oedd y llyfr emynau Cymraeg cyntaf erioed, o unrhyw faint o leiaf, a'i awdur galluog, cyfarwydd ag wyth iaith, yn un o bennaf ysgolheigion ein gorffennol ac na chafodd yn nhyb llawer y clod a'r sylw a lwyr haeddai. Nid hawdd yw maddau i drefnwyr y 'Caneuon Ffydd' am ei anwybyddu bron yn gyfan gwbl – dau emyn yn unig o'i waith a gynhwyswyd, lle'r oedd dau a deugain yng nghasgliad (1927) y Presbyteriaid a'r Wesleaid. A ellid dychmygu'r Saeson yn delio'n gyffelyb ag Isaac Watts neu Charles Wesley? Cyn symud ymlaen, mae'n ddiddorol nodi bod y flwyddyn 1621 yn un bwysig hefyd yn hanes Taleithiau Unedig America oherwydd yn Nhachwedd y flwyddyn honno y sefydlwyd eu Gŵyl Ddiolchgarwch Genedlaethol adnabyddus i gofio gwydnwch a dewrder y Tadau Piwritanaidd a fentrodd groesi Iwerydd yn eu llong 'Fflur Mai' ar ôl gadael Plymouth ar Fedi 6,1620. Os byddai'r sinig yn ein plith am wfftio'n ddirmygus unrhyw awgrym i'n cysylltu ni Gymry â'r Americanwyr yn sgil 1621, gellid o leiaf ei atgoffa mai crefydd yw'r achos teilwng yn y ddwy wlad fel ei gilydd.

A chrefydd hefyd, yn wir, yw sail fy newis i o'r flwyddyn 1845 fel un arall o ddyddiadau pwysig hanes Cymru. Beth a ddigwyddodd i'w galw hi'n flwyddyn nodedig? Ar un olwg, peth digon distadl, sef sefydlu cylchgrawn newydd yn yr iaith Gymraeg. Wel, meddir, a yw hynny'n achos i nodi blwyddyn fel un arbennig? Yn arferol, nac ydyw. Yn yr achos hwn, ydyw y mae – ac nid ychwaith oherwydd bod y cylchgrawn a lansiwyd fis Ionawr 1845 yn dal gyda ni o hyd yn 2005, wedi cant a thrigain o flynyddoedd, sef 'Y Traethodydd'.

Nid yw sefydlu cylchgrawn Cymraeg newydd yn beth cyffredin iawn yn ein hoes ni, ond yr oedd felly yn y bedwaredd ganrif ar bymtheg, ac mae'n werth dyfynnu'r paragraff canlynol gan Syr Thomas Parry o'i gyfrol 'Hanes Llenyddiaeth Gymraeg hyd 1900'; cyfeiria ef at y ganrif fel 'y cyfnod mwyaf cynhyrchiol yn holl hanes ein llên, a'r cyfnod a welodd gyfnewidiadau mawr iawn ym mhob agwedd ar fywyd y genedl – yn grefyddol, yn addysgol, yn gymdeithasol, yn wleidyddol. Ni bu mewn unrhyw ganrif arall gynifer o wŷr ymroddgar ac o arweinyddion tanbaid, ac y mae gweithgarwch llawer un ohonynt – yn pregethu, yn darlithio, yn beirniadu, yn ysgrifennu – bron yn syfrdanol. Cychwynnwyd llu mawr o lyfrau a phamffledi crefyddol; cyhoeddwyd cofiannau i wŷr mawr a gwŷr bach yr oes; ailargraffwyd gweithiau llenorion yr oesoedd cynt...'

Cyn ystyried pwysigrwydd ac arwyddocâd y flwyddyn 1845 ychydig yn fanylach, mae'n fuddiol a diddorol inni restru rhai o'r cylchgronau a'r newyddiaduron Cymraeg a gyhoeddwyd yn y cyfnod y soniai Syr Thomas Parry amdano. Yr oedd yna nifer mawr eraill; byrhoedlog a thrafferthus fu hanes llawer ohonynt, hynny yw (fel y sonia'r Ysgrythur am y dyn a aned o wraig), yn fyr o ddyddiau a llawn o helbul, ond nid afresymol efallai yw ystyried y rhain fel y pwysicaf ohonynt:

Cylchgronau Cymraeg Cynnar

1770 Trysorfa Gwybodaeth neu Eurgrawn Cymraeg
    (Gol. Peter Williams, yr Esboniwr)
1793 Y Cylchgrawn Cynmraeg (Gol. Morgan John Rhys)
1799 Trysorfa Ysbrydol
    (Gol. Thomas Charles o'r Bala a Thomas Jones, Dinbych)
1809 Trysorfa (MC)
1809 Yr Eurgrawn Wesleyaidd (Gol. John Bryan ac Eraill)
1818 Goleuad Gwynedd (MC)
1818 Seren Gomer (B)
1820 Goleuad Cymru (MC)
1821 Y Dysgedydd (A)
1822 Y Cymro (yn Lerpwl)
1830 Y Cymmro (yn Llundain)
1831 Y Drysorfa (MC)
1833 Y Gwladgarwr (Gol. Ieuan Glan Geirionydd)

1835 Yr Haul (E)

1845 Y Traethodydd (MC)

1847 Yr Ymofynnydd (U)

1847 Y Geiniogwerth (Y Bala)

1849 Y Gymraes (Gol. Ieuan Gwynedd)

1850 Yr Adolygydd (Gol. Ieuan Gwynedd)

1852-3/1854-6 Y Methodist

Newyddiaduron Cymraeg (o 1843 hyd tua 1900)

1843 Yr Amserau

1851 Seren Cymru (B)

1854 Yr Herald Cymraeg

1857 Baner Cymru

1859 (uno) Baner ac Amserau Cymru

1867 Y Tyst Cymraeg (A)

1868 Y Dydd

1869 Y Goleuad (MC)

1870 Y Dywysogaeth (E)

1877 Y Gwyliedydd (Newydd) (W)

1877 Y Genedl Gymreig

1881 Y Llan (E)

1882 (uno) Y Llan a'r Dywysogaeth

1890 Y Cymro (Isaac Foulkes, Lerpwl) (daeth Y Brython
     yn ei le yn 1906) Daeth Cymro arall yn 1914 – MC yn
     bennaf, ond o 1932 fel papur cyffredinol.)

MC = Y Methodistiaid Calfinaidd

B = Y Bedyddwyr

A = Yr Annibynwyr

W = Y Wesleaid

E = Yr Eglwys yng Nghymru

U = Yr Undodiaid

Priodol yw ymholi beth oedd y tu ôl i'r gweithgarwch rhyfeddol hwn, a phaham y digwyddodd *pan* ddigwyddodd. Pa bryd y daeth y wasg Gymraeg i fod? Y farn gyffredinol yw iddi egino, fel nifer o bethau gwerthfawr eraill, yn sgil y Diwygiad Methodistaidd yn y ddeunawfed ganrif, a chywir yn ddi-os yw maentumio mai'r deffroad a achoswyd gan gyffro'r diwygiad oedd wrth wraidd y berw gwleiddol a chrefyddol a chymdeithasol a welwyd yng Nghymru, fel yn Lloegr, yn y bedwaredd ganrif ar bymtheg. Ni chafwyd yng Nghymru (paham tybed?*) gyfnod sydd yn cyfateb i flynyddoedd canol y ddeunawfed ganrif yn Lloegr, 'Oes Samuel Johnson a'i Gylch' fel y gelwir hi, a chyfnod ymgynnull yn y 'tai coffi' yn Ninas Llundain, oherwydd er i chwarter olaf y ganrif honno gynhyrchu cryn weithgarwch gan wŷr fel Peter Williams (yr Esboniwr), Morgan John Rhys ac eraill yng Nghymru ei hun, a phobl megis William Owen Pughe, Jac Glan-y-gors a Thomas Roberts Llwynhudol ymhlith Cymry Llundain, gan ledaenu yn Gymraeg syniadau Thomas Paine a'i 'Rights of Man' adeg y Chwyldro Ffrengig, eto i gyd, teimlir mai ym mlynyddoedd cyntaf y bedwaredd ganrif ar bymtheg y dechreuodd y wasg Gymraeg o ddifrif ennill momentwm.

Ond paham cychwyn cylchgrawn neu newyddiadur? Un rheswm wrth gwrs oedd diwallu awydd pobl am wybodaeth o'r hyn a oedd yn digwydd yn y byd o'u cwmpas, a hynny yn bennaf, yn y cyfnod hwnnw, ym meysydd crefydd a gwleidyddiaeth. Yna, fel ymhob oes, yr oedd pobl flaenllaw mewn cymdeithas am ledaenu eu syniadau hwy yn y pynciau hynny: mewn gair, argyhoeddi a phroselytio. Propaganda? Debyg iawn, ac nid oes unpeth o'i le mewn propaganda o'i ymarfer yn onest a didwyll, a chyda'r amcanion gorau. Ychwaneger wedyn yr ymdeimlad diamheuol o genhadaeth ymhlith nifer o wŷr amlwg yr oes, i addysgu'r werin, y grŵp

---

*Fe ddichon mai un rheswm am hyn, y prif un efallai, yw mai mewn canolfannau poblog – megis Llundain a nifer bychan o leoedd tebyg ym Mhrydain – yr oedd yn bosibl i'r fath gymdeithas ffurfio. Ac yn y Gymru Gymraeg yn y cyfnod hwnnw, nid oedd yna y fath grynhoad o boblogaeth.

'ymroddgar' a 'thanbaid' y cyfeiriai Syr Thomas Parry atynt yn y dyfyniad uchod. Ni ellir canmol gormod ar y gwyrda hyn am eu hymröad yn y cyfnod cyn i addysg ffurfiol a gorfodol ddod yn rhan o batrwm bywyd yn ein gwlad, ac wrth reswm ymhell cyn dyfod y chwyldro technegol mewn cyfathrebu torfol. Nid oes llawer o amheuaeth ychwaith nad oedd hon yn fath o oes aur yn hanes y wasg Gymraeg, a rhaid bod peiriannau argraffu mewn lleoedd megis Caernarfon, Dinbych a Lerpwl yn gweithio ddydd a nos i gynhyrchu'r dwsinau o gylchgronau a phapurau lleol neu ranbarthol ar gyfer gwerin anniwall am 'ddeunydd darllen'. A hyn oll ganrif a mwy cyn bod sôn am gymorthdaliadau i hybu llenyddiaeth o gyfeiriad llywodraeth nac unman arall.

Os gwir yr haeriad ein bod yn awr yn trafod math o 'oes aur' yn hanes y wasg yng Nghymru – sef, yn arbennig, ail hanner y bedwaredd ganrif ar bymtheg – yna y mae hynny i'w briodoli yn bennaf dim i'r ffaith ei bod yn oes y golygyddion mawr, pobl nad oes fawr neb heddiw yn cyfateb iddynt o ran personoliaeth, dylanwad, nac ymdeimlad o genhadaeth. Petaem yn nodi yn unig enwau Lewis Edwards, Gwilym Hiraethog, Thomas Gee ac Owen M. Edwards fel rhai yn 'sefyll allan' ohonynt, nid anghofiwn lafur gloyw gwŷr megis Ieuan Gwynedd, Ieuan Glan Geirionydd, Beriah Gwynfe Evans, Eifionydd, Samuel Roberts, Emrys ap Iwan, Anthropos, ac eraill.

Y mae enwi'r cyntaf o'r golygyddion hyn yn ein dwyn yn naturiol yn ôl i'r flwyddyn 1845, a sefydlu ar ei dechrau fel y cyfeiriwyd eisoes y cylchgrawn chwarterol 'Y Traethodydd' gan Lewis Edwards y Bala a Roger Edwards yr Wyddgrug, digwyddiad ym marn Mr. Saunders Lewis gyda'r pwysicaf yng Nghymru yn y ganrif honno. Amcan y cylchgrawn, yng ngeiriau Roger Edwards, oedd 'dyrchafu a phuro archwaeth y Cymry at ddarllen ac ysgrifennu, a'u harwain ymlaen ymhob gwybodaeth fuddiol'. Nid oes amheuaeth o gwbl na lwyddodd yn ei amcan a llwyddo'n anrhydeddus hefyd, oherwydd fe fu dylanwad 'Y Traethodydd' yn aruthrol. Fe drawyd y cywair ym mharagraff cyntaf y rhifyn cyntaf (Ionawr 1845) yn

135

sylwadau golygyddol Lewis Edwards, o dan y teitl 'Rhagoriaeth Gwybodaeth' – a'r sylwadau, gyda llaw, yn ymestyn dros bedair tudalen ar ddeg mewn print mân, digon i arswydo ac efallai dorri calon darllenwyr lu yn ein hoes ni heddiw (ond nid gwerinwyr diwylliedig y cyfnod hwnnw). Dyma'r geiriau:

'Rhagoriaeth dyn yw ei wybodaeth. Wrth yr anwybodus y gellir dywedyd, "Ni ragori di". Rhagoriaeth dyn ar yr anifail ydyw galluoedd ei feddwl; a rhagoriaeth y naill ddyn ar y llall ydyw fod ei wybodaeth yn fwy ei graddau, neu yn well ei natur. Nid yw pob gwybodaeth o gyffelyb bwys a gwerth. Mae y naill gangen yn fwy anhepgorol, yn fwy ei buddioldeb, neu yn fwy ei chysur nag arall; eto mae pob cangen o wybodaeth yn dda ynddi ei hun, er bod yn ddarostyngedig i gael ei chamddefnyddio. Nid yn y wybodaeth y mae y drwg, ond yn y camddefnyddiad.'

Er mai am ddeng mlynedd yn unig y bu Lewis Edwards yn olygydd swyddogol, nid oes unrhyw amheuaeth nad ei ddelwedd ef oedd arno o'r rhifyn cyntaf oll – ei ysgolheictod, ei ddelfrydau, ei ehangder meddyliol. Fe soniai pobl wrtho, meddai ef ei hun, fel yr oedd y cylchgrawn wedi bod 'yn foddion arbennig i roddi diwedd ar y cyndyn ddadlau, ac i leddfu teimladau y gwahanol enwadau at ei gilydd, trwy ddangos bod mwy o wirionedd gan bob plaid (grefyddol) nag a feddylid gan y pleidiau eraill.'

Fe wnaeth ef, serch hynny, rywbeth mwy na lleddfu teimladau enwadol, oherwydd gan iddo synio'n uchel am ddiddordebau a chyraeddiadau y werin yng Nghymru fe dra dyrchafodd safon y wasg Gymraeg. Yn wir, fe gymerai'n ganiataol fod diddordebau meddyliol ei gydwladwyr ar yr un tir â'i rai ef ei hun. Wrth fwrw golwg dros gynnwys rhai o rifynnau'r blynyddoedd cynnar, y mae dyn yn cael ei syfrdanu gan amrywiaeth ac ystod y pynciau a drafodid: diwinyddiaeth, athroniaeth, llenyddiaeth, gwyddoniaeth, ie, a seryddiaeth hyd yn oed. Disgynnodd ein llygad ar ymdriniaethau ysgolheigaidd ar ddamcaniaethau am y cosmos gan Copernicus a Kepler, er enghraifft, a diau fod gwaith Galileo, Isaac Newton ac eraill yno yn rhywle! Pan gofiwn y gallai'r golygydd talentog hwn gyflwyno i'w gyd-Gymry y datblygiadau Ewropeaidd diweddaraf mewn diwinyddiaeth ac athroniaeth, neu ragoriaethau beirdd clasurol Groeg a Rhufain fel Homer, Fyrsil, Horas ac eraill, nid yw'n syndod o gwbl mai Lewis Edwards a enwir gyntaf gan Syr Thomas Parry wrth drafod 'dynion gwir fawr y bedwaredd ganrif ar bymtheg'.

Mae'n rhaid bod i'r 'Traethodydd' gylchrediad eang iawn yn ail hanner y ganrif, er ei bod yn anodd dod o hyd i ffigurau pendant. Ond daeth un ffaith hynod ddiddorol i'r wyneb wrth chwilota. Yr oedd llwyddiant ysgubol y misolyn 'Trysorfa'r Plant' – dan olygyddiaeth Thomas Levi am dros hanner can mlynedd nes iddo gyrraedd ei 90 oed – yn sicrhau derbyniadau digonol i glirio hefyd holl gostau cyhoeddi'r 'Traethodydd' a'r 'Drysorfa Fawr'; gwyddys am un Ysgol Sul, mewn pentref o faint gweddol, yng Ngogledd Cymru lle y gwerthid yn rheolaidd dros ddeg a thrigain o gopïau o fisolyn y plant. Ac nid anodd yw coelio felly fod yn agos i hanner can mil o gopïau yn cael eu gwerthu drwy Gymru gyfan bob mis. O gyfeirio'n gynharach at 'weithgarwch syfrdanol' rhai o wŷr amlwg yr oes honno, yr oedd Thomas Levi ymhlith y blaenaf ohonynt: heb sôn am ei holl weithgareddau arferol fel gweinidog, a'i gyhoeddiadau Cymraeg niferus, fe gyfieithodd dros drigain o lyfrau crefyddol Saesneg hefyd.

Ar wahân i'r 'Traethodydd' a'i arlwy chwarterol, a'r cyhoeddiadau eraill (misol a chrefyddol gan amlaf) a nodwyd eisoes, ddwy flynedd ynghynt yr oedd – yn marn haneswyr y cyfnod – y cais llwyddiannus cyntaf wedi'i wneud i sefydlu newyddiadur Cymreig, sef 'Yr Amserau', a hynny gan William Rees (Gwilym Hiraethog) yn 1843 wedi iddo symud o fod yn weinidog Eglwys Annibynnol Lôn Swan yn Ninbych i weinidogaethu ymhlith Cymry Lerpwl. Er ei fod ef yn ddiamheuol yn un o 'wŷr gwir fawr' ei gyfnod, yn gohebu'n gyson â gwleidyddion amlwg megis Mazzini yn yr Eidal, nis cofir heddiw ond fel awdur dau bennill o'r emyn 'Dyma gariad fel y moroedd'. Bu bron i'r 'Amserau' fynd i'r wal droeon cyn i'r golygydd ddechrau ysgrifennu 'Llythyrau 'Rhen Ffarmwr' a chwyddo'r cylchrediad yn sylweddol. Colli arian oedd y rheswm dros i'r argraffydd (a'r cyhoeddwr) John Jones, Lerpwl, drefnu i gynhyrchu'r papur ar Ynys Manaw er mwyn osgoi talu 'toll y papurau newyddion' – enghraifft gyda'r gynharaf efallai o'r hyn a elwid heddiw yn "off-shore tax evasion"!

Yn 1859 fe unwyd 'Yr Amserau' â 'Baner Cymru' a oedd wedi'i sefydlu ddwy flynedd ynghynt gan Thomas Gee yn Ninbych, ac ystrydeb yw dweud bod 'Baner ac Amserau Cymru' wedi dylanwadu'n enfawr ar feddylfryd a dyheadau'r werin am 135 o flynyddoedd. Diwrnod trist oedd hwnnw ddiwedd Ebrill 1992 pan ddaeth rhawd wythnosolyn enwocaf y genedl i ben.

Er nad oedd Thomas Gee, megis Lewis Edwards a Gwilym Hiraethog, yn llenor, eto i gyd, ym marn llawer ef oedd un o'r galluoedd cyhoeddus mwyaf dylanwadol yn ei ddydd yng Nghymru – a'r golygydd mawr cyntaf a welodd ein cenedl, a chan ei fod yn weithiwr mor ymroddgar a diarbed mewn cynifer o feysydd, nid gormod fyddai dweud bod dilyn gyrfa Thomas Gee, yn ymestyn fel y gwnaeth am sbel dros hanner canrif hyd ei farw ddiwedd Medi 1898, yn gyfwerth ag astudio hanes Cymru'n gyffredinol dros yr un cyfnod. O'r braidd y gellid dweud hynny am fawr neb arall o fewn yr oes fodern, gydag eithrio'n benodol efallai yr olaf o'r pedwar golygydd a enwyd uchod, sef Owen M. Edwards. Fel Lewis Edwards o'i flaen, dyma ysgolhaig a gŵr o ddiwylliant eang. Personoliaeth gref, ac o weledigaeth fawr hefyd. Yn rhinwedd ei waith yn sefydlu'r cylchgrawn 'Cymru' yn 1891 a'i olygu hyd ei farw yn 1920, cychwyn 'Cymru'r Plant', cyhoeddi 'Cyfres y Fil' a llyfrau megis 'Cartrefi Cymru', 'Clych Atgof' a llu eraill, gellid ei gyfrif fel y newyddiadurwr a'r 'llenor poblogaidd' mwyaf dylanwadol ar ôl Thomas Gee. Ar ei ôl ef, cafwyd 'Y Llenor' dan olygyddiaeth W.J.Gruffydd o 1922 hyd 1951 – yn arbennig y cyfnod goludog hyd at ddechrau'r Ail Ryfel Byd – ond ar wahân i ambell gylchgrawn megis 'Y Ford Gron' ac un neu ddau arall, yr oedd 'oes aur' y cylchgronau dylanwadol rywsut wedi dirwyn i ben.

Nid afresymol felly yw ystyried y ganrif union rhwng sefydlu'r 'Traethodydd' yn 1845 a diwedd y rhyfel yn 1945 fel 'canrif fawr' y wasg newyddiadurol Gymraeg, ac fe ddaw hynny'n fwy eglur fyth o gymryd arolwg o'r *hanner* canrif a'i dilynodd, 1945 hyd 2000, cyfnod pryd y clywyd defnyddio, am y tro cyntaf erioed efallai, yn y cyswllt hwn, y gair 'argyfwng' am gyflwr y wasg yng Nghymru. Nid annisgwyl wrth gwrs oedd problemau'r pedwardegau diweddar, oherwydd cyfyngiadau ac anawsterau chwe blynedd o ryfel – a phrinder papur a defnyddiau eraill. Ond gan na welwyd gwella o'r sefyllfa erbyn dechrau'r pumdegau, fe drefnwyd cynhadledd yn Llandrindod yn Nhachwedd 1952 gan Gymdeithas y Cymmrodorion i drafod cyflwr y diwydiant cyhoeddi yng Nghymru, gyda Syr D. Emrys Evans, Prifathro Coleg y Brifysgol, Bangor, yn brif siaradwr. Ei neges gwbl glir ef oedd bod cyhoeddi llyfrau a chylchgronau Cymraeg a llenyddiaeth yn gyffredinol mewn perygl real o ddod i ben: y wasg Gymraeg gyfan yn wynebu difodiant a dim llai. Ac nid gŵr oedd Syr Emrys i afradu geiriau a chodi bygythion di-sail. Yr oedd y sefyllfa'n wironeddol argyfyngus.

Fel y bu pethau, fe brofodd Cynhadledd Llandrindod yn garreg filltir ym myd cyhoeddi llenyddiaeth yn yr iaith Gymraeg. Digon fydd nodi yma – a nodi'n unig – i lu o weithgareddau a mudiadau ddeillio ohoni, megis y Cymdeithasau Llyfrau, grantiau'r llywodraeth, cefnogaeth Cyngor y Celfyddydau, Arian y Degwm, Cronfa Pant-y-fedwen, Ymgyrch Lyfrau Urdd Gobaith Cymru, Cynlluniau'r Cyd-Bwyllgor Addysg Cymreig a'r Awdurdodau Sirol – a Sir Aberteifi yn arbennig iawn o ganlyniad i weledigaeth a brwdfrydedd di-ildio Llyfrgellydd y Sir, y diweddar Alun R. Edwards. Ac yn ddi-os, pinacl y cyfan oll oedd gwireddu ei freuddwyd ef yn 1964 gyda sefydlu'r Cyngor Llyfrau. Y mae'n amhosibl bron ddychmygu pa wedd a fyddai wedi bod ar gyhoeddi llyfrau Cymraeg dros y deugain mlynedd diwethaf hyn pe na bai am y Cyngor hwn. Yn wir, y mae'n bur amheus a fyddai gennym heddiw lenyddiaeth gyfoes gwerth yr enw.

Ond ar ôl dweud hynny, yn ddiolchgar a gwerthfawrogol, bid sicr, teg yw inni sylweddoli mai moddion artiffisial mewn ffurf o gymorthdaliadau gan lywodraethau canolog wedi'r rhyfel, yn hytrach na gweithgarwch a dyfalbarhad gan arweinwyr 'gwiwglod mewn gwlad ac eglwys', a gafwyd fel yn y cyfnod blaenorol. Mewn gair, dau gyfnod gwahanol: cwbl wahanol.

*   *   *

Nid rhaid meddu darfelydd arbennig iawn i ganfod mai Cymru wahanol hollol a gynrychiolir gan gyfnod Lewis Edwards a Thomas Gee ac Owen M. Edwards i'r cyfnod modern a ddilynodd yr Ail Ryfel Byd, fel y dengys er enghraifft y gwahaniaeth mawr yn ansawdd ac arddull y llenyddiaeth a gynhyrchwyd. Wrth inni yn awr ystyried gwahanol feysydd ym mywyd Cymru yn y naill gyfnod a'r llall, a cheisio penderfynu ai datblygiad ynteu dirywiad a ddangosir inni yn y cymharu, fe gyfeirir at y ganrif 1845 – 1945 fel yr 'hen gyfnod' a'r hanner canrif dilynol fel 'y cyfnod modern'.

Beth am y gymhariaeth economaidd? Fe fethodd sawl cynhaeaf yn Ewrop yn ystod hanner olaf yr hen ganrif, yn enwedig y cynhaeaf gwenith, ac nid oedd cyflog gweision ffermydd neu löwyr neu chwarelwyr yn y saithdegau ond rhyw chweugain yr wythnos neu lai, er i bethau wella at ddiwedd y ganrif. Rhwng y ddau ryfel fe ddaeth dirwasgiad a thlodi dros fyd cyfan o ganlyniad i ddymchweliad y farchnad stoc yn Efrog Newydd ddiwedd Hydref 1929, ac erbyn 1932 yr oedd yng ngwledydd y gorllewin dros ddeng miliwn ar hugain o weithwyr ar y dôl. O 1933 ymlaen, o ganlyniad i bolisi cyffredinol ailarfogi, fe wellhaodd pethau yn Ewrop yn sylweddol, ac ar ôl i'r ail ryfel ddod i ben yn 1945 fe wawriodd oes y darganfyddiadau ymhob cyfeiriad. Ni bu erioed yn hanes gwareiddiad y fath newidiadau chwyldroadol mewn cyn lleied o amser, ymhob agwedd o'n bywydau. A'r cyfan oll yn peri bod bywyd yn hwylusach a llai blinderus, a'r oruchafiaeth ar lu o afiechydon a threialon eraill y ddynoliaeth yn dwyn bendithion dirifedi. Na , ym meysydd yr

140

economi a thechnoleg yn sicr nid oedd cymhariaeth rhwng yr oes fodern a'r un o'i blaen.

Beth am y byd gwleidyddol? Am ran go helaeth o'r hen gyfnod ychydig iawn o sôn a gawn ni am y tri gair a ddaeth i amlygrwydd mawr cyn ei ddiwedd, sef sosialaeth, cenedlaetholdeb a chomiwnyddiaeth. Yr oedd bron yn ddiwedd y bedwaredd ganrif ar bymtheg (1892) pan etholwyd Keir Hardie i'r Senedd dros Ferthyr Tydfil fel y sosialydd cyntaf, a bu'n rhaid aros rhai blynyddoedd cyn i'r ddau fudiad arall ennill eu plwy.

Ond yn y byd crefyddol y gwelwyd y prif wahaniaeth rhwng y ddau gyfnod, ac y mae pori yng nghofiant mil tudalen John Jones Talysarn gan Owen Thomas Lerpwl yn dangos hynny gystal â dim oll. O gofio pryd y cyhoeddwyd y gyfrol hon (1874) – oes y pregethwyr mawr, capeli'n rhwydd lawn, cymanfaoedd pregethu a chanu, adeiladu capeli wrth y dwsinau (un bob wythnos ar gyfartaledd drwy Gymru yn saith ac wyth degau'r ganrif yn ôl un amcangyfrif) – a sylweddoli ein bod ni yn awr yn eu cau yn ôl yr un raddfa, nid yw'n syndod deall fod yna ardaloedd cyfain yng nghefn gwlad Cymru bellach nad oes yr un gwasanaeth crefyddol yn cael ei gynnal yno o gwbl. Yn ôl Gomer M. Roberts, fe fu pymtheg o ddiwygiadau yng Nghymru mewn canrif a chwarter (1789 hyd 1914) a dim un wedyn!

Yn y cyfnod hwnnw, neu o leiaf yn ei ran olaf, yr oedd athrawon – ac yn enwedig prifathrawon – yn arweinwyr cymdeithasol, ond bellach y mae miloedd ohonynt hwy wedi cefnu'n llwyr ar fywyd crefyddol a diwylliannol. Ai dyna sydd i gyfrif mai cyfnod o lawer (gormod?) o addysg (ffurfiol) yw'r un presennol ac ychydig o ddiwylliant? Yr oedd yr hen gyfnod hefyd yn llewyrchus iawn mewn cylchgronau – fel y dangoswyd ar dudalennau 132-3 – er mai cymharol ychydig o lyfrau a gyhoeddid. Diau fod a wnelo hynny â'r ffaith economaidd y cyfeiriwyd ati o'r blaen. Ychydig o gylchgronau sydd yn ymddangos yn awr, ond llond gwlad o lyfrau – a'r cyfan i gyd, yn llyfrau a chylchgronau, mae'n bur sicr yn derbyn cymorthdaliadau sylweddol. Arwydd o ddirywiad diamheuol yw bod y wasg Gymraeg heddiw yn byw ar grantiau, a phe deuai argyfwng ariannol difrifol i'r wlad mae'n dra thebyg mai mewn adrannau fel hyn o'n diwylliant y disgynnai'r gyllell i ddechrau. Am bopeth a wyddys am yr hen gyfnod, nid oedd un math o gymorth ariannol ar gael o gyfeiriad y llywodraeth tuag at hybu'r celfyddydau. Yr oedd clirio costau cynhyrchu pob llyfr a chylchgrawn yn dibynnu'n gyfan gwbl ar yr incwm o'r gwerthiant: yr unig eithriad fyddai i awdur neu olygydd neu gyhoeddwr sicrhau cefnogaeth tanysgrifwyr. Ac yna yn aml fe argreffid rhestr o'r tanysgrifwyr ar ddalennau olaf y gyfrol. Eto i gyd, yn gyffredinol ceiniogau gwerinwyr eithaf cyfyng eu byd oedd asgwrn cefn y fasnach lyfrau a chylchgronau Cymraeg gan mlynedd a rhagor yn ôl, ac felly y bu'r sefyllfa hyd bumdegau'r ganrif ddiwethaf.

Daw hyn â ni at y pwynt olaf. A'r pwynt pwysicaf. Yr hyn a welir yn glir wrth gymharu dau gyfnod fel y gwnaethom yw, nid yn gymaint y gwahaniaeth rhyngddynt, ond y dirywiad: y dirywiad yn safon yr iaith lafar ac ysgrifenedig a fu yn ystod y ganrif ddiwethaf. Cofiwn glywed gwerinwyr syml, pobl ddiddysg gan mwyaf, yn siarad – ar goedd ac mewn sgwrs – Gymraeg graenus a chyhyrog, ac ystrydeb debyg iawn yw dweud mai iaith yr Esgob William Morgan a'r Dr. John Davies Mallwyd oedd hi gan fod ymadroddion ysgrythurol cyfoethog yn britho'u geirfa. Bellach disodlwyd yr iaith honno gan y 'Gymraeg Byw' bondigrybwyll, ac fe ferwinir ein clustiau gan honno – y treiglo gwallus, yr ymadroddion Seisnig, a chenedl enwau yn rhemp. Nid rhyfedd fod dyn yn cael ei atgoffa am sgwrs olaf Syr Thomas Parry ar y radio, ychydig amser cyn ei farw, yn condemnio'r fath iaith, ac yn amau gwerth yr holl ymdrechion presennol dros ei hachub.

Y DDINAS

Bron union ddwy ganrif ar bymtheg yn ôl, sef O.C. 306, yng ngogledd Lloegr, fel y mae heddiw – Caerefrog a bod yn fanwl – fe fu farw gŵr o'r enw Galerius Constantius, brin flwyddyn ar ôl ei ddyrchafu'n ymerawdwr adran orllewinol yr Ymerodraeth Rufeinig. Gydag ef ar y pryd yr oedd un o'i feibion, deuddeg ar hugain oed, ac yn groes i'r drefn etholiadol a sefydlwyd gan y rhagflaenydd yn y swydd aruchel, Diocletian, fe gyhoeddwyd y mab gan filwyr y fyddin Rufeinig yn y fan a'r lle yn ymerawdwr i olynu ei dad. Ei enw yntau fel ei dad oedd Constantine, a ddaeth dros y canrifoedd yn enwog fel Cystennin Fawr, un o'r gwŷr mwyaf cymhleth a dadleuol yn holl hanes Ewrop. Enigma o ddyn, mewn gwirionedd.

Ychydig iawn yw nifer y bobl y gellir dweud amdanynt iddynt newid cwrs hanes, a hynny fel rheol oherwydd rhyw bolisi neilltuol, neu ryw un weithred neu benderfyniad tyngedfennol. Nid am *un* o'r cyfryw y mae hyn yn wir yn achos Cystennin ond tri: tri phenderfyniad o bwysigrwydd aruthrol a effeithiodd yn sylweddol a sylfaenol ar hanes Ewrop a'r byd. Yr oedd dau o'r tri yn ymwneud â'r grefydd Gristnogol, peth go chwithig i'w ddweud am ŵr fel efô: os nad yw'n gwbl gywir iddo fwrw carcharorion i'r llewod, mae'n sicr iddo roi ei wraig a'i fab i farwolaeth. Ond mewn oes dreisiol a chreulon fel ei oes ef, ni rwystrodd hynny i'r Ymerodraeth Ddwyreiniol ei ystyried fel y trydydd ar ddeg o'r apostolion. Ac o degwch ag ef, y mae'r hanes amdano (a ddiystyrwyd fel chwedloniaeth gan lawer un dros y blynyddoedd) yn cael gweledigaeth, ar y ffin â Gâl, o'r Groes ac arni'r geiriau 'Trwy hon fe orchfygi', wedi'i gofnodi gan yr hanesydd eglwysig Eusebius ar ôl iddo

143

glywed am y peth gan Gystennin ei hun, efallai pan fedyddiwyd yr ymerawdwr ychydig oriau cyn ei farwolaeth yn 337.

Y ddau benderfyniad mawr y cyfeiriwyd atynt oedd mabwysiadu Cristnogaeth fel crefydd swyddogol yr Ymerodraeth (ai er gwell ynteu er gwaeth?), ac yn sgil hynny galw'r cyngor ecwmenaidd cyntaf erioed yn Nicea yng ngogledd orllewin Asia Leiaf yn 325, gyda bron dri chant o esgobion yn bresennol a Chystennin ei hun yn llywyddu. Y dasg o'u blaenau oedd penderfynu agwedd yr Eglwys tuag at yr heresi newydd a gysylltir ag enw Arius ynghylch duwdod Crist a natur y Drindod Fendigaid. Mae'n wir mai o blaid y 'gwrthwynebwyr' ac Athanasius, esgob Alecsandria, eu harweinydd y dyfarnwyd, ond pwysicach na hynny mewn gwirionedd oedd i waith y Cyngor dderbyn cefnogaeth ac awdurdod yr ymerawdwr, a'r Eglwys felly mewn ffordd o siarad yn cael ei gwisgo â'r porffor imperialaidd. Ac er na allai neb, wrth gwrs, ragweld canlyniadau'r trafod yn Nicea, yr oedd yr ymerawdwr a'r esgobion y dwthwn hwnnw yn ddiarwybod yn gosod i lawr sylfeini'r Ewrop Gristnogol, a'r byd modern hefyd, am lawer canrif i ddod.

Ymhelaethwyd peth ar y pynciau uchod gan eu bod – er efallai'n anuniongyrchol – yn gefndir i brif fater yr erthygl hon, sef yw hwnnw y trydydd penderfyniad o bwys gan Gystennin. Gŵr o'r Balcanau ydoedd ef, a gwyddai'n burion am y peryglon a fygythiai'r Ymerodraeth ers canrif a hanner, cyfnod Marcus Aurelius yn ail hanner yr ail ganrif. Nid oedd pryder o gwbl amdani o'r Gorllewin, diolch i'r cefnfor mawr diderfyn (h.y. Iwerydd), nac o'r De, a channoedd o filltiroedd o dywod y Sahara rhyngddi a'r anwybod pell. Ond i'r Gogledd, y tu hwnt i'r afon Donwy lle y llechai'r llwythau barbaraidd, ac i'r Dwyrain y tu draw i'r afon Iwffrates, trigfan breniniaethau sinistr a niferus, yr oedd y stori'n wahanol. Sut y gellid diogelu'r Ymerodraeth enfawr hon rhag ymosodiadau o'r cyfeiriadau hynny?

Yr oedd Diocletian gynt wedi sylweddoli y dylai prifddinas yr Ymerodraeth, am resymau strategol, fod rhywle yng nghornel bellaf ddwyreiniol Môr y Canoldir, ger y ffin rhwng Asia ac Ewrop (fel y'u hadnabyddir gennym ni heddiw), ac o wybod

144

hynny fe ddewisodd Cystennin safle'r hen drefedigaeth Roegaidd yn Byzantium, ger y 'fynedfa' i'r Môr Du. Nid oes sicrwydd pa bryd yn union y dechreuwyd ar yr adeiladu – credir mai oddeutu amser Cyngor Nicea yn 325 ydoedd* – ond gwyddys ddarfod trosglwyddo (a lladrata) trysorau lu o bob rhan o'r Ymerodraeth er mwyn addurno'r ddinas newydd. Codwyd plasau moethus, llysoedd cyfraith, eglwysi heirddion a baddondai cyhoeddus a'u tebyg gyda chyflymder anhygoel; ac erbyn Mai'r unfed ar ddeg 330 yr oedd y gwaith wedi'i gwblhau – a Chaergystennin, Rhufain Newydd, wedi'i chodi mewn llai na chwe blynedd.

*   *   *

Bwriad a gobaith Cystennin oedd i'r ddinas newydd fod yn un Gristnogol a Lladinaidd. Fe barhaodd yn Gristnogol, ond mewn dim amser yr oedd Groeg wedi llwyr ddisodli Lladin fel yr iaith swyddogol – a chyffredin. Yn wir, ym marn haneswyr y cyfnod, dyma ddechrau'r ymddieithrio, onid yr elyniaeth, rhwng Groegwr a Rhufeiniwr, ac unoliaeth yr Ymerodraeth maes o law yn ddim ond damcaniaeth ddof a breuddwyd gwrach wrth ei hewyllys. Ymhen llai na chanrif a hanner wedi sefydlu'r ddinas fawr ysblennydd fe gwympodd Rhufain ei hun, y 'Ddinas Dragwyddol', dan ymosodiadau'r Gothiaid, ac ni fu ymerawdwr yn y Gorllewin wedyn am dros dair canrif nes coroni Siarlymaen gan y Pab yn Rhufain ar ddydd Nadolig 800.

Drachefn, ym marn meddylwyr mawr yr oes dywyll honno, a neb llai nag Awstin Sant (354-430) a Jerome (342-420) yn eu plith, yr oedd y byd a'r ddynoliaeth wedi cyrraedd pennod olaf eu bodolaeth, heb fod yna ddim oll ond yr Ymerodraeth Rufeinig – a'i phrifddinas bellach dros wyth can milltir i'r dwyrain – rhyngddynt a'r Anghrist a difodiant llwyr pawb a phopeth. O ystyried y meddylfryd melancolaidd hwn, a oedd ar led yn bur gyffredinol, y mae'n fater o 'ryfeddod a bery'n ddiddarfod' (a benthyca geiriau emyn Morgan Rhys) fod yr Ymerodraeth Ddwyreiniol wedi gwarchod y gwareiddiad

* Yr oedd Nicea ryw ddeugain milltir oddi yno.

Cristnogol am dros fil o flynyddoedd, a hynny mewn byd llawn o elynion, barbaraidd a phaganaidd gan mwyaf: Gothiaid, Slafiaid, Afariaid, Bwlgariaid, Persiaid, Saraseniaid ac eraill. Rhwng Mai 330 a Mai 1453, sef 1123 o flynyddoedd yn fanwl gywir, a hi mewn enw a chefndir yn Rhufeinig ond mewn gwirionedd yn rhannol Roegaidd a rhannol ddwyreiniol, gan oresgyn un argyfwng ar ôl y llall (gellid enwi pla mawr y flwyddyn 542, er enghraifft, yng nghyfnod yr Ymerawdwr Justinian, pan drengodd traean o boblogaeth y ddinas) – er gwaethaf popeth, fe gadwodd Caergystennin safon o wareiddiad a diwylliant a ddisgleiriai fel aur coeth ynghanol tywyllwch enbyd y byd o'i chwmpas.

Cyfeiriwyd yn awr at Justinian a deyrnasodd am gyfnod maith o ddeunaw mlynedd ar hugain (527 – 565), un o nifer bychan dethol mewn hanes a roes enw i'w hoes. Cofir amdano ef heddiw, ymhlith llawer o bethau arbennig a gyflawnodd, fel y gŵr a gomisiynodd adeiladu'r eglwys fyd-enwog Santa Sophia, gyda'i phedair colofn bigfain a'i tho cromennog enfawr; a hefyd am ei gyfraniad nodedig iawn yn systemeiddio cyfraith Rhufain (gwaith a gymerth naw mlynedd i'w gwblhau) i'w throsglwyddo'n etifeddiaeth amhrisiadwy i'r oesau dilynol. Ond y mae yna fesur o ddeuoliaeth ynddo ef fel yn y rhelyw o ddynolryw, oblegid pa fodd, fel esiampl, y gellir deall ei weithred o ddistewi llais athroniaeth Groeg trwy gau drysau athrofa Athen a sefydlwyd gan Plato bron fil o flynyddoedd ynghynt, ac yntau yn ei hen ddyddiau – fel ei wraig brydferth Theodora – yn ymddiddori mwy mewn heresïau a dadleuon diwinyddol nag mewn unrhyw bwnc arall?

Ond i symud ymlaen: o gofio'r holl argyfyngau dros y canrifoedd y cyfeiriwyd atynt eisoes, yn rhyfeloedd, yn warchaeon, yn anhrefn sifil, yn heintiau, etc. a wybu'r ddinas – gan nodi'n arbennig efallai y Pedwerydd Crwsâd (1204) pan anrheithiwyd hi, nid gan Fwslimiaid ond gan luoedd y Gorllewin mewn act o gynddaredd gorffwyll Rhufeinwyr yn erbyn Groegwyr, a'r hanner canrif o ormes Rhufain arni a ddilynodd (hyd 1261) – o gofio'r cyfan hyn a mwy, mae'n syn meddwl bod yr Ymerodraeth Ddwyreiniol wedi goroesi am gyhyd â naw can

146

mlynedd ar ôl Justinian, er nad ydoedd yn y ddwy ganrif olaf hyd ei darostyngiad terfynol ond cysgod o'r mawredd a fu, o ran grym, dylanwad na maint daearyddol. Darfu'r hen ogoniant. A'r farn gyffredinol, am a welwn, yw bod ei chwymp yn anochel. Fel y cynyddai bygythiad yr Ottoman ym mynyddoedd Bithynia draw o ganol y bedwaredd ganrif ar ddeg ymlaen, ofer fu'r apelio taer am gymorth o'r Gorllewin, er cynnig (fel bargen) i'r Eglwys Uniongred ymostwng i awdurdod y Pab yn Rhufain – syniad a oedd yn anathema dirmygus i fwyafrif y boblogaeth. (Yr oedd yr Eglwys yn Rhufain wedi torri cysylltiad ag Eglwys Caergystennin ganol Gorffennaf 1054, yn ymddangosiadol ar fater tarddiad yr Ysbryd Glân. Fel Eglwys Uniongred Groeg y mynnai hi gael ei chydnabod wedyn. Pery'r rhwyg, neu'r siom, o hyd dros naw canrif a hanner yn ddiweddarach.) Ond eto i gyd, er gwaethaf eu sefyllfa, fe barhâi llaweroedd yn obeithiol y dôi gwaredigaeth o rywle, naill ai yn naturiol neu'n oruwchnaturiol.

Fe ddywedir mai dydd Mawrth yw diwrnod mwyaf anlwcus ac annedwydd yr wythnos yng ngwlad Groeg. Ni all pobl y trefi (meddir) egluro paham, ond gŵyr gwerinwyr mai ar ddydd Mawrth, sef Mai 29, 1453, y goresgynnwyd Caergystennin gan filwyr Twrci, a diau y prawf yr ofergoeledd gymaint y loes i ymwybod cenedlaethol y Groegiaid fu colli'r ddinas fawr imperialaidd. Fe ddywedir hefyd, er nad oes sicrwydd ai llythrennol wir y geiriau ai peidio, fod yna fugeiliaid ar fryniau'r wlad hyd yn oed heddiw, bum canrif a hanner wedi'r trychineb, yn dal i byncio galarnadau am y golled fawr. Nid yw'n gwbl ffansïol i gredu ychwaith mai adleisiau o'r cyfnod hwnnw a all fod yn ein dyddiau ni wrth wraidd gwrthwynebiadau llaweroedd yn y Gorllewin i Dwrci ddyfod yn aelod llawn o'r Gymuned Ewropeaidd. Yn araf, araf, y cilia hen ragfarnau.

Yn ddi-os, yr oedd hwn yn un o ddigwyddiadau mwyaf a thristaf y canrifoedd. Yng ngeiriau un llenor o Roegwr : 'Ni bu erioed ac ni bydd fyth amgylchiad gwaeth.' Ymddengys nad oedd neb yn y Gorllewin wedi dychmygu'r fath bosibilrwydd, a'r holl fyd Cristnogol o ganlyniad wedi'i syfrdanu a'i siglo i'w seiliau. Nid anodd yw deall hyn: dyma, wedi'r cyfan, ddiwedd pennod arwrol ac unigryw, yn ymestyn dros fil o flynyddoedd, o dystiolaeth Gristnogol ymhlith miliynau aneirif o ddeiliaid yr Ymerodraeth Rufeinig. Ac nid rhyfedd yw darllen mai ychydig o Roegiaid a fu na bu iddynt rywbryd neu'i gilydd freuddwydio am y dydd pan ddychwelai'r Ymerawdwr Cristnogol, yn ei rwysg a'i rym, i'r porthladd gwych – y Corn Aur – a marchogaeth yn fuddugoliaethus at borth Eglwys y Ddoethineb Sanctaidd, ac ailfeddiannu'r deyrnas.

Priodol yw ystyried pa etifeddiaeth a adawyd i wareiddiad gan Gaergystennin – os bu un o gwbl yn wyneb ei diwedd trasiedïol. Ar un amser fe dybid bod y Dadeni yn yr Eidal, a Fflorens yn neilltuol, yn ganlyniad uniongyrchol ffôedigaeth cannoedd o ysgolheigion a myneich o'r ddinas, fel y dwysâi bygythiad yr Ottoman, gan ddwyn gyda hwy swm enfawr o lawysgrifau gwerthfawr o bob math, gan gynnwys clasuron Oes Aur gwlad Groeg. Ni chredir bod hynny'n fanwl gywir mwyach. Ond, wrth reswm, fe gytuna pawb fod yr ecsodus hwnnw wedi bod yn gyfraniad allweddol ac amhrisiadwy tuag at ddatblygiad y deffro mawr ym myd y meddwl dynol o ganol y bymthegfed ganrif ymlaen. Ni allai fod yn amgen, gan i lu o drysorau cyfnod Plato ac Aristotle ac eraill ddod i'r amlwg wedi bod ynghudd (i Ewrop o leiaf) am yn agos i ddwy fil o flynyddoedd: dyna ffaith anhygoel ynddi'i hun. Ond gan fynd heibio i'r pwnc Ewropeaidd tra diddorol hwnnw, deuwn i ystyried dylanwad Caergystennin y tu hwnt i ffiniau ein cyfandir ni. Un o gymwynasau mwyaf ei chrefydd hi – sef y Gristnogaeth Ddwyreiniol, gwahanol mewn amryw agweddau i'w chymar dan awdurdod y Pab yn Rhufain – oedd gwaith cenhadol Eglwys Uniongred Groeg. Ac yn benodol iawn felly yn troi Rwsia at y ffydd. Yr oedd dau genhadwr Groegaidd o'r ddinas, Cyril a Methodius, ym mlynyddoedd canol y nawfed ganrif wedi cyfieithu'r Ysgrythurau i'r iaith Slafonaidd, a'r cyntaf ohonynt wedi dyfeisio'r wyddor arbennig ar eu cyfer a

148

adweinir fel yr un 'Cyrilig'. O ganlyniad, fe ddewisodd Rwsia y ffydd Uniongred yn hytrach na Chatholig, a phan gofiwn na phrofodd hi na Dadeni na Diwygiad Protestannaidd mewn blynyddoedd i ddod, y mae yma felly dair ffactor o bwys enfawr i egluro, mewn rhan o leiaf, y bwlch diwylliannol sylweddol a fu ers canrifoedd rhwng Rwsia a gwledydd Gorllewin Ewrop. Ac nid bwlch diwylliannol yn unig ychwaith, wrth gwrs. Beth am y cysylltiad rhwng Rwsia a Chaergystennin? Cawn hyn yn weddol fuan ar ôl cwymp y ddinas, gan Rwsiad:

'Syrthiodd yr holl Ymerodraethau Cristnogol, ac yn eu lle fe saif ein Hymerodraeth ni. Dwy Rufain a gwympodd, ond erys y drydedd [h.y. Moscow] ac ni bydd pedwaredd'.

Eto :

'Gan i'r Hen Rufain syrthio oblegid heresi, a chan fod yr ail Rufain sef Caergystennin yn eiddo i'r Twrciaid di-dduw, dy deyrnas fawr di, O! dduwiol Tsar, yw'r Drydedd Rufain. Fe ragora hi mewn ffyddlondeb ar y lleill. Tydi yw'r unig Frenin Cristnogol yn y byd, Pennaeth yr holl Gristnogion ffyddlon...'

Daethpwyd cyn hir i gyfeirio at y wlad fel 'Rwsia Sanctaidd' yn cynrychioli'r delfryd o 'deyrngarwch cyflawn a diamod i'r ffydd draddodiadol'.

Na, yr oedd hwn yn achlysur mawr iawn. Yn fwy na diwedd gwladwriaeth, dyma ddiwedd Rhufain, a dwyn i ben bron ddeuddeg can mlynedd o ymerodraeth Gristnogol yn fater digon pwysig i gyffelybu'r digwyddiad i ddaeargryn. Hyd y diwedd fe'u hystyriai'r dinasyddion yno eu hunain fel Rhufeiniaid, ac am ganrifoedd Santa Sophia oedd yr eglwys Gristnogol fwyaf mewn bod. A *hon* wedi'i throi'n fosg! Ac er ein bod ni yn gallu gweld, o graffu ar ei hanes, bod ei chwymp yn anochel, nid felly y bobl a oedd wedi byw ynddi: yr oedd hon wedi'i bwriadu i barhau am byth, oedd, debyg iawn.

149

Ond beth yn union a ddigwyddodd yn y blynyddoedd olaf? Parhâi crefydd i rannu'r byd Cristnogol ac erbyn diwedd y bedwaredd ganrif ar ddeg yr oedd y Twrciaid mwy neu lai wedi ynysu'r Ymerodraeth Fysantaidd fel nad oedd hi'n fawr ddim o diroedd ond Caergystennin, Salonica a'r Morea. Yn 1439 gwnaed ymgais arall gan yr Ymerawdwr John VIII i ddenu cymorth o'r Gorllewin trwy iddo ymweld â'r Cyngor Ecwmenaidd yn Fflorens; yno derbyniodd undeb â Rhufain, a chydnabod mai'r Pab oedd yn goruwchreoli. Ymlawenhaodd y Gorllewin, a chanwyd clychau'r holl eglwysi plwyfol drwy Brydain. Ond ffromi a wnaeth y Dwyrain Uniongred, oblegid yr oedd fformiwla'r Cyngor yn rhedeg yn gwbl groes i'w draddodiad – awdurdod y Pab, cydraddoldeb yr esgobion, defodaeth a dogma. Gwrthododd y clerigwyr Groegaidd mwyaf dylanwadol fynd i'r Cyngor, ond am y nifer mawr a aeth, fe arwyddodd pawb ond un ohonynt hwy y cytundeb i uno. Er hynny, fe ailfeddyliodd nifer wedi iddynt gyrraedd adref yn ôl. Gwell fyddai ganddynt hwy wedi'r cyfan weld awdurdod y twrban Twrciaidd yng Nghaergystennin na'r goron Ladinaidd: gweithred o wrthgilio fyddai ymddarostwng i'r Pab i'r mwyafrif o Roegiaid, a gwadu'r wir Eglwys yr oedd Uniongrededd wedi'i diogelu.

Sut bynnag, cyn nos y Mawrth olaf o Fai y flwyddyn honno, 1453, yr oedd yr Ymerodraeth Ddwyreiniol Fysantaidd wedi dod i ben, yr Ymerawdwr olaf, Cystennin XI, wedi trengi'n ddewr ac anrhydeddus yn ymladd dros ei ddinas, a'r Swltan Mwhamad II, ar ôl cyhoeddi mai mosg fyddai Eglwys y Ddoethineb Sanctaidd, Santa Sofia, mwyach, yn arwain ei ddilynwyr ynddi yn y gweddïau Mwslemaidd cyntaf.

THOMAS CRANMER
ARCHESGOB, LLENOR, MERTHYR

Ysgrifennwyd llawer o lyfrau yn ail hanner yr ugeinfed ganrif yn ymdrin â'r cysylltiad rhwng iechyd y ddynoliaeth mewn gwahanol gyfnodau a chwrs ei hanes. Nid ffaith i ryfeddu ati mo hyn, wrth gwrs – y rhyfeddod yw mai pwnc ydyw a esgeuluswyd yn fawr yn y gorffennol – oblegid rhywbeth i'w ddisgwyl yn nhrefn naturiol bywyd yw bod cyflwr corfforol a meddyliol dyn yn rhwym o benderfynu i raddau go helaeth, nid yn unig ei rawd a'i dynged ef ei hun, a'r eiddo'i deulu i ryw fesur, ond rhawd a thynged y gymdeithas hefyd efallai, os yw'r person yn dal, dyweder, swydd go allweddol o gyfrifoldeb ac awdurdod mewn llywodraeth neu ddiwydiant. Gellid rhestru llu o enghreifftiau felly o'r gorffennol, ac yn arbennig yr heintiau a'r plâu a achosodd alanas a thrychineb, a chipio bywydau miliynau o drigolion yn eu sgil. Un o esiamplau enwocaf yr hen fyd oedd yr haint yn Athen yr Oes Aur, 'Oes (ryfeddol) Pericles' ys gelwir hi, ym mlynyddoedd olaf y bumed ganrif cyn Crist (429), gan amddifadu'r ddinas o'r arweinydd ac areithydd mawr ei hun a sawl aelod o'i deulu, ymhlith rhai miloedd o'i gyd-Atheniaid. Dichon y gŵyr pob plentyn o'r dosbarth hanes yn yr ysgol am y Pla Du dychrynllyd a ysgubodd ymaith drydedd ran o boblogaeth Ewrop ym mlynyddoedd canol y bedwaredd ganrif ar ddeg, a hefyd yr haint a drawodd Lundain yn chwedegau'r ail ganrif ar bymtheg.

Diddorol – a thrist – yw olrhain rhai o ganlyniadau rhyw haint neu bla neu'i gilydd, yn enwedig os bu cyfryw ohonynt yn dyngedfennol neu drasïedïol i genedl, neu genhedloedd, cyfan. Yn awr, un o'r heintiau mwyaf erch a fu ym Mhrydain erioed oedd 'salwch y chwysu' ys gelwir, a ymwelodd â'r wlad nifer o weithiau rhwng 1485 (nid oes sicrwydd a oedd a wnelai hynny â Brwydr Maes Bosworth ai peidio) a 1551. Rhagflaenid yr ymweliad bron yn ddieithriad gan gynhaeaf gwael ac achosai farwoldeb uchel. Wedi 1551 fe ddiflannodd yn llwyr – ac anesboniadwy. Yr ymweliad enbytaf yn ôl pob hanes oedd un 1528-9, yn dilyn cynhaeaf drwg 1527. Yn wrthgyferbyniol i'r pla fe ymosodai'r haint hwn yn fwy ar y dosbarth cyfoethog a phorthiannus nag ar y tlawd a'r newynog, ond am a wyddys ni chafwyd erioed esboniad ar y nodwedd yna ohono. Nid anodd yw dychmygu y ceid rhyw foddhad a gwên sardonig ymhlith dosbarthiadau isaf y gymdeithas ynglŷn â hynny, er mai go brin y mynegid eu syniadau mewn print – sef mai oferedd steil bywyd y cyfoethogion a oedd i gyfrif am yr adwyth!

Ond sut bynnag, fe ddaw hynyna'n fwy credadwy wrth nodi peth sydd yn ffaith hanesyddol, mai un o'r mannau gwaethaf ym Mhrydain i deimlo effeithiau adfydus 'salwch y chwysu' oedd Caergrawnt, canolfan dysg a chyrchfan ysgolheigion lawer o bell ac agos, ac yno ar y pryd yng Ngholeg Iesu (lle y buasai'n fyfyriwr, astudio am ei ddoethuriaeth, a dod yn Gymrawd) yn darlithio mewn diwinyddiaeth ac yn arholydd cyhoeddus yn y pwnc i'r brifysgol, yr oedd y gŵr a ddaeth mewn rhai blynyddoedd yn un o ffigurau enwocaf Prydain ac Ewrop, Thomas Cranmer. Ym mis Awst 1529, er mwyn osgoi'r haint, fe adawodd Gaergrawnt gyda dau o'i ddisgyblion o'r enw Cressy, perthnasau iddo ar ochr eu mam, i aros am gyfnod byr yn eu cartref yn Waltham yn Essex, oddeutu pymtheng milltir i'r gogledd o Lundain. Fel y digwyddodd, yr oedd dau aelod blaenllaw o lys y brenin, Harri'r Wythfed, yn lletya yno yr un pryd, sef Stephen Gardiner, esgob Caerwynt yn nes ymlaen, ac Edward Foxe, a ddaeth yn esgob Henffordd – y ddau yn adnabod Cranmer yn dda. Beth mwy naturiol nag i'r tri, un gyda'r nos, drafod problem losg y dyddiau hynny, sef mater ysgariad y brenin a'i briod Catherine o Aragon? Cyn lleied y dychmygai Cranmer y byddai'r sgwrs-wedi-cinio honno ger Abaty enwog Waltham Cross yn profi'n drobwynt creiddiol yn ei fywyd, oherwydd fe arweiniodd yr achlysur yr ysgolor prifysgol maes o law i fyd diplomyddiaeth a gwleidyddiaeth, i swydd archesgob – ac yn y diwedd i'w ferthyrdod!

Ei awgrym ef i'r ddau brif gwnsler brenhinol oedd gofyn i brifysgolion Prydain ac Ewrop ddeddfu bod priodas Harri â Catherine yn anghyfreithlon gan mai gweddw diweddar frawd Harri (Arthur) ydoedd hi (yr hyn nas caniatéid yr adeg honno). Gan mai plant yn eu harddegau cynnar oedd Arthur a Catherine pan briodwyd hwy, nid oedd sicrwydd a oedd yr uniad wedi'i 'gyflawni' ai peidio – ac felly alluogi'r llysoedd eglwysig arferol i gyhoeddi'r briodas yn ddi-rym heb orfod apelio at Rufain a'r Pab – a'r brenin wedyn yn rhydd i briodi Anne Boleyn. Pan adroddwyd hyn oll i Harri gan Gardiner a Foxe, yr oedd y brenin wrth ei fodd, a rhoes orchymyn ar unwaith i Cranmer fwrw ymlaen â'i gynllun, a lwyddodd fel sy'n hysbys.

Hyd yma yr oedd Cranmer wedi byw'n hynod dawel a digynnwrf, ei deulu o swydd Lincoln, er mai dros y ffin yn swydd Nottingham y ganed ef, yn nyffryn prydferth a thoreithiog Belvoir, gan ei amlygu'i hun yn gynnar fel marchog deheuig, ac yn fedrus am saethu, hela a heboga. Ni châi lawer o bleser yn yr ysgol na'r coleg, ond oddeutu'r adeg y graddiodd fe ddechreuodd ddarllen yn ddifrif ac eang. Pan ddaeth y gŵr mawr a'r dyneiddiwr Erasmus drosodd o'r cyfandir i ddarlithio yng Nghaergrawnt, fe ddylanwadwyd yn ddwfn ar Cranmer, fel ar lu eraill o'i gyfoeswyr, gan syniadau'r Ddysg Newydd – yn ogystal â chan ysgrifeniadau diwinyddol Martin Luther.

Mae'n weddol amlwg mai gŵr hytrach yn swil a gwylaidd ydoedd ef yn ôl pob hanes, heb feddu uchelgais o fath yn y byd. Casâi amlygrwydd yn sicr ddigon; carai'r encilion. Gwnaeth enw iddo'i hun fel ysgolhaig, a phwyswyd arno un tro gan Cardinal Wolsey i dderbyn swydd bwysig yn adran ddiwinyddol y coleg newydd a sefydlwyd gan Wolsey yn Rhydychen, sef Coleg Crist, ond gwrthod yr anrhydedd a wnaeth. Ymddengys na charai waith gweinyddol: pori yn ei lyfrau oedd ei brif ddiddordeb a dywedir bod ganddo un o'r llyfrgelloedd personol gorau yn y byd academaidd yn ei gyfnod.

A'r pwynt arbennig i'w bwysleisio yn y fan hon yw iddo fynegi droeon na ddisgwyliai ac na chwenychai fod yn archesgob. Tua'r adeg yma hefyd yr oedd wedi priodi am yr eildro (collasai ei wraig gyntaf ar enedigaeth plentyn) ac yr oedd rhagfarn gref mewn rhai cylchoedd yn erbyn i glerigwyr briodi. Ond y ffaith yw iddo'i gael ei hun, fis Awst 1532, yn y sefyllfa o'r archesgobaeth yn cael ei gorfodi arno pan fu farw William Warham yn y swydd. Dengys yr hanes yn eglur i'r brenin Harri, gymaint oedd ei feddwl a'i edmygedd o Cranmer, a chymaint ei ffydd yn ei farn a'i ddibyniant arni, fod ers blynyddoedd yn benderfynol o'i gael yn Archesgob Caergaint. A chwarae teg i Harri, nid cymorth yn ei helbulon priodasol yn unig a gyfrifai am hynny.

Ond fe ystyriai Cranmer – a dyma gred nifer o haneswyr y cyfnod – nid yn syml nad swydd i'w chwenychu mo'r archesgobaeth, ond y byddai mewn amser, wedi marwolaeth Harri, yn un eithriadol beryglus. Peryglus? Paham felly? Oherwydd y sicrwydd, mwy neu lai, y deuai Mari'r Babyddes danbaid, merch Catherine o Aragon, i'r orsedd maes o law. Ni ddisgwylid i Edward, yr etifedd eglur, unig fab Harri gan ei drydedd wraig Jane Seymour, a oedd yn blentyn bychan eiddil a gwanllyd, fyw yn hir – fel yn wir y digwyddodd: bu farw'n bymtheg oed yn 1553 wedi prin chwe blynedd ar yr orsedd fel Edward y Chweched. A chan fod Cranmer yn fwy cyfrifol na neb am ddiddymu priodas Catherine â Harri, gan wneud Mari felly yn blentyn anghyfreithlon, nid anodd yw synio'r chwerwedd a deimlai hi tuag ato: adwaith greddfol cwbl naturiol fel y cytunir.

Sut bynnag, Harri a orfu ynglŷn â Chaergaint, er i Cranmer oedi derbyn y swydd am gyhyd â saith wythnos yn y gobaith y newidiai'r brenin ei feddwl. Ond ildio fu rhaid iddo. Ac y mae'n hawdd dychmygu amdano, druan ŵr, bedair blynedd ar hugain yn ddiweddarach yn sgwâr Rhydychen, rai misoedd yn dilyn ei gyd-Gristnogion dewr, Latimer, Ridley a Hooper, yn chwerw edifeiriol am a wnaeth fel y lapiai fflamau ysol-greulon y stanc amdano yntau fel y tri arall o'i flaen. Ond yn y cyfamser, er mawr-a-bythol ddiolchgarwch gan filiynau o Gristnogion byth wedyn, yr oedd i gyflawni gwaith mawr ei fywyd, pwysicach o safbwynt y cenedlaethau i ddod na bod yn rhyw offeryn defnyddiol at wasanaeth y brenin yn ôl y galw. A hynny a fu heb amheuaeth, i'r diwedd un, oblegid pan oedd Harri ar ei wely angau yn Ionawr 1547, ni fynnai weld neb ond ei gyfaill o Archesgob, ac yr oedd yn gafael yn gadarn yn ei law wrth dynnu'i anadl olaf. Teimlodd Cranmer ei golli i'r byw, a dywedir iddo adael i'w farf dyfu wedyn a pheidio ag eillio byth mwy fel arwydd o alar a pharch.

*   *   *

Beth felly am 'waith mawr' y cyfeiriwyd ato? Gan basio heibio i'w ran ymhellach ym mhroblemau priodasol niferus Harri – nad ydoedd mor amlwg nac mor allweddol o bell ffordd ag yn achos Catherine – nid gormodiaith fyddai honni mai enw Thomas Cranmer yw'r un mwyaf nodedig oll i'w gysylltu â chyfnod y Diwygiad Protestannaidd yn Lloegr.

Yr agwedd bwysicaf efallai, ar yr ochr grefyddol a diwinyddol i'w genhadaeth (canys dyna ydoedd), yn fwy na'r un wleidyddol, oedd ei awydd dwfn drwy gydol ei yrfa i ddwyn y Beibl i gyrraedd y bobl gyffredin yn yr iaith frodorol, i gymryd lle'r Fwlgat, y trosiad Lladin gan Jerome: pob parch i hwnnw, gwaith gorchestol ond annealladwy i'r werin. Mae'n wir bod dyled Cranmer yn drom i'r brenin, a oedd yn ddiwinydd pur dda ei hunan ac yn ŵr tra galluog mewn sawl cyfeiriad (cerddoriaeth, er enghraifft): cyn diwedd ei oes, trwy ddylanwad ei wraig olaf Catherine Parr, yr oedd Harri wedi cyhoeddi 'gorchymyn brenhinol' i sicrhau bod copi o'r 'Beibl Mawr' – seiliedig i raddau helaeth ar gyfieithiad melodaidd William Tyndale – yn holl eglwysi'r deyrnas, o fewn cyrraedd pawb, mewn lle cyfleus i'w ddarllen – a'r rhagair, gyda llaw, yn waith Cranmer ei hun. Paradocs mawr y brenin hwn, wrth gwrs, oedd mai dyma'r gŵr a yrrodd Lutheriaid i'r stanc am heresi a Phabyddion i'r crocbren am deyrnfradwriaeth.

Ond i ddychwelyd at Cranmer: ar ôl 1547, drwy gyfnod brenhiniaeth chwe blynedd y bachgen Edward y Chweched, a chyn amser 'gofid a gwae' (o safbwynt Protestaniaid) y frenhines Mari o 1553 ymlaen (hyd 1558), fe roes yr Archesgob ffrwyn a chwmpas cyflawn i'w alluoedd meddyliol disglair. Yn herwydd ei ddysg enfawr a'i ddawn lenyddol ddillyn, ynghyd â'i dduwioldeb digwestiwn, fe roes i'r byd yr hyn a ddisgrifiwyd gan un ysgolhaig diweddar fel 'y ffurfwasanaeth Cristnogol prydferthaf erioed', sef y Llyfr Gweddi Gyffredin. Daeth y fersiwn cyntaf allan yn 1549, a'i wneud, gyda'r Ddeddf Unffurfiaeth gyntaf, yn unig ffurf gyfreithiol o addoliad drwy'r deyrnas, a chafwyd fersiwn diwygiedig ynghlwm â'r ail Ddeddf Unffurfiaeth yn 1552. (Dylid nodi'n fyr iawn i'r tair blynedd rhwng y ddau fersiwn fod yn rhai stormus anghyffredin oherwydd yr anghydwelediad rhwng yr elfen Babyddol a'r un Brotestannaidd ar draws y wlad ynghylch geirfa ac ymadroddion rhannau o'r Llyfr. Prif asgwrn y gynnen fel y gellid disgwyl oedd pwnc y traws-sylweddiad yn yr Offeren, neu'r Cymun – a bu dadlau chwyrn ar y ddau air yna hefyd. Bu terfysg mewn nifer o ardaloedd, yn enwedig yn Nyfnaint a Chernyw, a galw ar y fyddin i adfer trefn, ac y mae fersiwn 1552 yn frith o newidiadau gan Cranmer, megis athrywyn rhwng y pleidiau, fel ymdrech i gymrodeddu a dwyn cymod.)

Beth am y Llyfr Gweddi ei hun? Yn sicr ni ellid bod wedi ei gynhyrchu ond gan rywun a ystyriai addoliad fel gweithred aruchelaf oll y bersonoliaeth ddynol. Rhaid oedd wrth wybodaeth drylwyr, nid yn unig o'r Beibl, ond o hen litwrgïau a'r tadau eglwysig. Ymhellach, yr oedd angen clust sensitif i deithi'r iaith ac i amryfal ystyron geiriau. Bu'n fodel byth er hynny o'r hyn y dylai llyfr o'r math yma fod, ac yn wir fe fu felly i lawer arbrawf o fewn ac o'r tu allan i'r Cymundeb Anglicanaidd drwy'r byd achlân. Dylid nodi mai o'r 'Beibl Mawr' y soniwyd amdano eisoes y cymerodd Cranmer fersiwn y Llyfr Gweddi o'r Sallwyr, ac yn ôl a ddeallwn nid dewisol yw gan gymunwyr yn gyffredinol ledled y byd glywed darllen y salmau mewn unrhyw fersiwn arall – hyd yn oed y Beibl Saesneg Newydd! (Nid amhriodol efallai yw awgrymu cyfatebiaeth yma yng Nghymru i'r ffaith mai o Feibl William Morgan y dewiswyd y Salmau a gynhwysir ar ddiwedd y casgliad emynau 'Caneuon Ffydd'.) Yn 1931 fe roddwyd

156

canmoliaeth gyffredinol i fywgraffiad o Cranmer o waith y llenor adnabyddus Hilaire Belloc. Er mai Pabydd oedd ef, yn ddiau yn caru Saesneg gloyw yn fwy nag y carai Cranmer, prin y gellid meddwl am ragorach teyrnged i'r Llyfr Gweddi nag a geir yn y paragraff cyfoethog canlynol, yn cydnabod yn raslon ansawdd nodedig gwaith y mae ei apêl wedi parhau'n ddileihad am bedair canrif a hanner:

'Drwy'r Litani, a ddaeth o'i law ef, drwy'r Colectau, drwy'r Rhageiriau [o waith Cranmer i gyd], drwy fiwsig ysblennydd y gweddïau arbennig, yn bennaf o'i ddyfeisgarwch ef, fe roes rym i'r grefydd sefydledig newydd na allai byth fod wedi deillio o unrhyw ffynhonnell arall. Daeth hwn i ddisodli'r Lladin nobl ar yr hyn y ffurfiwyd enaid Ewrop am ragor na mil o flynyddoedd, a rhoi i Eglwys Loegr drysor, a thrwy ddylanwad esthetig hwnnw yn fwy na dim arall y cadwyd ei hysbryd hi yn fyw a'i chlymu wrth galonnau dynion'.

Yn dilyn cyhoeddi'r ail fersiwn – a'r holl newidiadau y cyfeiriwyd atynt yn gogwyddo'n ddigamsyniol tuag at y Brotestaniaeth eithafol a oedd ar y pryd yn 'ymgartrefu' yng Ngenefa – fe gyhoeddwyd y 'Deugain-a-Dwy Erthygl am Grefydd', ac er eu cwtogi, o dair, ddeuddeng mlynedd yn ddiweddarach yng nghyfnod Elisabeth, i ddeugain namyn un, fe bery'r rhain hyd y dydd hwn fel safon ffurfiol athrawiaeth yn Eglwys Loegr. Nid dyma'r lle i ymhelaethu ar y deddfau eglwysig niferus a luniwyd yr un amser i gymryd lle Cyfraith Ganonaidd yr Eglwys Gatholig – deddfau sydd, lawer ohonynt, yn ein syfrdanu ni yn yr oes 'oddefol' hon am eu llymder, megis dedfryd o garchar am beidio â defnyddio'r litwrgi newydd neu esgeuluso mynd i'r eglwys, a charchar gwaeth neu alltudiaeth o'r wlad am gabledd neu heresi neu odineb, ac esgymuno o'r Cymun yn golygu datgysylltu'r tramgwyddwr yn llwyr oddi wrth drugaredd Duw a'i draddodi i ddwylo'r diafol! Mewn cymhariaeth, distadl iawn ydoedd deddfu i chwalu'r allorau cerrig o blaid byrddau pren a'u dodi ynghanol yr eglwys! Ond rhaid gochel rhag creu camargraff – prif werth y chwyldro crefyddol hwn yng nghyfnod Thomas Cranmer oedd, nid cyfnewid credoau, yn gymaint â deffro'r ysbryd newydd o ymholi ac ymchwilio, a'r rhyddid meddwl a thrafod a ddeilliodd o'r cyfan, er nad oedd pobl yr oes honno eu hunain yn ymwybodol o'r peth: nyni, gan edrych o bell, sy'n ddoeth wedi'r digwydd.

Rhwng popeth – diwygio'r litwrgi, dinistrio delwau ofergoelus wrth y miloedd, cael gwared o'r hyn a alwai ef yn 'ormes Rhufain' – chwe blynedd teyrnasiad Edward oedd oes aur Cranmer, a'i obaith yn ddiau oedd cael mwynhau amser tawelach a hapusach ar ôl hyn: canolbwyntio ar bregethu, cael bod hefo'i lyfrau, gwahodd cyfeillion o'r byd academaidd ar y cyfandir i ddarlithio ac i gynadledda ar bynciau diwinyddol, ac yn y blaen. Ysywaeth, fe ddug marwolaeth Edward yn 1553 newid mawr ac arswydus yn ei sgil i'r Archesgob. Dyma dröad y llanw yn ei hanes. Fe'i cafodd ei hun yn ddiarwybod bron ynghanol yr ymgais i osod merch ieuanc ddeunaw oed, Jane Grey, ar yr orsedd. Ni chytunai â'i hawl hi i'r frenhiniaeth, ond yr oedd Edward wedi cael ei berswadio i'w henwi hi yn ei ewyllys i'w olynu ef – yn hytrach na'i hanner chwaer Mari. Ac yn unol â'i bolisi o ymostwng i awdurdod, fe anogwyd Cranmer i gefnogi hynny. Fel sydd yn hysbys, difreiniwyd Jane Grey wedi naw diwrnod ar yr orsedd, fe'i carcharwyd ac fe'i dienyddiwyd, hi a'i gŵr ac aelodau eraill o deulu Dug Northumberland. Coronwyd Mari, a charcharwyd Cranmer ymhlith nifer o'i gyfoedion yn y Tŵr enwog yn Llundain ar gyhuddiad o frad. Ni fynnwyd y gosb eithaf yn yr achos hwn, ac fe fu cryn bendroni paham ymhlith haneswyr y cyfnod. Fe ddichon mai'r eglurhad yw bod rhywbeth mwy difrifol na brad (hyd yn oed) yng ngolwg Mari, sef heresi. Gallai faddau sarhad personol, fe ymddengys, yn haws o lawer na gelyniaeth tuag at y ffydd a oedd mor agos at ei chalon hi, a phwysicach ganddi na dedfrydu Cranmer a'i debyg i farwolaeth oedd eu cael i ddatbroffesu'r Ffydd Newydd a dychwelyd i rengoedd yr Hen. Er mawr siom i'w edmygwyr, dyna a wnaeth Cranmer, ac fe'i gwarthnodwyd am lwfrdra dros y blynyddoedd. Ond nid dyn llwfr mohono: y mae digon o enghreifftiau yn ei hanes i'r gwrthwyneb. Ac felly, teg yw gofyn paham y datbroffesodd?

158

Y mae cryn wahaniaeth barn ar y pwnc ymhlith yr arbenigwyr, gan ddibynnu, fel y disgwyliem, i ba garfan grefyddol neu wleidyddol y perthyn y beirniad. Yr oedd un mater pwysig iawn, i bob golwg, yn llywio penderfyniadau Cranmer drwy gydol ei yrfa 'gyhoeddus', sef ei farn ar broblem gymhleth y berthynas briodol rhwng eglwys a gwladwriaeth. Dyma drosiad rhydd o'i eiriau ef ei hun i ddangos y prif syniad gweithredol:

'Y mae tywysogion Cristnogol i gyd yn derbyn yn uniongyrchol oddi wrth Dduw y gwaith o ofalu'n gyfan gwbl am eu holl ddeiliaid, nid yn unig ynglŷn â gweinyddu gair Duw er iachâd eneidiau, ond yn ogystal, gweinyddu materion gwleidyddol a llywodraeth sifil; ac yn y naill a'r llall rhaid bod ganddynt amryfal weinidogion otanynt i gyflenwi'r hyn a ymddiriedir i'w gwahanol swyddau.'

Pan gofir nad oedd yna yr un syniad yn yr unfed ganrif ar bymtheg am frenhiniaeth gyfansoddiadol ond yn hytrach un absoliwt, a bod ufudd-dod i'r goron yn hollol oblygedig gan bawb yn ddiwahân, yr oedd yn glir fod hawl gan y brenin i ddeddfu mewn materion crefyddol yn ogystal â rhai seciwlar. Rhaid felly oedd ufuddhau er anghytuno – neu wynebu'r canlyniadau. Dyma'r ddadl, fe deimlir, a benderfynai ymddygiad Cranmer, a rhaid cydymdeimlo ag ef yn ei wewyr meddwl o orfod gwadu popeth a safasai drosto yn ei flynyddoedd o wasanaeth i'w eglwys ac i'w wlad. Mari oedd yn teyrnasu bellach, ac fe fynnai hi gan yr Archesgob gydnabod pwerau ac athrawiaethau yr oedd ef hyd hynny wedi'u gwrthod. Dan bwysau dychrynllyd fe ufuddhaodd, ond pan welai nad arbedid ei fywyd, gwrthododd fynd i'w dranc gyda chelwydd ar ei wefusau. Datgelodd yn ei funudau olaf yr hyn y daliai i'w gredu oedd yn wirionedd, a dywedir iddo roi ei law dde yn y fflamau wrth y stanc yn Rhydychen i'w llosgi hi yn gyntaf fel y llaw a arwyddodd y chwe dogfen o ddatbroffes trwy orchymyn y frenhines.

Bu Mari Tudur farw yn 1558, a daeth yr erlid i ben gyda thros dri chant o bobl wedi dioddef y farwolaeth erchyll o'u llosgi'n fyw. Clerigwyr oedd tua chant ohonynt, Thomas Cranmer yr enwocaf, a thua thrigain yn ferched.

Beth, yn awr, yw ein dyfarniad terfynol am Thomas Cranmer? Efallai ei bod yn gywir dweud bod mwy o amrywiaeth barn ynghylch y gŵr hwn nag odid un gŵr arall yn hanes y Deyrnas Unedig. Gwrandawn yn y munud ar eiriau olaf ei anerchiad i'r dorf yn eglwys y Santes Fair yn Rhydychen ar ei ffordd i'r stanc. Yr oedd y gynulleidfa'n gwbl dawel, a than gryn deimlad fe ddywedwyd. Hawdd credu hynny. Onid oeddent ar fin bod yn dystion i ddienyddiad olynydd Awstin Sant a Thomas à Becket yn yr ail archesgobaeth o ran statws a phwysigrwydd yn holl Wledydd Cred y Gorllewin? Ef yn anad neb a gynrychiolai'r chwyldro crefyddol a oedd wedi ysgubo dros y tir , er gwell ac er gwaeth, dros gyfnod o chwarter canrif. Ei wyneb ef, ochr yn ochr â Harri'r Wythfed a Thomas Cromwell, a welid yn yr wynebddarlun ar ddechrau'r Beibl Mawr. Ef oedd yn gyfrifol yn gyfan gwbl am lywio a lliwio cymeriad y mudiad Protestannaidd, a'i lais ef a glywid ar y Saboth yn acenion soniarus iaith odidog y Llyfr Gweddi Gyffredin. Meddyliau fel yna, yn ddiamau, a achosai fudandod dwys y dorf yn Rhydychen y bore hwnnw o wanwyn 1556 wrth i'r Archesgob saith a thrigain oed gloi ei anerchiad fel hyn:

'Yn awr dof at y peth mawr sy'n blino fy nghydwybod yn fwy na dim arall a ddywedais ac a wnes yn fy mywyd, a dyna yw hynny yr ysgrifeniadau o'm gwaith a oedd yn groes i'r gwirionedd; y rheini yr wyf yn awr yn eu gwadu a'u gwrthod fel pethau a ysgrifennodd fy llaw yn groes i'r gwirionedd a gredwn yn fy nghalon, ac a ysgrifennwyd mewn ofn o farwolaeth i achub fy mywyd, os felly y byddai. Ac oherwydd i'm llaw droseddu trwy ysgrifennu'n groes i'm calon, fy llaw gaiff ei chosbi gyntaf; canys os i'r tân y dof fi, hi a losgir gyntaf.'

Pan gyrhaeddodd y stanc, cododd ei law i'w dangos i'r dorf, a dweud eilwaith, 'Dyma'r llaw a'i 'sgrifennodd, felly hi a gosbir gyntaf.' A gwthiodd y llaw yn eofn i ganol y fflamau, ac yn ôl yr adroddiad swyddogol, 'ni syflodd na llefain' nes iddo drengi.

160

Y DIPLOMYDD

Bythefnos cyn y Nadolig, Rhagfyr 10, 1513, mewn ffermdy cyffredin yn Sant Andrea, ychydig filltiroedd i'r de o Fflorens yn yr Eidal, fe ysgrifennwyd llythyr at ŵr o'r enw Francesco Vettori, llysgennad Fflorens yn Rhufain. Yr oedd hyn dros dair canrif a hanner cyn i'r Eidal (yn 1870) ddod yn un wladwriaeth. Nifer o ddinasoedd annibynnol oedd y wlad. Yn y llythyr fe ddisgrifia'r awdur sut y treuliai ei ddiwrnod: codi gyda'r haul, cerdded o amgylch ei ystad fechan â llyfr dan ei gesail, sgwrsio â'r gweithwyr a gyflogai; treulio'r prynhawn yn y dafarn leol yn chwarae cardiau a dis gyda rhai o'r pentrefwyr. Yna y mae'r awyrgylch yn newid : 'Pan ddaw'r hwyrnos, dychwelaf adref a mynd i'm stydi. Ar ei throthwy diosgaf ddillad lleidiog a chwyslyd y dydd, a gwisgo mentyll y llys a'r palas, ac yn y dillad crand hynny dychmygaf fynd i mewn i lysoedd hynafol y cewri gynt a chael croeso ganddynt. Ac yno caf flasu'r bwyd sy'n eiddo i mi'n unig – ac i'r hwn y'm ganed. Yno mentraf eu cyfarch a'u holi am gymhellion eu gweithredoedd, ac maent hwythau, yn ôl eu dynoliaeth, yn f'ateb. Ac am ysbaid o bedair awr fe anghofiaf y byd, heb gofio unrhyw ofid, heb ofni dim tlodi, heb grynu mwy am farwolaeth; ymgollaf yn eu byd hwy. Ac fel y dywed Dante na ellir dim dealltwriaeth heb i'r cof gadw'r hyn a glywodd, fe ysgrifennais i lawr yr hyn a elwais oddi wrth eu sgwrsio, a chyfansoddi gwaith bychan "De Principatibus", ynddo'n treiddio cyn ddyfned ag y gallaf i'r syniadau am y pwnc hwn, gan drafod natur teyrnasiad tywysogaidd, y ffurfiau a gymer, sut y meddiennir hwy, sut mae dal gafael ynddynt, a phaham y collir hwy.'

Ystyrir hwn fel un o'r llythyrau enwocaf erioed i gael ei ysgrifennu gan Eidalwr, a'r awdur, cyfaill i Francesco Vettori, oedd Niccolò Machiavelli, 44 oed, a gollasai ei swydd flwyddyn ynghynt yn un o adrannau pwysicaf llywodraeth Fflorens, sef adran materion diplomyddol a milwrol. Amlygir yn y llythyr ddiflastod yr awdur yn ei neilltuaeth orfodol, ar ôl bod ynghanol bwrlwm a phrysurdeb y bywyd dinesig am bron bymtheng mlynedd.

Ganesid ef yn Fflorens ar Fai 3,1469, ei dad yn gyfreithiwr yn perthyn i hen deulu ac yn weddol gyfforddus ei fyd. Dyma 'Oes Aur' diwylliant Fflorens, yng nghyfnod Lorenzo ('the Magnificent'). Pan oedd Niccolò yn bump ar hugain oed, fe arweiniodd brenin Ffrainc (Siarl VIII) ei fyddin i mewn i'r Eidal i bwyso'i hawl i orsedd Naples, a dyna ddechrau cyfnod o drigain mlynedd o ymrafael rhwng Ffrainc a Sbaen yn yr hyn a elwir yn Rhyfeloedd Eidalaidd. Canlyniad hynny yn 1494 fu diraddio Fflorens fel grym gwleidyddol dan fawd y Sbaenwyr, alltudio'r Medici a rhwyddhau'r ffordd i sefydlu gweriniaeth effeithiol a barhaodd am ddeunaw mlynedd.

Yn 1498, ac yntau bron yn ddeg ar hugain oed, penodwyd Machiavelli yn Ysgrifennydd a Dirprwy Ganghellor yn y weriniaeth, a dod mewn gwirionedd yn un o brif weision sifil y llywodraeth, yn gwasanaethu pwyllgorau sefydlog yr awdurdod dinesig. Golygai fod ganddo gyfrifoldebau diplomyddol, teithiai lawer iawn – a chadwodd ei lygaid yn agored. Dyma'r cyfnod pryd y daeth diplomyddiaeth i fodolaeth gyntaf oll – yr oedd Gweriniaeth Fflorens mewn cysylltiad di-baid â'r gwladwriaethau Eidalaidd eraill, yn ogystal â'r pwerau mawr, Sbaen, Ffrainc a'r Ymerodraeth. Bu Machiavelli am gyfnod yn Ffrainc yn 1500 yn gweld y Brenin Louis, cyfarfu â Cesare Borgia yn 1502, ymwelodd â Rhufain yn 1503, cyfarfu â'r Pab Julius II yn 1506 a'r Ymerawdwr Maximilian yn 1507. Yn ei lythyrau a'i sylwebaethau swyddogol yn y cyfnod prysur hwn, ceir y syniadau – wedi'u sylfaenu ar ei sylwgarwch craff – a ddatblygodd maes o law yn ei brif weithiau llenyddol. Yn arbennig, amlygwyd ei ddawn i ddeall hinsawdd wleidyddol y gwledydd yr ymwelsai â hwy.

Yr oedd y grym gwleidyddol yn yr Eidal yng nghyfnod y Dadeni wedi'i ganolbwyntio yn y dinas-wladwriaethau, y 'city states'. Y rhai pwysicaf o'r rhain oedd Milan a Fenis yn y gogledd, Fflorens yn y canolbarth, a Rhufain a Naples tua'r de. Yn y dinasoedd hyn, y tair cyntaf a enwyd yn arbennig, daeth cynnal y wladwriaeth yn gelfyddyd, gan ymysgwyd yn rhydd oddi wrth awdurdod (gormesol) yr eglwys. Yn wir, yn yr ymrafael rhwng y dinas-wladwriaethau fe drawsnewidiwyd y Babaeth yn rym seciwlar. Fe amrywiai y dull o lywodraethu o oligarchiaeth yn Fenis, i frenhiniaeth yn Naples a democratiaeth yn Fflorens, a'r cyfan yn 'ysgol' ragorol mewn gwleidyddiaeth i sylwedydd craff fel Machiavelli.

Gan i'r wladwriaeth, ys dywedwyd, ddod yn gelfyddyd-waith fe grëwyd celfyddyd newydd – gwladweiniaeth, a Machiavelli a ysgrifennodd y llyfr modern cyntaf ar y pwnc, sef y llyfr y cyfeiriodd ato yn ei lythyr at Vettori yn 1513, 'De Principatibus', 'Y Tywysog'. Ymhellach, o ganlyniad i'r cynghreiriau a'r cynllwynion rhwng y gwladwriaethau a'i gilydd, fe dyfodd celfyddyd arall, diplomyddiaeth, ac yn yr ymrysonfeydd a'r cyfrwystra yn eu plith, y cysyniad o gydbwysedd grym – ac yn sgil hynny y syniad modern o gymuned o wledydd.

Beth am y dinas-wladwriaethau eu hunain? Fe amcangyfrifwyd bod Fenis, ar ddiwedd y bymthegfed ganrif, â phoblogaeth o ryw ddau gan mil, Milan a Naples oddeutu'r un nifer a Rhufain ychydig yn llai. Rhyw gan mil oedd yn Fflorens. O'u cymharu â dinasoedd heddiw yr oeddent yn eithaf bychan, ond o gryn faint yn ôl safonau'r cyfnod. (Nid oedd poblogaeth Ewrop gyfan yr adeg honno ond degfed ran fan bellaf o'r hyn ydyw heddiw.) Yr oeddent wedi ffynnu yn gyfan gwbl oherwydd masnach, a'r Eidal yn ganolbwynt y byd masnachol. Oddi yno gellid teithio tua'r dwyrain i Asia Leiaf a'r Dwyrain Pell, tua'r gorllewin i Sbaen, i'r de i Affrica ac i'r gogledd i Ewrop. Uwchlaw popeth yr oedd y fasnach gynyddol rhwng y Dwyrain ac Ewrop wedi dwyn cyfoeth enfawr i'r cyfandir hwn, a hynny wedi creu'r bancwyr masnachol a fentrai (a gwneud) eu cyfoeth mewn llongau nwyddau. Dyma gyfnod y syniadau modern am log, yswiriant a gamblo. Ac asgwrn cefn y grym mawr yn yr Eidal oedd y cyfoeth a wneid trwy fasnachu – ac nid oedd gwneud arian bellach (fel cynt) yn beth i'w ddirmygu. Dyma felly gyfnod dechreuad cyfalafiaeth fodern, a chyda'r cyfoeth anferthol a lifai i goffrau'r teuluoedd mawrion megis y Medici yr harddwyd dinasoedd yr Eidal: y mae ysblander Fflorens a Rhufain heddiw i'w briodoli i'r ffaith fod pobl gyfoethog cyfnod y Dadeni wedi gwario mor helaeth ar addurno eglwysi ac adeiladau eraill.

Dyma'r byd yr oedd Machiavelli yn troi ynddo nes iddo, fel y dywedwyd, golli ei swydd ar ddychweliad y Medici i rym yn Fflorens yn 1512, a dyfod i ben gyfnod y Weriniaeth. Fe'i diswyddwyd, carcharwyd ef ac fe'i poenydiwyd am yr amheuid ei fod yn cynllwynio i ddisodli'r llywodraeth. Yr oedd fel dyn ar goll. Ond ei golled ef fu ein hennill ninnau, oherwydd pe nas collasai ei swydd, y tebyg yw nad ysgrifenasai'r gwaith 'Y Tywysog', a ystyrir yn un o glasuron athroniaeth gwleidyddiaeth. Ynddo fe geir cynghorion ac argymhellion i bennaeth unrhyw wladwriaeth sut i reoli ei lywodraeth yn y ffordd effeithiolaf – mewn gair, er budd y dinasyddion. Ond nis cyhoeddwyd hyd ar ôl ei farw. Ac mae'n bosibl nas gorffennwyd. Aeth ef ymlaen i ysgrifennu llond silff gyfan o weithiau eraill: am ryfel, ac am wleidyddiaeth; barddoniaeth a dramâu; a hanes Fflorens. Am ei sgyrsiau ar Livy, fe drafodwyd y rheini pan oedd wrthi'n eu paratoi gan gylch o gyfeillion; perfformiwyd ei ddramâu a buont yn llwyddiant mawr, ac fe gyflwynwyd ei hanes o Fflorens i'w noddwr. Ond oblegid bod 'Y Tywysog' yn fyr, wedi'i ysgrifennu'n ddeheuig, mor eithafol yn ei sylwadau, ac oherwydd ei fod yn datgymalu bron mor rhwydd ag a wna 'Hamlet', yr oedd Machiavelli wedi'i dynghedu i fod yn fwy adnabyddus drwy ei waith lleiaf a mwyaf byrbwyll.

Bu'r 'Tywysog' yn fater o esboniadaeth helaeth iawn, er na bu ei natur yn un hawdd ei hesbonio. Cynnwys gymaint o argymhellion fel na ellir ei alw'n draethawd ar dywysogaethau, a chymaint o ddadansoddiadau o wahanol fathau o wladwriaeth fel na ellir ei alw'n llyfr ar sut i reoli. Fe'i cymerwyd ar y naill wedd fel cyffes ffydd, ac ar y llall dehonglwyd ef fel dychan. Am yn

164

agos i bum canrif y mae dynion wedi gofyn beth yw'r 'Tywysog' heb ddod o hyd i ateb cwbl foddhaol.

*   *   *

Paham yr ysgrifennodd Machiavelli 'Y Tywysog'? Y mae'r llythyr a ddyfynnwyd ar y dechrau yn fath o adlais i lythyr a ysgrifennodd Vettori ato ef yn disgrifio diwrnod cyffredin yn ei hanes ef fel llysgennad Fflorens yn Rhufain. Codai'n hwyr yn y brifddinas – a Machiavelli wedi codi'n gynnar yn y wlad. I ffwrdd ag ef am y Fatican i siarad â swyddogion a diplomyddion a'r Pab ei hunan – a Machiavelli yn mynd i'r coed i siarad â'r torwyr. Fe dreuliodd ganol y dydd gyda'r Cardinal de' Medici – a Machiavelli gyda'r cigydd a chyda'r pobydd. Dim ond gyda'r nosau yr oedd eu bywydau'n debyg i'w gilydd: fe setlai Vettori i lawr i ddarllen yn ei lyfrgell o hen haneswyr, a dyna a wnâi Machiavelli. Pa mor wir yw'r llythyr hwn tybed? Ni ellir dweud. Y cyfan y gellir ei grybwyll amdano yw efallai fod yma ymgais goeglyd i bwysleisio mor wahanol oedd eu bywydau er pan oeddent gyda'i gilydd yn llys yr Ymerawdwr Macsimilian, y ddau ohonynt yn cynrychioli Fflorens.

Y mae cymryd golwg ar 'Y Tywysog' yn profi ei fod yn gorbwysleisio y rhan a chwaréid gan ei sgyrsiau â'r cewri gynt, oherwydd er bod yna ddigon o syniadau clasurol a chyfeiriadau yn y llyfr, cymerid y gwersi sylfaenol o'r byd cyfoes. Ond er mor anghywir ydyw'r llythyr mewn manylion, trewir ynddo'r diflastod hefo'i neilltuaeth yn y wlad, diflastod ac eiddigedd o fywyd Vettori, ei gysylltiadau â materion cyfoes ac â'r dynion a'u trafodent.

Cyn iddo golli ei swydd, yr oedd wedi cael bywyd cyfareddol o brysur, ac fe gafodd y bywyd hwnnw'n hynod gyffrous. Yr oedd yn ddyn a chanddo uchelgais, ac fe fwynhâi gyfrifoldeb a grym. Pan oedd wrth ei waith dyddiol, yn trafod a gohebu, yr oedd bob amser yn edrych am yr egwyddorion cyffredinol a danseiliai yr ymddygiad gwleidyddol. Fel yr enillai brofiad, fe ddôi'n fwy hyderus, a phan ddiswyddwyd ef yr oedd yn llawn argyhoeddiad ei fod o wir werth i'r wladwriaeth. Fe ymdrechodd yn galed i gadw'i swydd, ac ysgrifennodd lythyrau o gynghorion i'r Medici. Am y ddwy flynedd nesaf fe barhâi mewn gobaith y câi waith ganddynt. Mae'n wir eu bod hwy'n sefyll am fath gwahanol o wladwriaeth, mwy unbenaethol, a llai annibynnol na'r un y gweithiodd ef ynddi, ond nid oedd hynny'n bwysig iddo – eisiau iddynt wrando arno yr oedd ef ac i'w werth gael ei gydnabod. Fel yr oedd pethau arno, allan o waith, yr oedd braidd yn dlawd, a chanddo deulu niferus yn dibynnu arno. Yr oedd yn anesmwyth ac yn isel ei ysbryd, heb allu gweld unrhyw ffordd o ddychwelyd i fywyd byrlymus ac eithrio drwy nawddogaeth y Medici. Ysgrifennodd lythyrau at Vettori ynghylch y sefyllfa boliticaidd, yn y gobaith y deuai'r llysgennad â hwy i sylw'r Pab Leo X. Ond daeth yn eglur yn fuan nad oedd Vettori yn hapus gyda'r cyfrifoldeb hwn, ac y byddai'n rhaid i Machiavelli wneud hyn drosto'i hun. A'r unig ffordd o wneud hynny oedd â llyfr. Bygythid annibyniaeth dinas-wladwriaethau'r Eidal gan Ffrainc, yr Almaen, y Swistir a Sbaen. Yn awr yr argyfwng, yr hyn oedd ei eisiau oedd arweinydd a allai, drwy drafodaeth gadarn a chyda byddin leol ddisgybledig, wneud Fflorens yn rhy gryf i neb ymosod arni. Oni wnâi llyfr a ddisgrifiai ddyn felly, wedi'i ysgrifennu gan awdur a oedd yn brofiadol o'r math yna o sefyllfa, berswadio'r Medici, arweinwyr naturiol yr Eidal, i gydnabod ansawdd ei waith, a'i ddwyn yn ôl i wasanaeth y llywodraeth?

Ni cheir awgrym o'r pwrpas hwn am werth 'Y Tywysog' yn llythyr Rhagfyr 10, 1513 – yn unig mai ond wedi i'r llyfr gael ei gwblhau y datblygodd y syniad y gallai fod o werth cymeradwyol i'r awdur, er efallai ei fod yn swil o barhau i ddatgelu ei awydd am swydd wrth Vettori. Er iddo ysgrifennu'n bennaf i ddangos mor hyddysg ydoedd yn hanes a natur rheoli gan dywysogion, a'r gwerthoedd a'r polisïau yr oedd eu hangen ar yr amser hwnnw, yr oedd y llyfr mewn gwirionedd yn adlewyrchu holl gymhlethdod ei ddiddordebau: er enghraifft, ei gred ddiysgog am allu hanes i addysgu. Nid oedd unrhyw amheuaeth am ei ddawn i ysgrifennu. At hynny'n awr fe ychwanegwyd y ddawn i ddadansoddi, i gategoreiddio ac i gymharu, heb sôn am gariad at effaith, i ogleisio, ac i achosi rhyfeddod.

Ond ei gariad cyntaf oedd am Fflorens, ac fe gredai'n gydwybodol y dylai ei chyfansoddiad hi fod mor weriniaethol eang ag oedd yn bosibl. Ond yr oedd ei waith gweinyddol wedi'i gadw'n gysylltiedig â rhyfel a pholisi tramor, ac fe ysgrifennai dan ofn na allai Eidalwyr gadw digon o annibyniaeth i sicrhau eu tynged eu hunain; yr oedd yn bwysicach ganddo fod yna reolaeth gadarn yn yr Eidal na bod cyfansoddiad rhydd yn Fflorens. Yna, fe'i dengys ef yn dychmygu'i hunan, os nad fel tywysog, o leiaf fel cyfaill mynwesol i dywysogion, yn mynd allan o'i ffordd i ddatgan ei fod yn deall yn eglur ddigon na allent hwy fforddio i fod wedi'u clymu gan foesoldeb pwyllog bywyd preifat.

Sawl gwaith fe eglurodd Machiavelli ei fod yn cydio'n ei ysgrifbin i wrthsefyll teimlo gormes ac anobaith. Fe deimlai felly yn 1513, a sut bynnag fe deimlai fod ei synnwyr o genhadaeth a'i angen yn crefu am waith. Dyna'r paham yr ysgrifennodd 'Y Tywysog'. A dyna'r paham y cymhlethwyd ef gan frwydr rhwng ei hoffter mawr o'r pwnc a'r awydd i'w werthu ei hunan. Dyna paham hefyd y mae'r 'Tywysog' – yr unig un o'i lyfrau a ysgrifennwyd i fodloni awydd brys – yr un mwyaf hunanfywgraffyddol o'i holl waith.

BETH YW HANES?

"Every historical survey, however impartial and dispassionate in intention, necessarily bears some trace of the time at which it was composed, and indeed derives part of its interest from that particular fact".

O'r Rhagarweiniad i'r gyfrol *A History of Europe to 1937* (H. A. L. Fisher).

"It is a unique opportunity of recording, in the way most useful to the greatest number, the fullness of the knowledge which the nineteenth century is about to bequeath. We should be able to bring home to every man the last document, and the ripest conclusions of international research. Every problem has become capable of solution".

O'r *Cambridge Modern History: Its Origin, Authorship and Production* 1896 (Arglwydd Acton).

"Historians ...expect their work to be superseded again and again. They consider that knowledge of the past has come down through one or more human minds, has been 'processed' by them, and therefore cannot consist of elemental and impersonal atoms which nothing can alter".

O'r Rhagair i'r *New Cambridge Modern History* 1957 (Syr George Clark).

Aeth dros drigain mlynedd heibio rhwng ysgrifennu'r ail a'r trydydd o'r dyfyniadau uchod. Cyfnod oedd hwn pan fu dau Ryfel Byd, Chwyldro yn Rwsia, Rhyfel Cartref yn Sbaen ac ymosod ar wlad Abyssinia ymhlith pethau eraill, heb sôn am fwy o gynnydd mewn gwybodaeth a gwyddoniaeth a thechnoleg nag a fu erioed o'r blaen yn hanes dyn ar y blaned hon. Felly, a yw'n syndod gennym am y gwahaniaeth barn sylfaenol rhwng yr Arglwydd Acton a Syr George Clark? Gwerthfawrogwn ddatganiad pwyllog a sobreiddiol yr hanesydd arall a ddyfynnir, H. A. L. Fisher.

*   *   *

Beth yw hanes? Dyma gwestiwn pwysig, ac enbyd o anodd i'w ateb. A hynny oherwydd, pan ddilynir trywydd y cwestiwn, fod nifer o gwestiynau eraill yn dod i'r amlwg. Ai mater o ffeithiau yn unig yw hanes? Ai maes marw ydyw, a'r gorffennol yn rhywbeth statig, digyfnewid – "the past is done and finished with" – tybed? A yw hanes o bwys i bawb, neu efallai ddim ond o ddiddordeb i ysgolheigion yn unig? A yw'n deg inni, wrth edrych yn ôl, eistedd mewn barn ar ddigwyddiadau'r gorffennol – mewn gwirionedd, a allwn ni wneud hynny a ninnau heb fod yn byw yn y cyfnod dan ystyriaeth? A allwn ni ddysgu rhywbeth gan y gorffennol, neu ai gwir yr hyn a ddywedodd un hanesydd: "The only thing that we learn from history is that we can never learn anything from history"? A ellir dweud bod y ddynoliaeth yn gwella, ai cronicl o gynnydd yw hanes neu beidio? A'r cwestiwn sydd wedi blino dynion ar hyd y canrifoedd: a oes ystyr i hanes, ynteu ai hap a damwain yw'r cwbl?

Os ydym yn derbyn mai ffeithiau a'r astudiaeth ohonynt yw hanes, mae'n rhaid gofyn pa ffeithiau? Fe gydnebydd pawb fod gwahaniaeth enfawr rhwng gwerth ffeithiau a'i gilydd. Pan yw dyn yn ysgrifennu'i hunangofiant, er enghraifft, disgwylir iddo ddweud y gwir a dim ond y gwir, ond nid oes rhaid iddo ddweud y gwir i gyd. A mater iddo ef yn unig yw dewis pa ffeithiau i'w datgelu a pha rai ddim. "Nid yw'r hanes a ddarllenwn", meddai un hanesydd, "er wedi'i seilio ar ffeithiau, yn fanwl gywir yn ffeithiol o gwbl, ond cyfres o ddyfarniadau derbyniedig".

Y pwynt i'w nodi yn awr felly yw hwn: Y mae yr hyn yw hanes yn dibynnu'n union ar yr hanesydd – a'i gyfnod; sut berson ydyw, beth yw ein syniadau ef am fywyd a'i amgylchfyd. Cofiaf, flynyddoedd lawer yn ôl bellach, astudio hanes Cymru – ei llenyddiaeth yn arbennig – trwy bori'n fanwl yng nghyfrolau pedwar ysgolhaig: W. J. Gruffydd, R. T. Jenkins, Saunders Lewis a

169

Thomas Parry. Cefais waith y pedwar yn dra diddorol, yn hynod werthfawr – ond yn wahanol iawn i'w gilydd. A oedd hyn yn beth i ryfeddu ato? Nac oedd, o gwbl. Yr oedd pob un ohonynt yn mantoli a chloriannu ffeithiau'r gorffennol yn ei ddull ei hun. "Hanes cyfoes yw pob hanes", meddai'r hanesydd Eidalaidd Bernadotte Croce ddechrau'r ganrif ddiwethaf, gan olygu gweld ddoe trwy lygaid heddiw, ac y mae llygaid pob hanesydd yn amrywio'n fawr. Tua'r un amser darllenais ddau lyfr am y rhyfeloedd crefydd yn Ffrainc yn yr unfed ganrif ar bymtheg, gyda sylw arbennig i Gyflafan Bartlemi ym Mharis yn Awst 1572. Yr oedd y naill lyfr gan Babydd a'r llall gan Brotestant. Ni chredwn, ni chredwn yn wir, fod y ddau yn trafod yr un amgylchiad.

Mae'n rhaid cydnabod bod yna rai ffeithiau sydd yn sylfaenol mewn hanes, rhai na ellir ac na ddylid eu hanwybyddu gan unrhyw hanesydd. Ond nid cronicl o ffeithiau moel yn unig mo'r gorffennol. Nid barn neu dybiaeth yr hanesydd amdanynt yn unig sydd yn bwysig ychwaith. Cyfuniad o'r naill a'r llall yn hytrach: dialog rhwng ddoe a heddiw, gwrthdaro o fath rhwng digwyddiadau oer a dehongliad yr hanesydd ohonynt. Ond mae'n dibynnu ar ddiddordebau dyn pa ddigwyddiadau a ddewis ef o'r gorffennol i'w dehongli, gan olygu bod yr hyn a fu, nid yn farw ddigyfnewid, ond mewn ffordd yn parhau'n fyw yn y presennol yn ei feddwl ef. Ac ef ei hun, yn ôl ei dueddiadau personol, a benderfyna paham y mae'r flwyddyn 1859, er enghraifft, i'w chyfrif o bwys neilltuol: ai oherwydd Diwygiad Dafydd Morgan Ysbyty Ystwyth, cyhoeddi *Llyfr Tonau* Ieuan Gwyllt, suddo'r llong y *Royal Charter* a'i chargo o aur ger Moelfre, cyhoeddi *On the Origin of Species* Charles Darwin, neu'r traethawd *On liberty* John Stuart Mill, ac ymlaen? Ac onid yw hyn mewn gwirionedd yn golygu bod yn rhaid i bob oes, pob cyfnod, ail ysgrifennu hanes oherwydd bod agwedd dynion tuag at "ddigwyddiadau ddoe" yn cael ei thrawsffurfio a'i gweddnewid yn barhaus? Cynnyrch ei ddyddiau a'i gymdeithas yw pob hanesydd.

Un o'r enghreifftiau clasurol o hyn yw barn poblogaeth Ffrainc am Napoleon. Cyhoeddodd yr Isalmaenwr Pieter Geyl gyfrol yn dwyn y teitl (o'i gyfieithu) "Dros ac yn erbyn Napoleon" yn arddangos dyfarniadau haneswyr Ffrainc yn y bedwaredd ganrif ar bymtheg ar yr arweinydd mawr, a dangos sut yr oedd y farn amdano wedi adlewyrchu'r newidiadau cymhleth ym mywyd gwleidyddol y wlad yn ystod y ganrif. (A chofio cyfnod mor dymhestlog a gafodd Ffrainc ar ôl Chwyldro mawr 1789: Chwyldro yn 1830, yna un arall yn 1848, a rhyfel â Phrwsia yn 1870-1). Hynny yw, y mae'r amgylchiadau y mae'r hanesydd yn byw ynddynt yn lliwio'i farn am ddigwyddiadau'r gorffennol.

Dyma felly ddau gasgliad y deuwn iddynt: (a) Cyn astudio unrhyw waith hanesyddol, dylid nid yn unig ymchwilio sut berson yw'r awdur ond hefyd ym mha flwyddyn yr ysgrifennwyd y gyfrol a beth oedd naws cymdeithasol a pholiticaidd y trôi ynddo adeg ei chynhyrchu. (b) Os ydym am wybod beth oedd cyflwr cymdeithas neu wleidyddiaeth neu grefydd ar unrhyw amser, un o'r ffyrdd sicraf yw darllen gwaith hanesydd a ysgrifennai yr adeg honno, am gyfnod blaenorol. Er enghraifft, os mynnwn arweiniad gweddol glir i gyflwr cymdeithas yng Nghymru yn y flwyddyn 1928, fe ddylem ddewis hanesydd o fri fel R. T. Jenkins, ymholi sut ŵr ydoedd a'i syniadau am fywyd, ac yna ddarllen yr hyn a ysgrifennodd yn y flwyddyn 1928 am hanes Cymru yn y ddeunawfed ganrif.

Beth am le'r unigolyn mewn hanes? Dyma faes eang ynddo'i hun. "The great man of age", meddai'r athronydd Almaenig Hegel, "is the one who can put into words the will of his age, tell his age what its will is, and accomplish it. What he does is the heart and essence of his age." Ni allwn mewn erthygl fer fel hon ond prin gyfeirio at y pwnc: beth a ddywedem ni am ddylanwad, ar eu hoes, bobl fel Owain Glyn Dŵr, y Brenin Louis Bedwar ar Ddeg (a deyrnasodd ar Ffrainc am fwy o amser na neb yn unman erioed, 72 o flynyddoedd), Napoleon, Metternich, Bismarck, Churchill, ac ymlaen? Maes

171

cwbl arbennig yw lle mewn hanes yr arloeswr, y rebel, y proffwyd, y ffanatig, yr heddychwr a'r chwyldröwr.

Profiad dynoliaeth gyfan, dyna, medd rhai, yw hanes, ac un o nodweddion gwerthfawrocaf pob un ohonom yw profiad: crynswth a chyflawniad ein holl brofiadau personol. Dyma'n harfogaeth ni mewn bywyd wrth wynebu anawsterau a phroblemau ein taith ddaearol, a dyma'r rheswm paham fod hanes, yn ddiarwybod efallai, yn bwysig i bob dyn byw. Fe honnir ar brydiau fod yr hanesydd yn gallu rhagfynegi'r dyfodol, ac mai haneswyr yn wir oedd yr hen broffwydi gynt. Cywirach fyddai dweud mai gweld tueddiadau a wna'r proffwyd, a hynny oblegid iddo fyfyrio ar gyflwr pethau heddiw yng ngoleuni ddoe.

Gair poblogaidd yn yr astudiaethau hyn hanner canrif yn ôl oedd anocheledd. Yn 1954 cyhoeddwyd cyfrol yn dwyn y teitl *Historical Inevitability* o waith Isaiah Berlin, ac ynddi condemniai waith Hegel a Karl Marx am eu tueddiad i wadu bodolaeth yr ewyllys rydd. A oes unpeth yn anochel? Ni chredaf hynny o gwbl, oherwydd y mae dweud y peth yn awgrymu elfen o benderfyniaeth (*determinism*). Os yw fy ngweithredoedd i am yfory eisoes wedi'u trefnu, sut y gellir fy ngalw i i gyfrif amdanynt? Sut y gallaf fod yn fod cyfrifol, gyda rhyddid ewyllys, os yw fy ngyrfa o hyn ymlaen wedi'i phenderfynu, heb fod yna un gallu ar y ddaear i'w newid? Onid yw pob munud awr o'n hoes yn golygu'r posibilrwydd o orfod dod i ryw benderfyniad neu'i gilydd? Ac onid y rheidrwydd hwn a'n gwna'n bersonau cyfrifol?

Gan basio heibio i'r pwnc cymhleth a dadleuol, cynnydd neu ddim mewn hanes, deuwn at y cwestiwn olaf: a oes ystyr i hanes, neu ai damwain yw popeth? Mae'n amhosibl, onid yw, peidio â chydnabod bod deddf Achos ac Effaith yn gweithio mewn cymdeithas? Cyn cyfnod yr Iddewon ni phryderid rhyw lawer am yr elfen o ystyr mewn hanes. Cyfrifid y cyfan fel pe'n dilyn byd natur: gwanwyn (datblygiad a chynnydd), haf (oes aur), hydref (dirywiad), a gaeaf (marweidd-dra); yna yn ôl i wanwyn drachefn. Dyma'r hyn a elwid yn "olwg gylchol ar hanes", "the cyclical view of history". Ni chyrchid at unrhyw nod gan nad oedd dim ymwybod â'r gorffennol. Yna fe ddaeth y cyfnod

Iddewig a datblygu'r hyn a elwid yn "olwg ddibenyddol ar hanes", "the teleological view of history", sef dyn yn cyrchu at ryw nod arbennig; a dyma'r amser mae'n bur debyg pryd y daeth y syniad o bwrpas ac ystyr i hanes am y tro cyntaf. Fe ddatblygwyd hyn yn y cyfnod Cristnogol gan wneud y nod wrth gwrs naill ai'n Ail-ddyfodiad Crist neu Sylweddoli Teyrnas Dduw ar y ddaear a Duw yn ganolbwynt hanes. Ond, sylwer, byddai cyrraedd y nod hwnnw yn golygu diwedd hanes yr un pryd. Dyma'r syniad cyffredinol drwy'r Oesoedd Canol.

Yna, fe ddaeth y Dadeni. Yn lle Duw a Rhagluniaeth yn y canol fe roddwyd dyn a rheswm. Daeth y syniad Groegaidd am fyd dyn-ganolog (*anthropocentric*) yn ôl. Dyn oedd canolbwynt popeth ac ef oedd ystyr hanes. Yn y ddeunawfed ganrif fe aed braidd yn ôl at y syniad Cristnogol o gyrchu at y nod, ond yn awr, yng nghyfnod y rhesymolwyr, fe seciwlareiddiwyd y nod: bellach, dyn ydoedd, yn cyrraedd perffeithrwydd trwy ei wybodaeth a'i allu a'i glyfrwch – a'i reswm, bid sicr. Dyma agwedd y dyneiddwyr yn oes Victoria. "I grew up", meddai Bertrand Russell, "in the full flood of Victorian optimism".

Daeth y Rhyfel Mawr Cyntaf i chwalu damcaniaethau'r dyneiddwyr, a Theyrnasiad Braw yn Rwsia yn 1917. Dadleuai Oswald Spengler, yr athronydd o'r Almaen, fod gwareiddiadau a diwylliannau yn gaeth i'r un cylch o dyfiant a dirywiad â dynoliaeth, ac yr oedd ei brif waith, ei gyfrol *The Decline of the West* a gyhoeddwyd wedi diwedd y rhyfel, yn adlewyrchu'r awyrgylch pesimistaidd yn ei wlad ei hun. Aeth y theori hon yn fwy o ffasiwn fyth wedi dyfodiad Hitler a sefydlu'r gwersyll-garcharau melltigedig, a chyrraedd eithafbwynt gyda dyfeisio'r bom H.

A oes ystyr i hanes? Os oes, beth yn hollol ydyw? Onid oes, ai damwain ryfedd ac ofnadwy yw'r cyfan? Ni wn. Gorffennaf y bennod hon gyda dau ddyfyniad – sydd, mewn gwirionedd, yn wrthgyferbyniol i'w gilydd. Y mae'r cyntaf gan awdur dyfyniad agoriadol y bennod, H. A. L. Fisher, fel o'r blaen allan o'r Rhagymadrodd i'w gyfrol *A History of Europe:*

"One intellectual excitement has been denied me. Men wiser and more learned than I have discerned in history a plot, a rhythm, a predetermined pattern. These harmonies are concealed from me. I can see only one emergency following upon another as wave follows upon wave, only one great fact with respect to which, since it is unique, there can be no generalizations, only one safe rule for the historian: that he should recognize in the development of human destinies the play of the contingent and the unforeseen".

Y mae'r ail ddyfyniad gan y diwinydd mawr Rudolf Bultmann. Darllenais ei erthygl ar *The Quest of Meaning in History* gryn hanner dwsin o weithiau, a dyma sut y mae'n gorffen:

"The man who complains: 'I cannot see meaning in history and therefore my life, woven into history, is meaningless' is to be told: Do not look around yourself into universal history, but look into your own history, and you cannot see it as a spectator, but you can realise it in your responsible decisions. In every moment there slumbers the possibility of being the eschatological moment – i.e. an instant in which a decision can be made that will affect the end of history. You must awaken it".

PEDR FAWR A RWSIA

Pa fath wlad oedd Rwsia yn yr ail ganrif ar bymtheg? Dyma farn un Almaenwr deallus wedi iddo ymweld â Moscow yn 1636: "Os yw dyn yn ystyried natur a dull o fyw y bobl, fe'i gorfodir i'r gred nad oes yn unman o gwbl unpeth mwy barbaraidd na hwy. Nid ydynt byth yn dysgu unrhyw gelfyddyd na gwyddor, nac yn ymroi i astudiaeth o fath yn y byd. I'r gwrthwyneb, y maent mor anwybodus fel ag i feddwl na all dyn wneud almanac (hyd yn oed) oni bai ei fod yn ddewin, na rhagfynegi cylchdro'r lleuad a'r diffygion os nad oes cyfathrebu rhyngddo a'r diafol."

Gwlad ddisenedd, ddi-system-addysg (eithriadau prin iawn oedd ysgolion y mynachlogydd), o anllythrennedd cyffredinol,* ac offeiriadeth anwybodus a diog, parod i fygu'r awgrym lleiaf o chwilfrydedd ymhlith y werin bobl. Yn ddiwylliannol, gwlad dlawd, dywyll, anhrefnus a diobaith oedd hi. Ac enbyd o oer, debyg iawn, petai angen ei ddweud. Oherwydd iddi fynnu troi ei golygon i'r dwyrain, i gyfeiriad Byzantium, nid effeithiwyd ddim oll arni gan ddylanwadau'r Dadeni, na'r Diwygiad Protestannaidd, na'r Chwyldro Gwyddonol. Dyma genedl – neu'n hytrach grŵp o bedair ar ddeg o genhedloedd – a oedd ymhell ar ôl Gorllewin Ewrop ymhob adran o fywyd, er iddi ddatblygu rhyw gymaint, a symud peth ymlaen, mae'n wir, o dan Ifan Enbyd (*Ivan the Terrible*, 1533 – 84), a'r Romanoff cyntaf, Michael (1613- 45).

Y Tsar, mewn egwyddor o leiaf, oedd yn teyrnasu, ond câi ef ei lywodraethu gan gyngor o bendefigion gormesol a phenderfynol. Yr oedd llygredd a llwgrwobrwyo a thaeogaeth yn rhemp drwy'r system i gyd. Aneffeithiol a hen ffasiwn hefyd

175

oedd y fyddin, a'r unig reswm paham fod rhyw fath o drefn arni oedd ei bod dan reolaeth swyddogion o wledydd tramor.

Wrth gwrs, mae'n rhaid ystyried maint y wlad: bron chwe mil o filltiroedd ar ei thraws o'r gorllewin i'r dwyrain eithaf, o Fôr y Baltig i'r Môr Tawel; dros ddwy fil o Fôr y Caspian hyd eithafoedd pellaf Siberia.

Dyfynnaf: " Y mae rhoi'r teitl 'Amser Gofidiau' i'r wyth neu naw mlynedd o 1605 hyd 1613 yn rhy ddof o'r hanner: cywirach fyddai dweud i drueiniaid y cyfnod brofi uffern ar y ddaear . Yn y blynyddoedd trist a thrallodus hyn, efallai mai'r cyfnod duaf oll oedd misoedd olaf 1611 a chwarter cyntaf y flwyddyn ddilynol: y mae'n sobri dyn yn wir i ddarllen am wlad enfawr a rhannau helaeth ohoni'n ddiffaith, ei phobl mewn dychryn ac anobaith, llywodraeth a threfn wedi peidio â bod, cymdeithas yn deilchion heb arweiniad o fath yn y byd. Petawn i wedi bod mor ddychrynllyd o anlwcus i gael fy ngeni i'r cyfnod – ac efallai'n benteulu, a gwraig a phlant o'm cwmpas heb fwyd na chysur o gwbl – fy nghred fyddai, mae'n bur debyg, fod diwedd y byd gerllaw." *

*   *   *

Dyma, yn gyffredinol, y math ar gymdeithas a etifeddodd Pedr Fawr. Fe'i ganed ym Mai 1672 yn Moscow, ac yn ei flynyddoedd cynnar fe'i amgylchynid gan y moethusrwydd a brofai plant y teuluoedd brenhinol i gyd yn y cyfnod hwnnw. Ar ei ail ben-blwydd, rhoddwyd iddo'n anrheg, gan brif swyddog ei dad, degan o gwch arian, wedi'i lenwi â gemau, a roes bleser mawr iddo. Dyma'r hyn mae'n debyg a greodd ynddo ddiddordeb llachar yn y llynges, a chwarter canrif yn ddiweddarach fe adeiladodd lynges gyntaf Rwsia: yn y de i orchfygu'r Twrciaid, ac yn y gogledd i agor "ffenestr forol" ar y gorllewin yn y brifddinas newydd St. Petersburg. Cafodd blentyndod braf a diofal, a nifer o'i gyfoedion yn ymuno ag ef yn ei chwaraeon. Bu ei dad, Alexei, yr ail ymerawdwr (neu Tsar) o linach y Romanoff, farw'n sydyn yn 1676 yn 47 oed. Yr

*Un farn yw bod hyn yn wir am 90 y cant o'r boblogaeth.

oedd iddo bedwar o blant: o'i briodas gyntaf, dau fab a merch, Fedor, Sophia ac Ivan, 14, 12, a 10 oed, ac o'i ail briodas, un mab, Pedr, 4 oed. Bechgyn gwanllyd oedd Fedor ac Ivan, y naill yn dioddef o'r parlys a'r llall bron yn ddall ac yn eithaf diddeall. I'r gwrthwyneb, yr oedd Pedr mor iach â chneuen. Parodd dyfodol yr olyniaeth rwyg chwerw rhwng y ddwy garfan deuluol, a gyrrwyd Pedr a'i fam o'r Kremlin – yn ddigon diseremoni mae'n ymddangos.

Chwe blynedd fu teyrnasiad Fedor: bu farw'n ugain oed yn 1682, a gellid disgwyl mai'r cam naturiol fyddai cyhoeddi'i frawd Ivan fel ei olynydd. Ond oherwydd yr elyniaeth rhwng aelodau o'i deulu a'r llys – a'r Eglwys – prysurwyd i gyhoeddi Pedr, 10 oed, yn ei le. Ysywaeth, dyma'r pryd y daeth ei hanner chwaer, Sophia i'r golwg: merch graff, uchelgeisiol, ddeunaw oed, gyda'i chariad, y Tywysog Vasily Golitsyn. A'r canlyniad? Cythrwfl llofruddiog, a lladd nifer o deulu Pedr, a hynny o flaen ei lygaid: digwyddiad a adawodd argraff ddofn arno am weddill ei oes, Yn dilyn, penderfynwyd cyhoeddi Ivan a Pedr yn gyd-tsariaid o dan arlywyddiaeth Sophia, a dyma yn wir y drefn lywodraeth a barhaodd drwy'r wythdegau. Hyd Ionawr 1689.

Fel y prifiai Pedr drwy ei arddegau, âi ei fywyd yn fwyfwy afreolaidd, a mynd yn fynych dros ben llestri. Yr oedd yn yfwr eithriadol o drwm, ac ar brydiau byddai'n hollol feddw am ddyddiau, yn nwydwyllt a ffiaidd ei ffyrdd. Mewn gobaith o wella'i rawd, trefnodd ei fam iddo briodi – yn un ar bymtheg oed – ond ni pharhaodd yr uniad ond ychydig fisoedd. Datblygai ef yn gyflym gan arddel ei annibyniaeth. A datblygai'n gorfforol hefyd. Cyn cyrraedd ei ugain oed yr oedd yn ŵr cydnerth, dwy lath ac wyth modfedd o daldra. Gyrrwyd ei hanner chwaer, Sophia, i gwfaint, alltudiwyd ei chariad Golitsyn, bu farw ei fam, ac yna ei hanner brawd Ivan. Pedr, bellach, oedd pennaeth digwestiwn y wlad enfawr hon.

*   *   *

O'r Niwl a'r Anialwch, tud 702.

Yn nechrau a blynyddoedd canol yr ail ganrif ar bymtheg, grym mwyaf gogledd Ewrop oedd Sweden, a hynny'n benodol oherwydd rhagoriaeth cwbl arbennig ei brenin a'i harweinydd Gustavus Adolphus: ieithydd nodedig (siaradai wyth iaith), gwladweinydd, milwr, strategydd, cymeriad didwyll a gredai'n ddisyflyd yn y ffydd Brotestannaidd a gawsai gan ei dadau. Trasiedi oedd ei golli yn Rhyfel y Deng Mlwydd ar Hugain (1618-48), ond parhaodd ei draddodiad nobl yng ngofal ei ferch athrylithgar Christina, gan gynnwys meddu awdurdod llwyr ar Fôr y Baltig. A dyna un o broblemau Pedr Fawr pan ddaeth i rym: nid oedd gan Rwsia allanfa tua'r gorllewin yn y gogledd (y Baltig) na'r de (y Môr Du). Byddai'n rhaid newid pethau ...

Bron bump ar hugain oed oedd Pedr, yng ngwanwyn 1697, pan ymadawodd o Rwsia, ynghyd â thros ddau gant o'i brif swyddogion, i gael profiad o fywyd a chymdeithas yng Ngorllewin Ewrop. Er mai pwrpas swyddogol y daith oedd trefnu undeb rhwng taleithiau Cristnogol y cyfandir yn erbyn y Twrciaid, y gwir amcan oedd astudio gwaith arbenigwyr ynglŷn ag adeiladu llongau a materion militaraidd. Yr oedd Pedr wedi'i gyfareddu'n llwyr gan alluoedd y gorllewinwyr mewn peirianwaith, a dywedir iddo ef yn bersonol feistroli rhyw bymtheg o grefftau yn y cyfnod o ddeunaw mis yn Ewrop: yn amrywio o wneud badau ac arfau rhyfel i waith deintydd! Treuliodd gryn amser yn yr Iseldiroedd cyn symud i Loegr, a bu yn Llundain – ac yn neilltuol yn Deptford, un o'r canolfannau pwysicaf i adeiladu llongau – am rai misoedd. Ymwelodd â dociau, arfdai, amgueddfeydd, Tŵr Llundain, arsyllfa Greenwich a Thŷ'r Cyffredin, a bu'n sgwrsio ag aelodau o'r Gymdeithas Frenhinol (yr unig gymdeithas o'i bath yn y byd). Nid oedd diwedd ar ei ddiddordebau.

Mae'n rhaid dweud er hynny mai'r hyn a adawodd yr argraff fwyaf parhaol ar drigolion y ddinas oedd arferion cwrs a ffiaidd y Rwsiaid.. Yr oeddent yn ddirmygus hollol, meddir. * Dychwelodd y fintai i Moscow ddiwedd Awst 1698 a'u gwybodaeth a'u profiad wedi eu helaethu y tu hwnt i bob mesur. Yr oedd Pedr bellach yn barod i chwyldroi a gorllewineiddio'i wlad yn sgil yr hyn a gafwyd a'i llusgo doed a ddelai i ganol y byd modern.*

Yn y degawd nesaf, 1699 – 1709, wedi iddo ddychwelyd o Orllewin Ewrop, fe weddnewidiwyd bywyd economaidd, gwleidyddol a chymdeithasol Rwsia yn gyfan gwbl. Mewn cyfnod o egni a gweithgarwch gorffwyll, un o'r cynlluniau ehangaf oedd adeiladu prifddinas newydd yn lle Moscow (a gasâi Pedr) yn St. Petersburg. Mynnodd gael degau o filoedd o wŷr o bob cornel o'r wlad fawr i gyrraedd y nod, a hon fu'r brifddinas am dros ddwy ganrif – sef hyd 1918 pan ail-sefydlwyd Moscow gan y chwyldrowyr. Ond yr oedd y gost o godi'r ddinas newydd yn annirnadwy. Dywedir bod hyd at ugain mil o weithwyr wedi trengi yno yn y chwe blynedd a gymerwyd i gwblhau'r cyfan.

Tra oedd adeiladu'r ddinas hon yn mynd rhagddo, fe ymosododd Pedr yn galed ar yr elfennau hynny ym mywyd cymdeithasol y Rwsiaid a oedd wedi gwreiddio'n ddwfn mewn traddodiad, sef barfau a gynau y dynion, neilltuaeth y merched, a chyfoeth ac awdurdod myneich ac offeiriaid. Fe hyd yn oed ddiddymodd Batriarchaeth Moscow, a gosod yr Eglwys o dan Synod Sanctaidd – ac offeiriaid yn ogystal ag esgobion yn cael eu cynrychioli ynddi. Ynghanol ei holl baratoadau militaraidd – a dylid cofio mai am ryw un flwyddyn yn unig, allan o'i un mlynedd ar bymtheg ar hugain (1689 – 1725) o fod mewn grym yr oedd heddwch ar y wlad – cafodd amser i ddiwygio'r calendr Rwsiaidd: o hynny ymlaen, dechrau'r flwyddyn Gristnogol fyddai Ionawr y Cyntaf yn hytrach na Medi'r Cyntaf. Yr oedd ganddo awydd cadarn i wareiddio cymdeithas, ond nid oedd arian ar gael i gyflawni popeth: er enghraifft, i ddwyn i fod ei gynlluniau addysg uchelgeisiol. Yr oedd y cyllid cyhoeddus yn hynod o brin. Er hynny, llwyddodd i sefydlu rhai ysgolion i hyfforddi'r disgyblion mewn sgiliau technegol, yn ogystal ag

---

*Fe roes un gŵr cyfoethog, yn ei letygarwch hael, un o'i adeiladau i'r Rwsiaid i ymgartrefu ynddo tra boent yn ardal Llundain. Dywedir iddo wedyn anfon cyfrif am £350 i'r llywodraeth (swm enfawr y pryd hwnnw) i glirio'r draul o adnewyddu wedi iddynt ymadael – gan faint y difrod a'r alanas a adawsant.

Academi'r Gwyddorau, ac felly'n cyflwyno'r syniad o wyddoniaeth i Rwsia yn hytrach na bod yn gyfan gwbl glerigol.

Er cydnabod ei ymdrechion cwbl eithafol, mae'n rhaid cydnabod i Bedr gyflawni gorchestion. Creodd fyddin, llynges a gwasanaeth sifil. Iddo ef y mae ei wlad yn ddyledus am y papur newyddion cyntaf, yr ysbyty cyntaf, a'r amgueddfa gyntaf: cyflawniadau gwir ganmoladwy. Ond ar ôl crybwyll y diffyg arian, mae'n deg gofyn pwy a dalodd am yr holl ddatblygiadau hyn? Yr ateb yw: y werin bobl. Un farn (gyfrifol) yw bod trigain y cant o enillion y taeogion yn cael ei ofyn oddi arnynt – a'r wlad hon, gyda llaw, oedd yr olaf yn Ewrop i ddileu caethwasiaeth (yn 1861). Ac megis yn Ffrainc cyn y Chwyldro mawr yn 1789, yr oedd y bendefigaeth yn rhydd o dollau.

Bu farw Pedr fore Ionawr 28, 1725. Methodd, â'i anadl olaf, ag enwi olynydd. Am y 37 mlynedd nesaf bu pedwar o'i deulu ar yr orsedd: ei weddw, ei ŵyr, ei nith a'i ferch. Ac yna, yn 1762, daeth gwraig ieuanc nodedig i Moscow o'r Almaen, Catherine Fawr, a rheoli'r wlad am 34 o flynyddoedd.

Ers bron i dri chan mlynedd , bu ysgolheigion yn ceisio cloriannu yng nghlorian hanes gyflawniadau a ffaeleddau Pedr Fawr. Yn ddiamynedd, ac yn gwbl ddi-ofn i siartio llwybrau newydd, fe gyhoeddodd ef ryfel yn erbyn bywyd a diwylliant yr Hen Rwsia, yn ogystal ag yn erbyn Sweden a Thwrci. Cydiodd yn yr hen ddefodau a'u chwalu'n llwyr, ond yn gyffredinol methodd â chael rhai i gymryd eu lle. Mae'n sicr na fydd byth gytundeb ar werth ei ymdrechion, ond o leiaf fe wnaeth Rwsia'n rym Ewropeaidd – ac yn ymerodraeth. Barn un awdur o'i wlad ei hun amdano oedd bod 'dyn mawr yn wastad yn gynrychiolydd o'i genedl.'

---

* Dialodd yn ddychrynllyd a didrugaredd ar y 'sentars', a oedd wedi achosi'r fath anhrefn ym mlwyddyn a hanner ei absenoldeb. Fe grogwyd neu fe ddienyddiwyd hyd at 800 o'r trigolion mewn ychydig dyddiau. Rhoed cannoedd eraill mewn siamberi arteithio, neu eu halltudio i bellafoedd Siberia.

PAHAM ASTUDIO ECONOMEG?

Mewn geiriau syml, astudiaeth yw economeg o'r ffyrdd y mae pobl yn bodloni eu hanghenion materol, a phrif bwrpas economegwyr yw darganfod sut y gallant godi eu safon o fyw. Ychydig iawn o bobl sydd â'r gallu i gyflenwi eu holl reidiau: eu bwyd, eu dillad, eu cartrefi, eu hoffer. Dywedir amdanynt hwy fod ganddynt radd o annibyniaeth economaidd. Ond am y mwyafrif llethol o boblogaeth y blaned, y gwrthwyneb sydd yn wir, sef bod iddynt ddibyniaeth economaidd eithafol: ni allent eu bwydo'u hunain, na'u dilladu, nac adeiladu eu cartrefi, na chreu offer. A gellir dweud hyn amdanynt: po gyfoethoced y bônt, y mwyaf yn y byd yw eu hanallu i oroesi'n ddigymorth. Y mae'r cyfryw rai yn dibynnu, bob dydd o'u hoes, ar ymdrechion a chydweithrediad miloedd o weithwyr arbenigol.

Pa werth sydd mewn astudiaethau o'r fath? Wel, fe'n cynorthwyant i ddeall sut y pennir prisiau am wahanol bethau, megis nwyddau yn y siopau, llafur dyn, a benthyca swm o arian. Cawn wybodaeth am weithrediadau'r banciau, y Gyfnewidfa Stoc, a Banc Lloegr, er enghraifft, a deall yr egwyddorion y gweithredir arnynt mewn masnach dramor. Ymhellach, nid yn unig ddod i amgyffred achos ac effaith drwy astudio'r gorffennol; y mae gwaith ymchwil llafurus yr economegwyr hefyd yn gymorth i Ganghellor y Trysorlys wrth iddo lunio'i Gyllideb. Ac yna, os ydym yn dueddol o ystyried materion economaidd o safbwynt unigolyddol (a hunanol), cawn ein tywys i ymdrin â hwy o gyfeiriad ein cymuned a'n cymdeithas.

Y ddau air hanfodol ym myd economeg yw prinder a dewis. Am ba reswm bynnag fe'i caiff dyn ei hun mewn sefyllfa o brinder. Nid yw'n bosibl iddo gael popeth a ddymuna. Y mae'r adnoddau sydd ar gael bob amser yn annigonol ar ei gyfer, yn arbennig gan fod ei anghenion yn ddiderfyn. Yn wir, y mae prinder yn nodwedd o bob math o gymdeithas, yr un gyfoethog a'r un dlawd: erchi safonau uwch a wna pawb ohonom, ac fe'n gorfodir i dderbyn llai o nwydd A os penderfynwn gael mwy o nwydd B. Dyma graidd yr hyn a elwir yn "broblem economaidd". Mae'n rhaid i ddyn ddewis y moddion gorau i ddefnyddio adnoddau prin er mwyn codi lefel budd a lles mewn bywyd. Ac mae gofyn arnom yma ychwanegu'r gair hwn: petai popeth ar gael mewn cyflawnder di-ben-draw, heb brinder o gwbl, ni byddai'r fath beth mewn bod ag astudiaethau economaidd.

Dewis, meddem. Beth yn union a olygir wrth ddewis? Gellir enwi tri dosbarth sylfaenol ohono. Yn gyntaf, pa nwyddau i'w cynhyrchu a pha nifer ohonynt. Swydd bwysicaf unrhyw system yw penderfynu pa faint a pha amrywiaeth o nwyddau a gwasanaethau a fydd yn fwyaf manteisiol i'r dinasyddion a'r gymdeithas yn gyffredinol. Yn ail, ymha ffyrdd y dylid creu'r cyfan oll, ac yn drydydd sut i'w dosbarthu.*

Y mae cyfnewid yn elfen anhepgor o economeg. Yn wir, nid yw'r syniad o ddewis yn berthnasol o gwbl os nad oes yma rywbeth y gellir ei gyfnewid neu bod iddo adnoddau amgen. Yn yr oesoedd cynnar, y ffordd o gyfnewid oedd ffeirio (*barter*) nwyddau a gwasanaethau, ond anfantais fawr y drefn honno oedd ei bod yn dibynnu ar yr hyn a elwir yn "gyd-ddigwyddiad deublyg o anghenion". Os oedd heliwr angen ffeirio ei helfa o grwyn am gyfran o geirch dyweder, byddai gofyn iddo ddod o hyd i berson â gwarged o geirch ac arno angen crwyn. Ac ymha fodd y penderfynid pa nifer o grwyn a fyddai'n gyfartal â hyn-a-hyn o geirch? Gan mor feichus a thrafferthus oedd y system hon, nid yw'n syndod bod dyn, yn gynnar iawn mewn hanes, wedi darganfod ffordd hwylusach o gyfnewid.

Arian, medd rhywun, yw un o ddyfeisiau pwysicaf y ddynoliaeth, ac nid yw'r ffaith fod pawb bellach – ac eithrio'r cymdeithasau mwyaf cyntefig – yn ei ddefnyddio ond yn cadarnhau ei fod yn un o offerynnau hanfodol gwareiddiad. Yr elfen bwysicaf yn ei gylch yw bod yn gyffredinol dderbyniol, gan bawb. Onid e, nid yw cynhyrchydd yn barod i'w dderbyn yn gyfnewid am nwyddau, a rhaid bod ganddo ymddiriedaeth lwyr y bydd gwerthwyr yr hyn y mae ef am ei brynu yr un mor barod ag yntau.

Y mae i arian sawl swydd yn y byd economaidd, a'r gyntaf ohonynt yw bod yn gyfrwng i gyfnewid. Golyga hynny wahaniaethu rhwng y weithred o brynu a gwerthu, heb orfod disgwyl i'r gwerthwr brynu nwyddau gan yr un sydd yn prynu ganddo ef. Ac i'r gwrthwyneb. Gellir prisio pob nwydd yn nhermau arian, a dyna'r ail swydd: bod yn fesur o werth. Yna, yn dilyn o hynny, gall arian fod yn stôr o gyfoeth, a galluogi dyn i sicrhau ei ddyfodol trwy fuddsoddi ei eiddo. Ac ychwaneger un swydd arall, eithriadol o werthfawr yn y byd modern, sef bod arian yn fodd i sicrhau'r drefn o goel neu gredyd gohiriedig. Pan gyflenwir nwyddau ar gredyd, er i'r prynwr eu defnyddio ar unwaith os myn, efallai y caiff ddau neu dri mis ar ôl eu derbyn cyn gorfod talu amdanynt.

Yng nghwrs hanes fe ddefnyddiwyd amrywiaeth mawr o sylweddau fel arian gan wahanol gymunedau, yn eu plith cregyn, dannedd anifeiliaid, gwartheg a phob math o fetel. Yn y canrifoedd diweddar, yn y mwyafrif o wledydd y Gorllewin, daethpwyd fwyfwy i ddefnyddio aur ac arian (y metel), a pharhaodd hynny hyd ddechrau'r ugeinfed ganrif pan ddisodlwyd hwy gan arian papur. Dilëwyd y safon aur ym Mhrydain yn Hydref 1931. Yr unig ansawdd cyffredin i'r holl sylweddau oedd ymddiriedaeth y gymuned lle y caent eu defnyddio. Dyma, yn wir, yr unig amod yn llythrennol os yw unrhyw sylwedd i weithredu fel cyfrwng i gyfnewid a setlo dyledion: rhaid i'r gymuned gyfan ymddiried yn y drefn. Y mae digonedd o enghreifftiau mewn hanes o unedau arianyddol diogel a derbyniol yn torri i lawr oherwydd i'r cyhoedd "golli ffydd" yn y system.

---

*E.e. pwy sydd i dderbyn y cynnyrch? Ai yr un faint i bawb? A fyddai'n dibynnu ar gyfraniad derbynnydd i'r cynhyrchu? A'r gallu i dalu? Ynteu yn ôl traddodiad a defod? Dyma rai cwestiynau sydd yn codi.

Fe sefydlwyd Banc Lloegr yn 1694 – "yr Hen Fonesig o Threadneedle Street" fel y gelwid ef (neu hi!) yn ddirmygus i ddechrau ac yna'n serchus ac annwyl – a'r rheswm oedd cynorthwyo'r brenin, William y Trydydd, yn y rhyfel costus yn erbyn Ffrainc. Erbyn hynny daethai defnyddio arian papur yn beth lled gyffredinol, ac yn y ganrif ddilynol sefydlwyd cannoedd o fanciau ar hyd a lled y wlad, a'r mwyafrif mawr ohonynt yn argraffu eu harian eu hunain. Y canlyniad oedd, trwy orwneud y broses, argyfyngau ariannol lu drwy'r ddeunawfed ganrif ac ymlaen i ganol y bedwaredd ar bymtheg a chaewyd ugeiniau lawer o fanciau. Cafwyd trefn ar bethau gyda chyhoeddi yn 1844 y Ddeddf Seneddol yn dwyn y teitl *Bank Charter Act*; trwyddi hi pennwyd Banc Lloegr fel Banc Canolog y Deyrnas Unedig a rhoi i'r system fancio y nodweddion angenrheidiol a barhaodd hyd heddiw. Cyfunwyd nifer helaeth o fanciau, a rhoddwyd i Fanc Lloegr, ac ef yn unig, yr hawl i argraffu arian papur.

*   *   *

A ellid galw astudiaethau economaidd yn wyddor? O'r braidd. Ymddygiad dynol yw hanfod y pwnc, ac y mae hwnnw'n anos o lawer i'w ragfynegi na sylwedd difywyd. Efallai y gellid cyfeirio at y maes fel gwyddor gymdeithasol, oblegid ni ellir anelu at gywirdeb eithafol fel y gall gwyddonwyr naturiol. Ond myn rhai nad yw'r gwahaniaethau yn sylfaenol: yn hytrach mai gwahaniaeth gradd yn unig sydd rhyngddynt. Sut bynnag am hynny, y mae cytundeb cyffredinol bellach ymhlith economegwyr – er gwaethaf y ffaith fod gwahaniaeth barn eang iawn ar brydiau yn eu mysg – fod cyfran go dda o'r system economaidd nad ydynt yn ei deall ond yn bur amherffaith. Dyma yn ddiau a ddisgwyliem: i fyd gwleidyddiaeth y perthyn yr hyn a elwir yn "ddyfarniadau gwerth" *(value judgements)*, a'r byd politicaidd sydd yn penderfynu ar y materion hynny fel rheol. Ond gan fod y byd hwnnw'n mynd yn ôl ganrifoedd lawer, y mae'n naturiol inni ofyn pa mor hen yw astudiaethau economaidd? Pa bryd y "sefydlwyd" y pwnc?

Yr ateb poblogaidd i'r cwestiwn hwn yw 1776. Yn y flwyddyn y torrodd allan Ryfel Annibyniaeth America y cyhoeddwyd y gyfrol arloesol, *The Wealth of Nations* neu, â'r testun cyflawn, *An Inquiry into the Nature and Causes of the Wealth of Nations*. Ei hawdur oedd Adam Smith, gŵr o Kirkcaldy ger Caeredin yn yr Alban, a ddaeth, cyn cyrraedd ei ddeg ar hugain oed, yn Athro Athroniaeth Foesol ym Mhrifysgol Glasgow, swydd a ddaliodd am ddeuddeng mlynedd. O'r dydd y cyhoeddwyd y llyfr, wedi deng mlynedd o lafur, croesawyd ef drwy'r byd academaidd achlân fel gwaith o bwysigrwydd affwysol. Ni ellir, mewn erthygl fer fel hon, ond nodi prif bwyntiau'r llyfr, a'r blaenaf o'r rheini yw mai ffynhonnell pob cyfoeth yw llafur y bobl sydd yn ei gynhyrchu. Daliai Smith yn gadarn mai dyn sydd yn creu cyfoeth trwy ei waith. Felly fe gynyddir cyfoeth cymdeithas gan faint y llafur a gyfrennir i'w bywyd. Ceir mwy a gwell cynhyrchiant, meddai, trwy rannu llafur, ac yn ei ddadansoddiad dangosodd fod hynny yn ychwanegu at fedrusrwydd y gweithiwr, yn arbed amser ac yn talfyrru'r adrannau diflas a beichus mewn diwydiant. Yr ail bwynt i'w nodi yw pwyslais Smith ar hunan-les. Er ei fod yn cydnabod mai mewn rhadlonrwydd ac ewyllys da y cyrhaeddid pinacl y byd moesol, mynnai mai'r hyn a oedd yn ysbarduno bywyd undonog a chyffredin pob dydd oedd diddordeb personol a hunanol dynion. Meddai: "Nid caredigrwydd y pobydd a'r cigydd tuag atom sydd yn gofalu am ginio inni ond ystyriaeth o'u hachos hwy eu hunain. Nid eu dynoliaeth sydd yn cyfrif inni ond eu hunangariad. Na soniwch wrthynt am ein hangenrheidiau ni, ond am eu lles hwy." O gofio mai athroniaeth *foesol* oedd maes cyntaf Smith*, y mae'n bwysig nodi hefyd ei gred mewn Rhagluniaeth, ond nid yn yr ystyr diwinyddol. Dywed bod yr unigolyn, yn ddiarwybod iddo, yn cael ei dywys gan "law anweledig" i hyrwyddo, nid yn unig ei achos ei hun fel y bwriadai, ond hefyd ffyniant y gymdeithas oll.

185

Barn gyffredinol yr ysgolheigion yw mai Adam Smith a sylfaenodd y pwnc o economeg fodern. Diau yn wir. Un o'i edmygwyr mawr oedd William Pitt yr ieuaf, Prif Weinidog am dros ugain mlynedd yng nghyfnod y Chwyldro Ffrengig. Sonnir am noson cinio gwadd yn Llundain. Yr oedd Smith yn hwyr yn cyrraedd, ac ymddiheurodd. Cododd pawb ar eu traed, nifer o arweinwyr y llywodraeth yn eu plith, a chyhoeddodd Pitt: "Fe safwn ni i gyd nes yr eisteddwch chwi, gan mai disgyblion i chwi ydym oll."

*Cyhoeddwyd ei gyfrol *Theory of Moral Sentiments* yn 1759, dwy flynedd ar bymtheg o flaen *The Wealth of Nations.*

RHWNG RHYFELOEDD

"The tragedy of the Great War was that it was fought between the most highly civilized peoples in Europe on an issue which a few level-headed men could easily have composed, and with respect to which 99% of the population were wholly indifferent."

Dyna farn yr hanesydd H. A. L. Fisher yn ei gyfrol *A History of Europe to 1937*. Oedd, yn sicr, yr oedd y Rhyfel Byd Cyntaf yn 'drasiedi', yn arbennig felly pan ddarllenwn ymhellach farn (ddadleuol) hanesydd arall, A. J. P. Taylor, yn ei lyfr *The Origins of the Second World War*:

"The first war explains the second and, in fact, caused it, in so far as one event causes another."

Beth a achosodd ryfel yn 1914? Y mae ysgolheigion yn gytûn ar y prif reswm, sef llofruddio'r Arch-ddug Franz Ferdinand yn Sarajevo, prifddinas Bosnia a Herzegovina, ar yr wythfed ar hugain o Fehefin y flwyddyn honno. Yr Arch-ddug oedd etifedd a chyfaill y Canghellor Francis Joseph, pennaeth Ymwerodraeth Awstria-Hwngari. Yn dilyn y weithred farbaraidd hon cyhoeddwyd mobileiddio cyffredinol yn Rwsia – i gefnogi Serbia a oedd dan fygythiad Awstria. O fewn pum wythnos, er gwaethaf ymdrechion taer Gweinidog Tramor Llywodraeth Prydain, Syr Edward Grey, aeth cyfandir Ewrop yn wenfflam: Serbia yn cael ei tharo gan Awstria, yr Almaen (cefnogwyr Awstria) yn cyhoeddi rhyfel yn erbyn Rwsia ac yn erbyn ei chynghreiriad Ffrainc, ac yna yn erbyn gwlad Belg – a hynny'n dwyn Prydain i'r frwydr, a chofio gweithgarwch diflino Palmerston dros annibyniaeth y wlad fechan honno hanner canrif ynghynt.

Yn ystod y misoedd cyn y digwyddiad yn Sarajevo, yr oedd y tymheredd gwleidyddol ar gynnydd yn gyffredinol ar draws Ewrop: uchelgais Rwsia i gael rheolaeth ar Gaergystennin a mynediad i'w llynges i Fôr y Canoldir trwy gulfor y Bosphorous; awydd cynyddol yn Ffrainc am adfeddiannu'r rhanbarthau Alsace a Lorraine (a berthynai i'r Almaen er y rhyfel â Phrwsia 1870-71); cenfigen yr Almaen tuag at Brydain oherwydd grym ei llynges; y gwrthdaro oesol yn y Balcanau rhwng Tiwton a Slaf; a materion llai pwysig eraill.

A ellid bod wedi osgoi rhyfel yn 1914? Gellid, ar bob cyfrif. Wedi'r cyfan, nid oedd Prydain , na Ffrainc, na'r Eidal, na Rwsia, na Serbia, yr un ohonynt eisiau rhyfel, Yn wir, un wlad yn unig oedd â'i bryd ar frwydro, sef Awstria – a'r Almaen yn ei chefnogi'n llwyr (dan reolaeth lem y Kaiser Wilhelm yr Ail, ŵyr y Frenhines Victoria). Diau y byddai pethau'n wahanol petai gan Rwsia bennaeth cryf, ond gŵr gwan oedd Nicholas yr Ail, meddwl eiddil, dylanwad ei wraig yn gryf arno, a hithau Alexandra dan fawd y mynach enigmatig Rasputin: mater hawdd oedd perswadio Nicholas i fobileiddio'r fyddin.

Yr oedd colledion y rhyfel yn gwbl drychinebus. Daliai'r Athro Gilbert Murray, un o brif athronwyr y cyfnod – a hanesydd gwych hefyd – bod oddeutu 25 miliwn o bobl wedi'u colli. O'r rhain, yr oedd tuag wyth miliwn yn bobl ieuainc dan bump ar hugain oed: hufen y gwledydd. Yna miliynau yn dioddef anafiadau, newyn a chlefydau. Yn Rwsia bu effeithiau *cholera*, *typhus*, a phrinder bwyd difrifol ynghanol y chwyldro mawr, a'r rhyfel cartref rhwng y comiwnyddion Coch a Gwyn wedi'r heddwch yn Brest Litovsk (1917) hefo'r Almaen. Yng ngwlad Pŵyl, a gollodd chwe miliwn a hanner o'i phoblogaeth, bwytâi'r bobl, rhag llwgu, wair, gwreiddiau, mes a rhedyn. Lladdwyd hanner y boblogaeth wryw yn Serbia, ac yr oedd 35 y cant o'r gweddill yn dioddef o'r diciâu. Trasiedi diamgyffred, y cyfan.

Nid oedd hyn ond hanner y stori: nid annhebyg oedd cyflwr y gwledydd buddugoliaethus hefyd. Yr oedd colledion Ffrainc yn enfawr: yn bobloedd wedi'u lladd a'u hanafu; ffermydd wedi'u chwalu; ffatrïoedd, peiriannau, pyllau glo ac yn y blaen wedi'u dinistrio'n llwyr. (Dyma'r ail dro i hyn ddigwydd o fewn cof rhan go dda o boblogaeth y wlad.) Yr oedd yr Eidal yn brin iawn o ran adnoddau naturiol megis glo a haearn a thanwydd – a hynny'n wir am bob gwlad bron ar gyfandir Ewrop. Profodd yr India epidemig o ffliw a aeth â chwe miliwn o bobl i'w ganlyn. Ochr yn ochr â'r ffeithiau hyn, barn haneswyr yw mai *cymharol* isel oedd colledion Prydain, heb anghofio ychwaith i dros drigain mil o'i milwyr drengi mewn un diwrnod ym mrwydr y Somme yn 1916.

Adeg y Cadoediad yn Nhachwedd 1918 gellid disgrifio cyflwr Ewrop mewn pedwar gair: "unexampled misery and confusion". Yr oedd pedwar grym mawr, Rwsia, yr Almaen, Awstria–Hwngari ac Ymerodraeth yr Ottoman, wedi eu dinistrio; a phedwar grŵp o bobloedd eraill, y Pwyliaid, Czechiaid, Rumaniaid a Serbiaid, yn ceisio orau y gallent sefydlu llywodraethau newydd ynghanol anrhaith eu tiroedd: yr oeddent yn brin o brofiad ac effeithiolrwydd, heb fod yn gwbl sicr i bwy yr oeddent yn deyrngar – a phawb wedi eu nychu gan bedair blynedd o ryfel.

Pan gyfarfu'r 'Pŵerau Mawr' ym Mharis (wedyn Genefa) ddechrau 1919, yr oedd yno dair personoliaeth nodedig: dros America, Woodrow Wilson; dros Ffrainc, Georges Clemenceau; dros Brydain, David Lloyd George. Bu Wilson yn Athro'r Gyfraith ym Mhrifysgol Princeton, New Jersey, ac yna'n Rheolwr Llywodraeth Daleithiol y dalaith honno cyn ei ethol yn Arlywydd America yn 1913 (a'i ail-ethol yn 1916). Yr oedd ei weinyddiaeth yn enwog am y gwaharddiad ar ddiodydd meddwol (*prohibition*). Wilson yn fwy na neb arall oedd awdur y ddogfen 14 cymal a gyflwynwyd i'r Almaen wedi'r Cadoediad, a derbyniodd Wobr Heddwch Nobel yn 1919.

Yn awr, Democrat oedd Wilson, ond yr oedd mwyafrif aelodau'r *Senate** yn Weriniaethwyr, a hwy i raddau go bell sydd yn penderfynu polisi tramor America. Yr oedd taleithiau gogledd y wlad a rhai'r dwyrain yn cefnogi'r Arlywydd, ond y rhai deheuol a gorllewinol yn ei erbyn – a hwy oedd yn y mwyafrif yn y *Senate*. Cawn weld gyda hyn y siom chwerw a brofodd Wilson ddechrau

*Yr wyf yn fwriadol yn osgoi defnyddio'r gair 'Senedd'.

189

1919 wrth arwain y ddirprwyaeth yn erbyn yr Almaen i drafod telerau'r Cadoediad.

Bu Georges Clemenceau yn Brif Weinidog Ffrainc ddwywaith (1906-9, 1917-20). Meddyg ydoedd, ond ar ôl cwblhau ei astudiaethau academaidd, bu'n athro am bedair blynedd yn America. Wedi dychwelyd daeth yn arweinydd yr adain chwith eithafol yn Siambr y Dirprwyon yn Senedd Ffrainc. Ffafriai'n gryf ei berthynas â Phrydain a'r America, a chasâi'r Almaen â chas perffaith. Yr oedd yn ŵr galluog, ac ef oedd Cadeirydd y Gynhadledd Heddwch yng Ngenefa.

Etholwyd David Lloyd George i'r Senedd dros Fwrdeisdrefi Arfon yn 1890 ac yntau ond yn 27 mlwydd oed, a pharhaodd i'w cynrychioli am dros hanner can mlynedd. Bu'n Llywydd y Bwrdd Masnach, yn Ganghellor y Trysorlys am ddeng mlynedd (1905-15), a chyflwyno Cyllideb y Bobl – man cychwyn y Wladwriaeth Les – yn 1909-10 a arweiniodd at Ddeddf y Senedd yn 1911, deddf bwysig i atal grym ac awdurdod Tŷ'r Arglwyddi. Ac wrth gwrs, Lloyd George oedd y Prif Weinidog am y chwe blynedd tyngedfennol o 1916 hyd 1922.

Dau fis go dda wedi'r Cadoediad, ar y deunawfed o Ionawr 1919, daeth cynrychiolwyr ynghyd i Baris o bedwar ban byd i'r gynhadledd unigryw hon: "Cynhadledd Versailles". Yn ogystal â chynrychiolwyr apwyntiedig, daeth yno gannoedd eraill o bob haen o gymdeithas nes troi prifddinas Ffrainc yn un arwynebedd cosmopolitanaidd enfawr. Nid oedd yr Almaen yn fodlon o gwbl ar y 'Cytundeb' a gynigid iddynt: diarfogi'n llwyr, dileu consgripsiwn, ymadael o wlad Belg a thiroedd Alsace a Lorraine, difodi'r llynges, a nifer o faterion eraill fel a gynhwysid yn nogfen y 'Pedwar Pwynt ar Ddeg' gan Woodrow Wilson. Ond yn bennaf oll disgwylid iddynt (yn ôl Clemenceau) dalu cost y rhyfel yn gyfan gwbl, a amcangyfrifid yn swm astronomaidd o £24 biliwn. Ystyriai Lloyd George bod y swm hwn ymhell y tu hwnt i allu'r Almaen ei dalu, ac felly hefyd y teimlai'r economegydd John Maynard Keynes. Afraid dweud mai dyma farn holl bobl yr Almaen! Ac fel y lled awgrymwyd gynnau yr oedd mwyafrif yn y *Senate* yn America yn gadarn yn erbyn Cytundeb Versailles yn

PEDWAR PWYNT AR DDEG YR ARLYWYDD WOODROW WILSON

1. Cyfamodau agored heb ddim diplomyddiaeth gyfrinachol yn y dyfodol.
2. Rhyddid absoliwt mewn morwriaeth, adeg heddwch a rhyfel, y tu allan i ddyfroedd tiriogaethol, ac eithrio pan fo moroedd wedi eu cau trwy weithredoedd rhyng-genedlaethol.
3. Dileu, cyn belled â phosibl, yr holl rwystrau economaidd.
4. Gwarantau digonol er mwyn cwtogi arfau rhyfel cenedlaethol.
5. Addasiad cwbl ddiduedd o hawliau trefedigaethol, gyda buddiannau'r bobl dan sylw yn gymesur â hawliau'r Llywodraeth y mae ei theitl i'w benderfynu.
6. Holl diroedd Rwsia i'w gwacáu, a Rwsia'n cael cyfle cyflawn i ail-ddatblygu, a'r Pwerau'n cynorthwyo.
7. Gwlad Belg i'w hadfer yn gyfan gwbl i sofraniaeth rydd a chyflawn.
8. Holl diroedd Ffrainc i'w rhyddhau, a'r drwg a gyflawnwyd gan Prwsia yn 1871 i'w unioni.
9. Ail-addasiad o ffiniau yr Eidal ar linellau cenedligrwydd.
10. Rhoddi i bobloedd Awstria-Hwngari y cyfle i ddatblygu'n annibynnol.
11. Romania, Serbia a Montenegro i'w gwacáu; Serbia i gael mynediad i'r môr, a chysylltiadau Taleithiau'r Balcan i'w setlo ar linellau teyrngarwch a chenedligrwydd.
12. Cenhedloedd an-Nhwrcaidd yn yr Ymerodraeth Ottoman i gael sicrwydd o ddatblygiad annibynnol, a môr y Dardanelles i fod yn barhaol rydd i holl longau pob gwlad.
13. Gwlad Pŵyl i fod yn wladwriaeth annibynnol gyda mynediad i'r môr.
14. Cysylltiad cyffredinol o genhedloedd i gael ei ffurfio dan gyfamodau penodol, i'r pwrpas o ganiatáu gwarantau-ar-y-cyd o annibyniaeth wleidyddol a sicrwydd tiriogaethol i Daleithiau mawr a bach fel ei gilydd.

ei gyfanrwydd. Yn ogystal, gwrthodwyd dogfen y 'Pedwar Pwynt ar Ddeg' a gyflwynwyd gan Woodrow Wilson, ac ni fodlonent ar i America ymuno â Chynghrair y Cenhedloedd. Amharodd ei hamharodrwydd yn ddirfawr ar yr Arlywydd, a dirywiodd ei iechyd.*

O'r diwedd, arwyddwyd Cytundeb Versailles ar Fehefin 28, 1919, a'r holl gynrychiolwyr yn difrifoli am nad oedd sêl Taleithiau Unedig America arno. Ac felly hefyd gyda sefydlu Cynghrair y Cenhedloedd yn 1919. Yr oedd prif wleidyddion y byd o blaid creu

*Bu farw'n 68 oed yn 1924, o dorcalon, medd rhai, wedi siom Versailles.

rhyw fath o drefn i osgoi rhagor o ryfeloedd. Nid bod y syniad yn un hollol newydd: cofir am ymdrechion yr Eglwys Gatholig yn yr Oesoedd Canol i sefydlu undeb a heddwch yn Ewrop; ac yr oedd Llys Cyfraith Cenedlaethol wedi ei sefydlu yn yr Hague yng ngorllewin yr Iseldiroedd ddiwedd y bedwaredd ganrif ar bymtheg (er nad oedd yno bŵer nac awdurdod i orfodi cenhedloedd i ddwyn eu hanghytundebau yno.) Ar ôl gwastraff a dioddef anhygoel y Rhyfel Byd Cyntaf, onid oedd yn bosibl sefydlu senedd genedlaethol i roi terfyn ar yr holl anghydfod a rhyfela rhwng gwledydd? Ond yr oedd eraill yn dal bod ymrysonfeydd gwaedlyd wedi bod erioed ac yn debyg o barhau am byth.

*   *   *

Sut bynnag, yn 1919 fe benderfynwyd sefydlu'r Gynghrair yng Ngenefa: y Cyngor, Cynulliad, Llys Cyfraith ac Ysgrifenyddiaeth, a rhai trefniadau eraill. Cyfarfu'r Cynulliad am y tro cyntaf yn Nhachwedd 1920 gyda chynrychiolwyr o ddwy a deugain o wledydd[*]; erbyn 1923 yr oedd y ffigwr wedi codi i bum deg a dau.[†] Cynrychiolai'r Cyngor y pwerau mawr, yr oedd i gyfarfod o leiaf deirgwaith y flwyddyn – ac yr oedd gorfod ar i benderfyniadau fod yn unfrydol. Cynhwysai'r Cynulliad (Assembly) aelodau o bob gwlad, ac yr oedd gan bob un ohonynt, mawr a bach, yr un gynrychiolaeth.

Bu cryn lwyddiant ar waith y Gynghrair yn y tair blynedd cyntaf, gan ddelio â phob math o broblemau o ganlyniad i'r Rhyfel Byd; e.e., mater carcharorion, cael yn agos i hanner miliwn o bobl yn ôl i'w cartrefi, gwyddonwyr o bob cyfeiriad yn trafod materion y "gwledydd mandad": Ffrainc yn Syria, Prydain ym Mhalesteina, Mesopotamia a llu o leoedd eraill. Ac felly ymlaen. Wrth reswm, y prif bwnc oedd osgoi rhyfel i setlo anghydfod rhwng y cenhedloedd, ynghyd â chynorthwyo i leihau tlodi'r gwledydd a chodi safonau byw. Ond yr oedd un broblem arbennig iawn yn Ewrop rhwng y ddau Ryfel Byd a dueddai i fwrw'r holl broblemau

*Gwaharddwyd yr Almaen a Rwsia rhag ymuno hyd 1926.

†Cymharer hyn â'r 193 sydd yn awr yn perthyn i'r Cenhedloedd Unedig.

eraill i'r cysgod, er mor ddifrifol oeddent. A'r broblem honno oedd yr Almaen. Hi oedd y broblem fawr.

*   *   *

Dri mis wedi'r Cadoediad, sef ar Chwefror 6, 1919, fe gyfarfu Cynulliad y Weimar i lunio cyfansoddiad. Etholwyd y Cynulliad hwn gan y fath fwyafrif o'r genedl Almaenaidd fel mai ofer fyddai honni nad gweithred fwriadol dinasyddion rhydd a ddaeth ag ef i fod. Tref fach daleithiol yng nghanolbarth yr Almaen oedd Weimar lle y lluniwyd y cyfansoddiad. Ystyrid bod Berlin, ar ddiwedd y rhyfel, yn rhy beryglus o lawer i ffurfio'r llywodraeth. Ond torrodd stormydd cryfion ar y Weriniaeth hon o'r dechrau. Yr oedd nifer o wahanol bleidiau yn y Cynulliad – a rhai ohonynt a'u bryd ar ei chwalu: fel y Comiwnyddion, a'r Adweithwyr, a'r Breniniaethwyr – a'r Natsiaid. Yn wir, fe ffyrnigodd y dadleuon yn gymaint fel y bu'n rhaid i'r Llywodraeth adael Berlin a sefydlu yn Stuttgart. Ond yr oedd gwaeth i ddod.

Arlywydd a Phrif Weinidog Ffrainc yn yr ugeiniau oedd Raymond Poincaré, cyfreithiwr diwyd a galluog, a mynnai ef fod yr Almaen yn talu'n llawn am y rhyfel. Erbyn Ionawr 1923, a'r Almaen hyd hynny wedi methu â thalu, collodd Poincaré ei amynedd a phenderfynodd anfon milwyr i ardal ddiwydiannol y Ruhr – ac aelodau o bob plaid ym Mhrydain yn protestio yn erbyn y weithred. Dibrisiwyd y *Deutsche mark*, gyda chanlyniadau enbydus i'w eithaf. Mewn deng mis, rhwng Ionawr a Hydref 1923, suddodd y *Deutsche mark* o fod yn werth 80,000 am bunt i 112 o filoedd o filiynau. Yn nhri mis olaf y flwyddyn, cynyddodd y chwyddiant y tu hwnt i bob rheolaeth – dros filiwn o weithiau. Diflannodd eiddo cyfoethogion yr Almaen mewn dyddiau: yn werth arian enfawr un diwrnod, a thrannoeth bron heb geiniog goch y delyn.

Er yr holl anawsterau fe oroesodd Gweriniaeth y Weimar, a hynny'n bennaf oherwydd gwaith un gŵr nodedig: Gustav

193

Stresemann, Ysgrifennydd Tramor y Weriniaeth am y chwe blynedd blinderus 1923-9. Cydweithiodd ef yn glós â'i gyfatebydd yn Ffrainc, Aristide Briand, a haeddiannol oedd i'r ddau rannu'r wobr heddwch Nobel yn 1926. Erbyn hynny yr oedd penderfyniadau pwysig wedi'u cymryd mewn cynhadledd yn Llundain, gan gynnwys bod milwyr Ffrainc i ymadael â'r Ruhr a thiriogaeth yr afon Rhein.

Tra oedd hyn oll yn mynd ymlaen, yr oedd gŵr tua phymtheg ar hugain oed mewn carchar yn Awstria. Yr oedd wedi ymddiddori'n llwyr yn yr hyn a ddigwyddasai yn yr Eidal yn 1922: Benito Mussolini a'i blaid Ffasgaidd wedi dod i rym. Penderfynodd y carcharor fod yn rhaid i'r Almaen ddilyn yr un llwybr. Ei enw oedd Adolf Hitler. Dyma eiriau'r hanesydd H. A. L. Fisher amdano:

> "This obscure young man set himself to found a German party on the Italian model. He was a tough, resentful, visionary figure, half crazy with anti-Semitism, as an orator violent, abounding and hysterical...Knowing how great Germany had been, he felt that she had but to will to be great once more... A fanatical racialist, he had no use for social democrats, communists, Jews, or liberals. The classic German doctrine of the state as power, the doctrine of Hegel and Bismarck, was fixed in the very marrow of his being."

Yn ychwanegol, wrth gwrs, yr oedd sipsiwn, hoywon ac undebau llafur yn anathema iddo. Bu Hitler yn y carchar am ychydig dros flwyddyn, ac yno fe ysgrifennodd ran gyntaf ei lyfr *Mein Kampf* (Fy Ymdrech). Ar ôl cael ei ryddhau yr ysgrifennodd yr ail ran. Y mae 27 o dudalennau o'r gwaith yn sôn am yr Iddewon: fe'u darllenais yn ofalus, a methais â darganfod fawr un gair o glod na gwerthfawrogiad o'r genedl. Dyma un dyfyniad i ddangos natur ac ysbryd yr ysgrifennu:

> "Since the Jew is not the object of aggression but the aggressor himself, he considers as his enemies not only those who attack him but also those who may be capable

194

of resisting him. The means which he employs to break people of this kind, who may show themselves decent and upright, are not the open means generally used in honourable conflict, but falsehood and calumny. He will stop at nothing. His utterly low-down conduct is so appalling that one really cannot be surprised if in the imagination of our people the Jew is pictured as the incarnation of Satan and the symbol of evil."

(tud.272. Cyfieithiad James Murphy)

Yr Iddew, druan, sydd yn cael y bai am bron bob diffyg a gwendid o fewn cymdeithas. A dyna'r llyfr a ddaeth, mewn amser, yn "efengyl" i'r Blaid Natsïaidd yn yr Almaen.

*　　　*　　　*

Fis Hydref 1925, yn Locarno yn y Swistir, fe wnaed ymdrech wirioneddol i wneud rhyfel yn Ewrop yn amhosibl; yn wir, gellir dweud i'r Cytundeb a luniwyd yno rhwng yr Almaen, Ffrainc, Prydain, Yr Eidal a Gwlad Belg brofi'n drobwynt yn yr ugain mlynedd rhwng y ddau Ryfel Byd. Dyma Gytundeb a fodlonai bob un o'r gwledydd, diolch i'r tri Ysgrifennydd Tramor dawnus: Stresemann (Yr Almaen) a Briand (Ffrainc) (y cyfeiriwyd atynt eisoes) a thros Brydain Austen Chamberlain (brawd Neville). Ymunodd yr Almaen â Chynghrair y Cenhedloedd y flwyddyn ddilynol, ac yr oedd y rhagolygon am heddwch yn Ewrop yn foddhaol. Ond . . .

Ar Hydref 3, 1929, bu farw Stresemann o drawiad ar y galon, ac yntau ond 51 mlwydd oed, er mawr golled i'r Almaen ac i Ewrop. Union dair wythnos wedyn, fe ddigwyddodd yr hyn a elwir yn *Wall Street Crash* yn Efrog Newydd pan gwympodd gwerth siariau yn y Farchnad Stoc yn drychinebus, a dwyn argyfwng ariannol ar draws y byd na welsid mo'i debyg erioed cyn hynny. Galwodd America am yr arian a roddwyd ar fenthyg i Ewrop wedi'r rhyfel yn ôl, ac yr oedd hyn i gael effaith gatastroffig ar economi'r gwledydd – yn arbennig yr

195

Almaen. Ymhen dwy flynedd nid oedd gwerth masnach y byd ond traean ei gwerth yn 1928. Yr oedd deuddeng miliwn allan o waith yn America, chwe miliwn yn yr Almaen, a thair miliwn ym Mhrydain. Yn y Gorllewin yr oedd dros ddeng miliwn ar hugain ar y dôl. Fis Awst 1931 ffurfiwyd "Llywodraeth Genedlaethol" yn Llundain o dan Ramsay Macdonald, a chyn diwedd Medi yr oedd "y Safon Aur" wedi'i dileu a'r bunt wedi 'colli' traean o'i gwerth. A gorfodwyd Prydain i ymadael â'i pholisi hanesyddol o farchnad rydd.

Ond na, yr Almaen a ddioddefodd fwyaf o ganlyniad i'r hafog yn Wall Street. Mewn dwy flynedd, 1929-30, fe gwympodd cyfalaf tramor y wlad i lawr o bum biliwn i saith gan miliwn, gostyngiad o 86 y cant. Nid oedd modd talu dyledion; galwyd benthyciadau i mewn; caewyd cwmnïau; a chynyddodd methdaliadau laweroedd. Collodd miloedd o bobl gynilion oes. A blwyddyn erchyll oedd 1932: effaith wleidyddol y dirwasgiad economaidd oedd cynnydd sylweddol mewn eithafiaeth, ac o'r holl bleidiau, y Natsïaid a elwodd fwyaf. Yn yr etholiad i'r senedd, y *Reichstag*, yn 1928, 12 Natsi a lwyddodd; yn 1930 107; yn 1932 230. Fel y dywedodd yr Athro Alan Bullock yn ei gyfrol ar Hitler:

"When disaster cast its shadow over the land again,
the despised prophet entered into his inheritance."

Pan benderfynodd yr Arlywydd Hindenberg, ym Mai 1932, wneud Franz Von Papen yn Ganghellor yn lle Heinrich Brüning, ym marn rhai haneswyr dyma'r hyn a laddodd nid yn unig Weriniaeth ond hefyd heddwch Ewrop. Cyn diwedd Ionawr 1933 yr oedd y sefyllfa wedi mynd mor amhosibl – terfysgoedd gwawdlyd ar y strydoedd, ac ymlad ffyrnig rhwng Natsïaid a Chomiwnyddion – fel nad oedd gan Hindenberg fawr ddewis ond derbyn Hitler yn Ganghellor, ac wynebu naill ai anhrefn wleidyddol neu o bosibl ryfel cartref. Daeth Hitler i'w swydd ar y degfed ar hugain o'r mis. Cafwyd gorymdaith ffaglau a barhaodd am saith awr ar strydoedd Berlin – fel pe i ddathlu angladd Gweriniaeth y Weimar. Ymhen llai na mis

(Chwefror 27) bu tân dinistriol yn adeilad y *Reichstag*: rhoddwyd y bai ar y Comiwnyddion er mai'r Natsïaid, fwy na thebyg, oedd yn gyfrifol. O fewn dyddiau i'r digwyddiad hwnnw, fe gynhaliwyd, ym Mhrifysgol Rhydychen, gyfarfod o'r "Oxford Union Debating Society" i drafod y gosodiad:

"That this House will not fight for King and Country."

Yr athronydd C. E. M. Joad a agorai'r ddadl, ac yr oedd y bleidlais yn gryf o blaid y datganiad. Achosodd hynny gynnwrf mawr drwy'r wlad ac yn Ewrop. Ymhen wyth mis, Hydref 1933, fe aeth yr Almaen allan o Gynghrair y Cenhedloedd. Yr oedd hyn ychydig amser ar ôl i Japan ymadael o'r Gynghrair wedi iddi feddiannu'r wlad enfawr Manchuria – maint Ffrainc a'r Almaen hefo'i gilydd – a sefydlu'r wladwriaeth byped o Manchukuo. Yr oedd machlud y Gynghrair ar y gorwel, a'r rhagolygon rhyng-genedlaethol yn gwelwi a thywyllu'n gyson.

*   *   *

Ar ddechrau'r bennod hon mynegwyd y farn y gellid, ar bob cyfrif, fod wedi osgoi rhyfel yn 1914. A ellir dweud yr un peth am 1939? Ystyriwn. Y mae'r ffordd y daeth yr Almaen i ryfel am yr ail dro mewn ugain mlynedd, mwy neu lai, yn gymhleth a dadleuadwy. Dyfynnwyd o lyfr Hitler, *Mein Kampf*, i ddangos mor eirias ei atgasedd o'r Iddewon a sawl adran arall o'r boblogaeth: a'i fwriad diymatal i'w hysgubo'n llwyr o gyfandir Ewrop. Yn mis Hydref 1935 ymosododd Mussolini ar Ethiopia, ac oherwydd, o ganlyniad, iddo ymddieithrio oddi wrth Brydain a Ffrainc ar y mater, closiodd yn gynghrair i Hitler, a'r ddau ffasgydd yn 1936 yn rhoi cymorth milwrol i Franco yn y Rhyfel Cartref yn Sbaen.* Torrodd y rhyfel hwn allan yng Ngorffennaf 1936, a rhaid ystyried y tair blynedd o hynny hyd Fedi 1939 fel cyfnod enbyd o anodd a phryderus. Yr Almaen yn ail-feddiannu tiriogaeth y Rhein; yr Eidal yn

---

*Honnir bod hyd at gan mil o filwyr o'r Eidal a thua deng mil o'r Almaen wedi mynd i frwydro yno. Aeth rhyw bedair mil, meddir, o Brydain i gynorthwyo'r llywodraeth weriniaethol. Un o ddigwyddiadau mwyaf gwaradwyddus y rhyfel hwnnw oedd y cyrch awyr ar dref Guernica gan awyrennau'r Almaen.

ymadael â Chynghrair y Cenhedloedd; Hitler – yn groes i gytundeb Locarno – yn cyhoeddi ail-arfogi (a gwledydd eraill yn dilyn); Anthony Eden a Neville Chamberlain yn anghytuno ynghylch ymosodiad yr Eidal yn Abyssinia, ac Eden yn ymddiswyddo; Hitler yn "cymryd gofal" o Awstria a'i chwe miliwn o Almaenwyr; yna'r tair miliwn yn Czechoslovakia; a'r pedwar can mil yn Danzig.

Medi 3, 1939, Rhyfel Byd eilwaith, a phedair gwlad yn unig yn Ewrop yn niwtral: Sbaen, Portiwgal, Sweden, a'r Swistir. A ellid bod wedi'i osgoi yn wyneb bygythiadau Hitler i ddifodi'r genedl Iddewig yn llwyr? Prin iawn.

JOHN WYCLIFFE
– Y PRESBYTERIAD CYNTAF?

Medd croniclydd Saesneg yn y flwyddyn 1382:

"In those days flourished master John Wycliffe, rector of the church of Lutterworth in the county of Leicester, the most eminent doctor of theology of those times. In philosophy he was reckoned second to none, and in scholastic learning without rival. This man strove to surpass the skill of other men by subtlety of knowledge and to traverse their opinions."

Ychydig iawn a wyddom am fywyd cynnar y gŵr hwn. Fe'i ganed tua'r flwyddyn 1320 yn Swydd Efrog, a'i addysgu yn Rhydychen. Yn y blynyddoedd hynny, sef canol y bedwaredd ganrif ar ddeg, yr oedd dylanwad Prifysgol Paris wedi dirywio – yn bennaf oherwydd y rhyfeloedd yn erbyn Lloegr – a throsglwyddo'i goruchafiaeth academaidd i Rydychen, a ystyrid fel y brifysgol fwyaf rhydd a phwerus yn Ewrop. Tua'r flwyddyn 1360, a Wycliffe oddeutu'r deugain oed, etholwyd ef yn Bennaeth Coleg Balliol; nid oedd hyn yn ddim syndod gan mai ef mewn gwirionedd oedd ysgolor enwocaf ei ddydd. (Yr oedd hefyd yn Gymrawd o Goleg Merton ac felly yn perthyn i ddau o'r tri choleg hynaf yn Rhydychen: y Brifysgol oedd y llall.) Yn wir, cyn iddo gyrraedd ei hanner cant oed yr oedd wedi ennill safle unigryw ymhlith dysgedigion: nid oedd neb i'w gyffwrdd fel diwinydd, darlithydd nac athronydd. Yr oedd mewn dosbarth ar ei ben ei hun yn hollol.

Gŵr gwantan o gyfansoddiad ydoedd, esgyrnog a bregus, ond cymeriad gloyw anghyffredin. Sonnir amdano fel un wedi byw bywyd o burdeb dilychwin. Yr oedd ganddo egni aruthrol. argyhoeddiad di-sigl a balchder anorchfygol. Ef oedd y diwygiwr cyntaf, bron ddwy ganrif o flaen Martin Luther, i gwestiynu a gwadu credo'r Gristnogaeth o'i gwmpas, i dorri trwy draddodiad y gorffennol, a chyda'i anadl olaf i haeru rhyddid y meddwl crefyddol yn erbyn dogmâu'r Babaeth. Yr oedd ei ymosodiad ef ar y drefn yn Ewrop wedi dechrau ar yr union amser pryd yr oedd yr Eglwys yn yr Oesoedd Canol wedi suddo i'r gwaelodion eithaf o ran ei chyflwr ysbrydol. Gwelsai'r ddwy ganrif flaenorol, y ddeuddegfed a'r drydedd ar ddeg, ymdrechion mawr dros ddiwygiad a threfn yn yr Eglwys, mewn dogma ac athroniaeth. Uwchlaw popeth yr oedd y mynaich yn y ddeuddegfed ganrif a'r 'brodyr' yn y drydedd ar ddeg wedi dwyn i Orllewin Ewrop ryw synnwyr newydd o ymgysegriad a gorfoledd ysbrydol. Ond yn y bedwaredd ganrif ar ddeg yr hyn a gawn yw ymdeimlad cyffredinol o ddirywiad, rhyw syniad bod amarch ac anfri yn ennill tir yn hytrach na chael eu goresgyn. Er gwaethaf rhai arwyddion i'r gwrthwyneb, yr oedd yna deimlad cynyddol o rwystredigaeth am ddeddfoldeb y grefydd sefydledig.

Ychwaneger at hyn argyfwng yr Eglwys rhwng 1309 a 1417. O 1309 hyd 1378, yn Avignon yn ne Ffrainc yr oedd pencadlys y Babaeth, a Ffrancwr oedd pob un o'r saith Pab a fu yn y cyfnod hwnnw. Wedyn, hyd 1417, cafwyd dau Bab, y naill yn Avignon a'r llall yn Rhufain – a'r ddau yn melltithio'i gilydd – a chyfnod byr yn dilyn Cyngor Pisa (1409) pan oedd *tri* gŵr yn ceisio eistedd yng Nghadair Pedr, cyn dwyn y Sgism Fawr i ben o dan y Pab Martin y Pumed. Fel y gellid disgwyl, canlyniad yr holl anghydfod hwn oedd cynyddu syniadau gwrth-Babaidd ar draws Ewrop, yn arbennig yn y cylchoedd academaidd megis Paris a Rhydychen. Yr oedd yr amser yn barod am ddiwygiad, a nifer o gwestiynau anesmwyth i'w hateb. Ai'r 'Babilon Fawr' oedd yr Eglwys? Ai Anghrist oedd y Pab mewn gwirionedd? A oedd Offeiriad Crist i droedio'r un llwybr o dduwioldeb sanctaidd â'r Apostolion gynt?

Yr oedd amryw o fudiadau yma a thraw yn Ewrop yn anfodlon ynghylch y sefyllfa, yn gwrthwynebu pomp ac uchelgais y Babaeth, ei sacramentau a'i seremonïau, a hawl yr offeiriadaeth i ryw fesur arbennig o awdurdod crefyddol. Ond pwysicach na hyn oll oedd Lollardiaeth, yr enw a roddir yn gyffredinol i ddilynwyr Wycliffe er bod y mudiad mewn bod yn yr Iseldiroedd ar ddechrau'r bedwaredd ganrif ar ddeg, cyn ei eni ef (a'r enw yn tarddu o air yn iaith y wlad honno yn golygu mwmian neu swnian). Dyna'r pryd y daethpwyd i gydnabod bod dwy ffordd o ystyried lle a dyletswydd yr eglwys yn y byd, y naill yn dilyn syniadau'r Pab Gregory'r Seithfed (Hildebrand) a'r llall rhai Ffrancis o Assisi, dwy ffordd anghyson â'i gilydd. Wrth gwrs, y gyntaf a ddewiswyd gan y Babaeth, a'i gwrthwynebu gan y Ffransisiaid a'r Lollardiaid a nifer o fudiadau eraill: yr elyniaeth rhwng y ddau ddelfryd hyn, bron iawn ymhob gwlad yn Ewrop, yw rhan dda o hanes crefydd yn y bedwaredd ganrif ar ddeg. Yn Lloegr treuliodd Wycliffe y rhan helaethaf o'i fywyd yn y frwydr, a chymynnu ei lafur i'r Lollardiaid. Iddo ef, dylai'r eglwys, os yw'n deilwng o'i chenhadaeth, gynorthwyo dynion i fyw bywyd o dlodi efengylaidd 'i'w gwahanu oddi wrth y byd ac efelychu Crist. Os yw'n methu yn y cyswllt hwn, meddai, fe baid â bod yn eglwys.

Credai fod gormod o bwyslais ar y sacramentau: yr hyn yr oedd ei angen oedd mwy o bregethu – wedi ei sylfaenu ar yr Ysgrythur, a honno ar gael i bawb. A dyna paham y trefnodd i gylch bychan o'i ddisgyblion drosi'r Fwlgat, y Beibl Lladin, i'r Saesneg, a rhoi i'w gydwladwyr am y tro cyntaf fersiwn o'r Ysgrythur yn eu hiaith eu hunain.* Trwy gyfrwng hwn y lledaenwyd y neges ar hyd a lled y wlad gan y fintai o 'bregethwyr tlawd' a hyfforddwyd gan Wycliffe. Ond unwaith y dechreuodd feirniadu'r Eglwys fe'i tynnwyd ymlaen ac ymlaen i'w chondemnio ymhob modd, ac yn y man i argymell iddi ffurf o lywodraeth nid annhebyg iawn i'r syniad diweddarach o Bresbyteriaeth. Mynnai fod awdurdod a rheolaeth wedi'u sylfaenu ar ras, a'r hawl i'w gweithredu yn

---

* Dyna paham y gelwir ef yn 'Father of English prose', fel y cyfeirir at ei gyfoeswr Chaucer fel 'Father of English poetry'.

dibynnu ar rinwedd: felly ni ddylid caniatáu i offeiriad annheilwng weinyddu'r sacramentau. Yn ystyr cyflawn y gair, nid oedd Wycliffe yn Brotestant oherwydd cadwodd ei gred yn y purdan ac ni wrthodai le arbennig i'r Forwyn Fair gael ei mawrygu gan y ddynoliaeth. Ond wrth ymwrthod â phabyddiaeth a phreladiaeth, pwysleisio awdurdod yr Ysgrythur, gwadu gwyrth yr Offeren a hawl benodol clerigwyr o feddu grym ysbrydol, yn ogystal â phererindodau ac addoli delwau, o'r braidd y gellid gwahaniaethu ei syniadau oddi wrth eiddo Piwritaniaid yr ail ganrif ar bymtheg.

Cyfeiriwyd eisoes mor hanfodol bwysig iddo oedd yr ysgrythurau, ac yno y canfu'r awdurdod terfynol, nid yn yr eglwys weledig a hanesyddol, oherwydd gwelai fod gwrth-gyferbyniad amhosibl rhwng Cristnogaeth ei gyfnod ef a bywydau'r pysgotwyr yn yr efengylau. Ond mae'n rhaid cydnabod na chondemniodd seremonïau fel bedyddio, conffyrmio, priodas ac eneinio, yn hollol wahanol i'w farn lem ar urddau, cyffesu a'r offeren. Daliai nad oedd dim gwahaniaeth, mewn gradd na dyletswyddau, i fod rhwng esgob ac offeiriad: a'u pennaf waith oedd pregethu'r gair. Erbyn gwanwyn 1381 daethai i gredu mai athrawiaeth gyfeiliornus oedd traws-sylweddiad: ar y mater hwn, yn bennaf oll, y daeth i wrthdrawiad â'r awdurdodau, gan wadu'n llwyr fod unrhyw allu dewiniol gan glerigwr yn yr offeren i drawsnewid y bara a'r gwin yn gorff a gwaed Crist adeg bendithio'r elfennau. Diarddelwyd ef o'i swydd yn Rhydychen, ac ymneilltuodd i reithordy Lutterworth, oddeutu wyth milltir i'r de o Gaerlŷr (a oedd wedi'i roddi iddo gan ei gyfaill a'i noddwr John o Gaunt, pedwerydd mab Edward y Trydydd). Yn nechrau 1383 trawyd ef gan barlys, a thridiau wedi'r Nadolig 1384 fe'i parlyswyd yn derfynol. Bu farw Nos Calan, a'i gladdu yn Lutterworth.

Ddeng mlynedd ar hugain yn ddiweddarach, yng Nghyngor Constans ym Mai 1415, condemniwyd ef a'i holl weithiau, gyda gorchymyn i godi ei gorff, ei losgi a bwrw'r llwch i'r afon Swift sydd yn rhedeg drwy Lutterworth. Gwnaed hynny yn 1428.

'Felly,' meddai un hanesydd, 'aeth llwch Wycliffe o'r Swift i'r Avon, ac o'r Avon i'r Hafren, ac o'r Hafren i'r môr, a thrwy'r môr dros y byd i gyd.'

Wedi'i farwolaeth fe adenillwyd cylchoedd academaidd Rhydychen yn ôl i'r hen uniongrededd. Amddifadwyd mudiad y Lollardiaid o'r cymeriad ysgolheigaidd a roes Wycliffe iddo, a dod felly yn grefydd i bobl gyffredin a di-ddysg (hyd yn oed anllythrennog) iddynt hwy gyfarfod yn gyfrinachol i fyfyrio'n dawel am negeseuau'r efengylau. Fel hyn y parhaodd o'r bedwaredd ganrif ar ddeg am yn agos i ganrif a hanner, nes iddo doddi i mewn i'r mudiad mawr ysgubol a alwn ni heddiw'n Ddiwygiad Protestannaidd ar ôl 1517.

O! Gymru Fach

Er cof am gyfaill annwyl, Islwyn Ffowc Elis, a fu farw Ionawr 22, 2004

Fe lithra'n dyddiau gyda'r lli,
   A'n hienctid a bellha,
A'r wlad fach hon lle'm maged i,
   Anwylach fyth yr â:
O! Gymru fach, O! Gymru fach.

Ei bryniau a'i llechweddau mwyn,
   Ânt harddach bob yn ddydd;
I'w dolydd daw rhagorach swyn,
   I'w blodau, ac i'w gwŷdd :
O! Gymru fach, O! Gymru fach.

Murmuron nentydd Gwalia lân
   Sydd felodïau pêr;
Nid oes yn ffrydiau'r byd achlân
   Eu hafal dan y sêr:
O! Gymru fach, O! Gymru fach.

'R un draethell well y teithiwr wêl
   Dros wyneb daear gron
Na'r euraid lannau pan ymwêl
   Â theg arfordir hon:
O! Gymru fach, O! Gymru fach.

Ei hiaith, ei llên, a'i gwerin gân,
   Un pris i'r rhain, nid oes;
A'i thrysor mwya'r sanctaidd dân
   Yng nghrefydd Crist y Groes:
O! Gymru fach, O! Gymru fach.

Anwylaf wlad, tra ynom chwŷth,
   Gwareder rhag pob clwy;
A'n traddodiadau, byddent fyth
   Yn gysegredig mwy:
O! Gymru fach, O! Gymru fach.

COFIO DAU GYFAILL

Ym mis Mehefin, ers rhai blynyddoedd bellach, fe draddodir ym Methesda Ddarlith Goffa Dafydd Orwig. Daw'r achlysur blynyddol hwn â llu o atgofion i mi am fy nghyfeillgarwch â Dafydd, yn ymestyn sbel dros ddeugain mlynedd, ac er bod wyth mlynedd a hanner wedi treiglo er pan fu ef farw yn 68 oed ar Dachwedd 10, 1996,* pery'r ymdeimlad dwfn o golled ar ei ôl. Un mis ar bymtheg yn ôl – sef ar Ionawr 22, 2004 – collais gyfaill arbennig arall gyda marwolaeth y llenor disglair Islwyn Ffowc Elis yn Ysbyty Glan Gwili, Caerfyrddin, yn 79 oed. Ac yr wyf yn y rhifyn hwn o *Llais Ogwan* am gyplysu'r ddau ffrind hoff yma mewn atgof personol unigryw am ddiwrnod arbennig iawn yn hanes y tri ohonom – achlysur a brofodd, fel y bu pethau, yn bellgyrhaeddol i'r wasg Gymraeg ac i ddyfodol llenyddiaeth ein hiaith a'n cenedl ni. Ddwy filltir ar y briffordd i'r dwyrain o Ddolgellau, yn fuan wedi pasio'r tro i'r chwith ar yr allt am bentref y Brithdir, ac oddeutu hanner milltir cyn dod at Westy'r Cross Foxes (lle'r ymranna'r ffordd -Dinas Mawddwy i'r chwith, Machynlleth i'r dde), mae yna lecyn bychan a gofiaf fi am weddill fy oes. Ar brynhawn Mercher yr ail wythnos o Awst 1954 – hanner can mlynedd i'r llynedd – yr oedd yno, yn nhawelwch gogoneddus cefn gwlad Meirionnydd, fodur bychan taclus, Awstin A40, wedi'i barcio am yn agos i dair awr, ac ynddo dri gŵr ieuanc brwd, yn trin a thrafod, yn ymresymu a chynllunio – ie, breuddwydio a rhamantu rhyw gymaint -ynglŷn ag un pwnc llosg a oedd i'r tri ohonynt yn dyngedfennol i ddyfodol y Gymru Gymraeg. A'r pwnc hwnnw oedd cyflwr truenus y fasnach lyfrau, a beth mewn difrif calon y gellid ei wneud yn ymarferol yn y fath sefyllfa enbydus. I bob golwg, yr oedd y wasg Gymraeg yn marw, a dyna'r gwir plaen.

*Ysgrifennwyd yn 2005

Cyn mynd ymhellach, rhaid amlinellu cefndir yr achlysur, gan ddyfynnu rhan o'm teyrnged i Dafydd yn y gyfrol *Cofio Dafydd Orwig* (1997) a olygwyd gan Ieuan Wyn. Ganol Tachwedd 1952, sef bron ddwy flynedd cyn yr hyn y soniais amdano uchod, cynhaliwyd cynhadledd yn Llandrindod wedi'i threfnu gan Gymdeithas y Cymmrodorion i drafod cyflwr y wasg yng Nghymru, gyda Phrifathro Coleg Prifysgol Bangor, Syr D. Emrys Evans, yn brif siaradwr. Yr oedd yn amlwg ddigon, yn ôl y ffeithiau brawychus a ddatgelwyd y dwthwn hwnnw – sef ystadegau am gylchrediad llyfrau Cymraeg, etc. – fod dyddiau cyhoeddi llyfrau a chylchgronau yn ein hiaith wedi'u rhifo. Galwai Syr Emrys a'r siaradwyr eraill yn y gynhadledd am weithredu positif a chyflym i arbed y sefyllfa cyn iddi fynd yn rhy ddiweddar. Rhoddwyd cryn sylw i drafodaeth Llandrindod yn y wasg wythnosol (ac ar y radio, mi gredaf), yn arbennig gan y Parch. E Tegla Davies a neilltuodd ei golofn gyfan i'r mater – dan yr enw 'Eisteddwr' – yr wythnos ddilynol yn *Yr Herald Cymraeg*. Ac un o ganlyniadau hyn oll oedd, yng ngwanwyn 1953, sefydlu Cymdeithas Lyfrau Cymraeg ymhlith Cymry Llundain. Bu llwyddiant anarferol (ac annisgwyl braidd) y mudiad hwnnw, sef cael aelodaeth o dros bum cant mewn rhai misoedd a sefydlu canghennau yn Birmingham a Lerpwl, yn foddion i ddwyn tri ohonom – Islwyn Ffowc Elis, Dafydd Orwig a minnau – i gysylltiad agos, a chreu cyfeillgarwch mawr a barhaodd am ragor na deugain mlynedd.

Ganol yr wythnos yn dilyn Eisteddfod Genedlaethol Ystradgynlais, Awst 1954, a'm gwraig a minnau wedi dod i fyny o'r brifwyl i dreulio wythnos yn fy hen gartref ym Methesda cyn dychwelyd i'm gwaith yn y diwydiant trydan yn Llundain, gelwais am Dafydd ganol y bore yn Neiniolen i fynd yn fy nghar i i Ddolgellau i gyfarfod Islwyn – a oedd yntau ar wyliau yng nghartref Eirlys ei wraig ym Mryncrug. Gweinidog yn Llanfair Caereinion oedd ef ar y pryd, ac wedi dod i amlygrwydd mawr o ganlyniad ennill y Fedal Ryddiaith yn Eisteddfod Genedlaethol Llanrwst (1951) am ei gyfrol o ysgrifau *Cyn Oeri'r Gwaed*, ac yn fwy fyth, wyth mis cyn 'pwyllgor bach Dolgellau', gyda'i nofel gyntaf odidog *Cysgod y Cryman*. Cawsom ginio gyda'n gilydd, ac yna treuliwyd y prynhawn yng nghar Islwyn yn trafod y syniad o sefydlu Cymdeithas Lyfrau Cymraeg Genedlaethol. Fe roddwyd ystyriaeth, mae'n rhaid dweud, i'r posibilrwydd o ffurfio cwmni cyhoeddi rhyngom ein tri, ac yr oedd pob un ohonom gymaint ar dân dros yr 'achos' fel ag i fod yn barod i roi'r gorau i'n swyddi a'i 'mentro-hi' i fyd bregus ac ansicr cynhyrchu a gwerthu llyfrau Cymraeg. Fe fyddai Islwyn, wrth gwrs, yn rhoi ei holl amser i ysgrifennu, Dafydd yn gofalu am ochr ddosbarthu, gwerthu a hysbysebu, a minnau'n gwneud gwaith swyddfa a threfnu'r argraffu a'r rhwymo. Lawer tro dros y blynyddoedd fe fûm i – fel fy nau ddiweddar gyfaill mi wn – yn dyfalu beth a fyddai wedi dod o'r cynllun mentrus hwn! Pa sawl nofel, neu nofelig, o waith Islwyn a fyddem wedi'u cyhoeddi a chomisiynu nifer o awduron eraill o bosibl? Ai ynteu i'r wal yr aethem tybed, er gwaethaf ein holl frwdfrydedd? Sut bynnag, bwrw'r syniad uchelgeisiol dros y bwrdd a fu raid gan nad oedd gennym fawr ddim cyfalaf i'w 'suddo' yn y cwmni newydd. A dyna oedd i'w ddisgwyl gan mai tri gŵr ieuanc oeddem, prin ddeg ar hugain oed.

Yr hyn yn hytrach y penderfynwyd arno yn Nolgellau y diwrnod hwnnw oedd galw cynhadledd yn Swyddfa'r Urdd yn Aberystwyth y Dydd Calan dilynol, sef y Sadwrn, Ionawr 1, 1955, a gwahodd cynrychiolwyr a charedigion yno o bob rhan o Gymru. Yr oeddem ein tri yn unfryd mai Dr (wedyn Syr) Thomas Parry fyddai'r gŵr delfrydol i lywio'r gynhadledd, ac fe gafwyd cyfarfod cofiadwy iawn: bron hanner cant yn bresennol, a dau ŵr adnabyddus yn amlwg yn y gweithrediadau, sef Mr R.E. Griffith, Cyfarwyddwr yr Urdd, a Mr Alun R. Edwards, Llyfrgellydd Ceredigion. Prif benderfyniad y prynhawn hwnnw oedd symud ymlaen i sefydlu cymdeithasau llyfrau ym mhob un o siroedd Cymru (a rhai o'r trefi mawr hefyd) gyda'r dewis i fabwysiadu cynllun naill ai Gymdeithas Lyfrau Ceredigion, a oedd mewn bod ers oddeutu dwy flynedd ac yn gweithredu trwy werthu tocynnau (h.y. *tokens*) i'r cyhoedd i'w cyfnewid mewn unrhyw siop lyfrau a

207

fynnent, neu Gymdeithas Lyfrau Llundain, lle y dewisid llyfr bob dau neu dri mis gan bwyllgor, a'i ddanfon drwy'r post i'r holl aelodau. O edrych ar y rhestr o'r 55 a wahoddwyd i'r gynhadledd, dim ond tri ohonom sydd ar ôl – Dr Eirwen Gwynn, Mr Dafydd Jenkins a minnau.* Ymhen llai na blwyddyn o amser yr oedd yna oddeutu pymtheg o gymdeithasau llyfrau wedi'u sefydlu ar hyd a lled Cymru, ac fe ffurfiwyd Undeb Cenedlaethol ohonynt gyda'r Dr Thomas Parry yn llywydd anrhydeddus. Heb unrhyw amheuaeth, y fwyaf nodedig a 'byw' o'r cymdeithasau hyn i gyd oedd Cymdeithas Lyfrau Sir Gaernarfon – a pha ryfedd, onid Dafydd Orwig oedd y grym a'r ysbrydiaeth ynddi? Fe weithiodd ef yn ddiarbed drosti am dros ddeng mlynedd ar hugain, a gwneud cyfraniad enfawr i'r farchnad lyfrau Cymraeg. Yn 1964, fel dilyniant naturiol cynhadledd Aberystwyth – a thrwy ddygnwch anghredadwy ac anorchfygol y diweddar Alun R. Edwards – sefydlwyd y Cyngor Llyfrau, a daeth Dafydd yn agos iawn i gael ei benodi'n gyfarwyddwr cyntaf y corff newydd a phwysig hwn sydd, ym marn rhai ohonom, yn fwy cyfrifol na neb na dim fod gennym lenyddiaeth gyfoes o gwbl yn yr iaith Gymraeg heddiw, wedi goroesi'r holl argyfyngau a'r anawsterau a'i blinai yng nghyfnod 'Cynhadledd Llandrindod' 1952.

Ym marn rhai, arwydd di-feth o 'dynnu 'mlaen' mewn dyddiau yw bod dyn byth a hefyd yn edrych yn ôl ar ei rawd ddaearol. Boed felly neu beidio, y mae ambell achlysur yn hanes pawb ohonom yn mynnu ymwthio i'r cof yn barhaus, gan ddwyn yn ei sgil atgofion amhrisiadwy am gyfeillion a'n rhagflaenodd. Un o'r achlysuron hynny i mi oedd 'pwyllgor bach Dolgellau' dros hanner canrif yn ôl, a'i gofio'n peri gwerthfawrogi fwyfwy cael adnabod dau ffrind mor arbennig â Dafydd Orwig ac Islwyn Ffowc Elis. Heddwch i'r ddau, a choffa gwych amdanynt dros byth.

*Y mae'r ddau hyn bellach wedi'n gadael

BETH YW PRIS HEDDWCH?

Aeth llawer o flynyddoedd heibio er pan fu ymdrin â'r cwestiwn anodd uchod ymhlith meddylwyr y cyfnod, ac yn y cyfamser bu nifer o ryfeloedd geirwon ar draws gwledydd tri chyfandir (yn fwyaf arbennig) – Ewrop, Affrica ac Asia. Y mae oddeutu ugain rhyfel yn mynd ymlaen heddiw. Felly, teg yw gofyn ai diwerth fu'r holl drafod? Ai ofer yr holl ddadleuon a'r ymresymu? A oes rhaid derbyn y bydd rhyfeloedd ar y blaned hon hyd derfyn amser, ac mai eu cyfyngu yn hytrach na'u dileu yw'r cyfan y gobeithir ei wneud? "Peidiwch â meddwl," meddai'r Iesu, "mai i ddwyn heddwch i'r ddaear y deuthum; nid i ddwyn heddwch y deuthum ond cleddyf. Oherwydd deuthum i rannu dyn yn erbyn ei dad, a merch yn erbyn ei mam, a merch-yng-nghyfraith yn erbyn ei mam-yng-nghyfraith; a gelynion dyn fydd ei deulu ei hun." (Mathew x, 34-35.)

Ym mhumdegau'r ganrif ddiwethaf, yr oedd rhai o'r erthyglau yn y wasg Saesneg yn cynnwys cwestiynau fel hyn: Os osgoi realiti problem heddwch a rhyfel a wna'r heddychwyr; os yw byd o wladwriaethau nerthol (sydd ar dro yng ngyddfau ei gilydd) wedi dod yn rhy beryglus; os na bai "llywodraeth byd" ond yn llwyddo i'n cadw'n fyw ar gost o golli bron bopeth a rydd unrhyw werth ar fywyd, beth wedyn? Ai gwir na allwn fforddio pris rhyfel NA phris heddwch?

Y mae yna laweroedd yn ein plith – a'r nifer yn cynyddu'n barhaus – sydd yn cefnogi safbwynt y bardd W.E.Henley, dros ganrif yn ôl, gyda'i gwpled adnabyddus:

I am the master of my fate, I am the captain of my soul.

Hynny yw, dyn yn feistr ar bopeth a ddigwydd iddo, ac yn selio'i dynged ei hun, er gwell ac er gwaeth. I eraill yr ydym oll yn blant i Dduw, dyn yn rhan o ryw bwrpas ysblennydd, a'r pwrpas yn cael ei gyfeirio gan ryw feddwl aruchel a dirgelaidd – a dyn a'i ddyheadau ysbrydol yn adlewyrchiad o'r meddwl unigryw hwnnw. Ond os dyna'n hathroniaeth, a ydym i ystyried holl ymdrechion yr oesoedd tuag at sicrhau heddwch yn ddiwerth, a ninnau bawb i eistedd yn ôl a chaniatáu i bopeth fynd yn ei flaen yn ddidramgwydd, yn y gobaith y cilia'r nos dywyll yn y man, y wawr wen olau yn torri – a Rhagluniaeth garedig yn cyflwyno'r atebion yn groyw a thaclus heb i ni wneud dim oll?

Dyna ddau safbwynt eithafol problem heddwch a rhyfel, ac i mi y mae'r naill a'r llall yn hollol annerbyniol. Rhaid mai yn rhywle rhwng yr eithafbwyntiau yna y mae agwedd pob un ohonom, a'n sefyllfa yn cael ei symud yn ôl ac ymlaen gan amgylchiadau trofáus y byd caled o'n cwmpas. Drigain mlynedd yn ôl daeth ystyr newydd sbon – a dychrynllyd – i'r broblem gyda dyfodiad y bom heidrogen, ac fel y cynyddir y gallu i ddistrywio, gallai pris rhyfel fod ddim llai na diwedd dynoliaeth. Felly ni allwn fforddio rhyfel. Ond beth o'r herwydd yw pris heddwch?

Un ateb yw bod yn barod i oddef llawer o anghyfiawnder a dichell. Ond pa faint? Pa faint o ddiraddiad a dinistr a fyddem yn barod i'w caniatáu cyn rhoi gorchymyn i gychwyn cyfres o drychinebau a gyfeiriai at ddiwedd gwareiddiad? Yr oedd un adran o gymdeithas yn Ewrop yn cyfiawnhau ymladd dau ryfel ddechrau'r ganrif ddiwethaf trwy ddadlau y byddai cyflwr y byd yn anhraethol waeth oni bai amdanynt – ac Iddewiaeth wedi'i dileu'n gyfan gwbl o'r cyfandir. Drygioni enfawr yw rhyfel, meddid, a ddewisir yn fwriadol i ochel drygioni mwy.

Ond a fyddai'n foesol iawn goddef drygioni yn unig oblegid bod pris rhyfel yn rhy uchel? Byddai'n haws ateb y cwestiwn hwn petai trais a gormes ar fin cael eu treulio'n llwyr, a buddugoliaeth daioni a gwirionedd yn dod yn rhan naturiol o broses hanes. Onid gwell fyddai inni grymu'n pen yn wylaidd tra llifa'r llengoedd heibio, nid o wendid neu lwfrdra ond ar sail cryfder mewnol, a'r argyhoeddiad bod galluoedd y tywyllwch yn gwanhau mewn cywilydd a'r da yn ffynnu trwy aberthu i'r drwg? Nid felly ysywaeth. Prin eithriadol yw'r enghreifftiau mewn milenia o hanes o orchfygu'r drwg trwy ildio iddo. I'r gwrthwyneb yn hytrach. Nid pethau i'w casglu mewn cymdeithas yw cyfiawnder a thrugaredd a rhyddid.

Hanner canrif yn ôl fe gynigiwyd gan Bertrand Russell ac eraill mai'r unig ateb i'r broblem fyddai sefydlu "awdurdod byd": difodi sofraniaeth unigol pob gwlad ac ildio'r cyfan oll o'n rheolaeth ar arfau, ac felly gael gwared o'r posibilrwydd o ryfeloedd rhwng gwledydd a'i gilydd. Byddai'n orfodol ar bob cenedl, a phob cyfuniad o genhedloedd, ufuddhau i'r awdurdod hwnnw.

Ac fe gai'r awdurdod rym cyflawn, absoliwt a therfynol ar holl offer dinistriol y blaned.

Golygai hyn lawer iawn o aberth gennym ni, bobl y gorllewin, megis gostyngiad enfawr yn ein safonau byw sydd ymhell uwchlaw mwyafrif mawr y ddynoliaeth. A fyddem ni'n fodlon derbyn i "lywodraeth byd", er mwyn anelu at gydraddoldeb ar draws y gwledydd, lefelu-at-i-lawr ein safonau ni?

Yna, a allem gymryd yn ganiataol y byddai llywodraeth felly mewn dwylo diogel? Byddai temtasiynau cryfion yn y dwylo hynny. Ac fel y mynnodd Arglwydd Acton gynt, y mae grym absoliwt yn llygru. Byddai'n dyngedfennol bwysig i'r awdurdod beidio â syrthio i ddwylo dynion drwg na rhai ffôl. A ellid dibynnu arnynt i beidio â chweryla ymhlith ei gilydd, neu ffurfio pleidiau anghymodlon – a rhwygo a dinistrio'r holl gynllun o'r brig i'r bôn?

Gofynnwyd llu o gwestiynau yn hyn o lith, ac ni wn i a oes ateb i nifer ohonynt. Tua diwedd ei oes fe gredai H.G.Wells fod "homo sapiens" wedi pasio'i uchafbwynt ac ar ei ffordd i lawr bellach. Mae'n gywir dweud bod yna amseroedd yn y gorffennol pan oedd y dyfodol yr un mor dywyll ag ydyw heddiw, ond bod cymdeithas rywsut, a hithau ar fin mynd bendramwnwgl i golledigaeth, wedi gallu'i harbed ei hun (a rhai meddylwyr yn galw hyn yn 'ewyllys Duw'). Yn sicr ni chawn wared â'n problemau yn unig trwy fwmian geiriau cysurus, nac ychwaith â rhyw weithred lywodraethol fawr a grymus. Mwy tebygol yw mai sleifio'n araf arnom a wna'r atebion i'n trafferthion, trwy ryw ffordd ddirgel, annisgwyl – efallai "fel lleidr yn y nos".

Trosiad o ran o gerdd i'r *Nadolig*
gan John Betjeman

Ac a yw'n wir? Ac a yw'n wir,
    O'r straeon oll y fwyaf gwych,
Mewn ffenestr liw â'i darlun clir,
    Y Baban bach yn llety'r ych?
Creawdwr môr a'r sêr di-ri'
Yn dod yn Blentyn erof fi?

Ac a yw'n wir? Os yw, 'does modd
    I fysedd mwyn sy'n clymu'r teg
Linynnau am becynnau rhodd,
    Manion Nadolig, ffôl a chweg,
Sebon i'r baddon, ennaint rhad,
A'r erchyll dei o'r galon fad,

'Does modd i gariad teulu glân,
    Na'r garol dros farugog lawr,
Na'r clychau â'u byddarol gân,
    Gymharu â'r Gwirionedd mawr—
Fod Duw yn Ddyn ym Mhalestîn,
A heddiw'n fyw mewn Bara a Gwin.

Y FLWYDDYN 1536 – A WILLIAM TYNDALE

Yr Oesoedd Canol a'r Cyfnod Modern: pa bryd y darfu'r naill gyfnod ym Mhrydain ac y cychwynnodd y llall? Dros y blynyddoedd fe fu peth wmbredd o drin a thrafod, o ddadlau ac anghytuno ar y pwnc hwn ymhlith haneswyr ac academyddion. Ar un amser ystyrid yn lled gyffredinol mai'r flwyddyn 1485 oedd y ffin rhyngddynt – Harri Tudur, ar ôl glanio o'r cyfandir yn Aberdaugleddau ddechrau Awst, yn cael llu o filwyr o Gymry i ymuno ag ef, yn gorymdeithio'n hyderus i'r canolbarth, a gorchfygu byddin fwy niferus y brenin Rhisiart y Trydydd ar Faes Bosworth yn swydd Caerlŷr, cyn mynd rhagddo i Lundain i'w orseddu fel Harri'r Seithfed. Onid dyma, yn wir, ddiwedd y cyfnod canoloesol? Nage.

Ar ddiwedd teyrnasiad Harri Tudur yn 1509, bum can mlynedd yn union yn ôl*, heb sôn am ei ddechreuad, yr oedd yr hen, hen drefn yn yr Eglwys yn ymddangos mor gadarn ag erioed: Eglwys Loegr yn parhau'n rhan o'r corff rhyng-genedlaethol ac yn dal yn ddarostyngedig i Rufain. Daliai'n ddiysgog yn ei rhagorfreintiau traddodiadol. Nid oedd hi, hyd yma, wedi colli dim o'i heiddo ariannol mawr. Hi oedd piau bron chwarter tir Prydain, a'i thrysorau'n dal i gynyddu. Pan âi'r werin i'r Offeren, cusanent y llechen (fel ers oesoedd). Parheid i oleuo canhwyllau i'r nawddseintiau; i dderbyn maddeuebau am bechodau; i fynd ar bererindodau (yn arbennig at fedd Sant Thomas o Gaergaint). Cludai'r gynulleidfa ganhwyllau o amgylch yr eglwys ar ddydd Gŵyl y Puredigaeth ddechrau'r gwanwyn, derbyn staen y lludw ar Fercher Lludw, crynhoi wrth y Groes ar y Groglith, gorfoleddu am yr Atgyfodiad, gwylio'r golomen yn disgyn oddi ar do'r

*Ysgrifennwyd yn 2009.

eglwys ar y Sulgwyn – a nifer o hen arferion a dyletswyddau eraill. At hyn oll, eglwys y plwyf oedd canolfan bywyd cymdeithasol pob cymuned; a'r offeiriadaeth a lywiai addysg, yr ysbytai (fel ag yr oeddent) a'r gofal am y tlodion. Felly, pan esgynnodd mab deunaw oed Harri Tudur i'r orsedd fel Harri'r Wythfed yn 1509, yr oedd yr hen drefn, fel y dywedwyd, yn gadarn ddigon. Ond eto, cyn ei farwolaeth ef 38 mlynedd yn ddiweddarach yn 1547, yr oedd yr eglwys wedi'i darostwng a'i hanrheithio, a'r wedd ganoloesol arni wedi llwyr ddiflannu. Beth oedd i gyfrif am y newid chwyldroadol hwn mewn llai na deugain mlynedd?

Y mae amryw byd o atebion i'r cwestiwn: nid oes gofod mewn erthygl fer i fanylu, a rhaid bodloni ar enwi (a dim mwy) y ddwy ffaith bwysicaf am y sefyllfa ym mlynyddoedd cynnar yr unfed ganrif ar bymtheg ym Mhrydain. Yn gyntaf, y cynnydd mawr yn yr ymdeimlad o genedlaetholdeb drwy'r wlad (fel ar draws Ewrop), a hynny'n meithrin gelyniaeth tuag at y Babaeth. Y gwir yw nad oedd gan yr un o babau'r cyfnod – rhyw saith ohonynt – y cymeriad na'r bersonoliaeth i greu'r syniad o fod yn Offeiriad Crist ac yn bennaeth ysbrydol Cristnogaeth. Yna, yn ail, dirywiad y mynachlogydd: yr oedd y mwyafrif helaeth o'r rhain wedi colli eu heiddgarwch crefyddol, a phobl yn amau fwyfwy bellach a ddylent barhau mewn bodolaeth o gwbl. Lleihau'n gyson a wnâi nifer y mynaich, a llu o'u 'tai' â dim ond hanner – a hyd yn oed chwarter – cymaint ynddynt o'u cymharu â'r ganrif flaenorol. Awgrymai Hugh Latimer, Esgob Caerwrangon ac un o bregethwyr grymusaf ei oes, ddileu'r cyfan o'r sefydliadau ac eithrio efallai ryw ddau neu dri ymhob esgobaeth, a defnyddio adnoddau'r lleill i hybu addysg ac achosion dyngarol eraill. Oedd, yr oedd diwedd mynachaeth, yr hen sefydliad hwn, ar y gorwel yn sicr ddigon, ac yn wir yn 1536 fe roddwyd gorchymyn i gau 320 o'r mynachlogydd lleiaf. Dyma ddechrau eu diwedd. O fewn tair blynedd gorffennwyd y gwaith o chwalu'r gweddill (168) ohonynt, a phasio deddf yn trosglwyddo'r holl eiddo i'r frenhiniaeth. Cyffelyb hefyd fu hanes mynachlogydd gogledd Ewrop yn gyffredinol: fe'u dinistriwyd gan ddylanwadau'r Diwygiad Protestannaidd. Cawsant beth adfywiad yn Lloegr yn y bedwaredd ganrif ar bymtheg, yn bennaf trwy waith Mudiad Rhydychen.

Pan gofiwn hefyd (am 1536) mai dyma'r flwyddyn y bu farw Catherine o Aragon, gwraig gyntaf Harri'r Wythfed, ac Erasmus, yr ysgolhaig mawr o Rotterdam, a phasio deddf yn difodi awdurdod "Esgob Rhufain" ar y wlad, mae'n rhaid inni ystyried hon yn flwyddyn machlud yr Oesoedd Canol. A oedd hi hefyd felly yn flwyddyn agoriadol y Cyfnod Modern?

Yng Nghymru, beth bynnag yw ein barn am 'uno' Cymru a Lloegr, fe basiwyd y Ddeddf Uno gyntaf rhyngddynt. Tua'r un amser, cyrhaeddodd John Calfin Genefa, i'w apwyntio gan Gyngor y ddinas yn ddarlithydd yn yr Eglwys Gadeiriol yno, ac yntau (yn 27 oed) newydd gwblhau yr argraffiad cyntaf o'i *Institutes*, gwaith a'i gosododd yn rheng flaenaf diwinyddion yr oesau. Ond yn bennaf oll, o'n safbwynt ni yma, ym mis Hydref y flwyddyn 1536, yng nghastell Vilvoorde, ryw chwe milltir o Brussels, fe ddienyddiwyd grym mwyaf y Diwygiad Protestannaidd ym Mhrydain yn ôl rhai, sef William Tyndale, gŵr 42 oed, cyfieithydd arwrol a hunan-aberthol y Beibl i'r iaith Saesneg. I mi, y digwyddiad erchyll yma, yn eironig ddigon efallai, oedd dechrau'r Oes Fodern ym Mhrydain.

Ganed Tyndale tua'r flwyddyn 1494 yn North Nibley, pentref yn sir Gaerloyw. Graddiodd yn M.A. yn Rhydychen yn 1515 a symud i Gaergrawnt lle yr oedd Erasmus wedi gwneud enw mawr iddo'i hun am ei ddiwinyddiaeth, a'i astudiaethau mewn Groeg. Ordeiniwyd Tyndale i'r offeiriadaeth yn 1521, ac oddeutu'r amser hwnnw penderfynodd drosi'r Ysgrythurau i'r Saesneg. (Yr oedd yn ieithydd o'r radd flaenaf, yn rhugl mewn wyth iaith.) Paham y defnyddiais y geiriau 'arwrol' a 'hunanaberthol' am y llafur hwn? Y rheswm yw i gynulliad eglwysig yn Rhydychen yn 1404 basio ei bod yn anghyfreithlon i gyfieithu'r Beibl heb ganiatâd yr awdurdodau, a hynny rhag i gyfieithiadau anghywir neu anfoddhaol gamarwain darllenwyr, ac o ganlyniad daethpwyd i ystyried astudio'r Ysgrythur fel heresi. Anwybyddwyd hyn oll gan Tyndale. Yr oedd wedi'i argyhoeddi mai'r ffordd at Dduw oedd trwy'r Gair, ac y dylai hwnnw fod ar gael hyd yn oed i'r bobl gyffredin. Erbyn haf 1524 yr oedd wedi gorffen cyfieithu'r Testament Newydd, ond gan mor anodd oedd iddo gael ei gyhoeddi ym Mhrydain, ymfudodd i Hamburg, yna Cologne, ac wedyn Worms lle y gorffennwyd yr argraffu yn 1526. Llwyddwyd i gael copïau yn ddirgel i Brydain, llosgwyd llawer ohonynt yn gyhoeddus gan yr awdurdodau eglwysig, a cheisiwyd dwyn Tyndale i'r ddalfa yn Worms. Dihangodd yntau, a chael lloches yn Marburg, lle yr arhosodd am dair blynedd yn fawr ei lafur yn ysgrifennu pamffledi Cristnogol, yn ogystal â gweithio ar gyfieithu'r Hen Destament. Yn Antwerp yr oedd pan fradychwyd ef, ei garcharu, ei ddwyn i'r llys, a'i ddedfrydu i farwolaeth am heresi. Ar Hydref 6, 1536, fe'i llindagwyd wrth y stanc cyn llosgi ei gorff. Gŵr dewr eithriadol, llenor cain, ysgolhaig mawr – a'i gyfieithiad o'r Beibl yn sylfaen i fersiwn awdurdodedig 1611 a elwir yn Feibl y Brenin Iago.

I gofio dydd ei ferthyrdod, Hydref 6, dechreuir Colect y diwrnod hwnnw yng nghyhoeddiad Eglwys Loegr *Yr Addoliad Cyffredinol* gyda'r geiriau hyn:

'Arglwydd, dyro i'th bobl y gras i wrando a chadw dy air, fel, ar ôl esiampl dy was William Tyndale, fe wnawn nid yn unig broffesu dy efengyl ond hefyd fod yn barod i ddioddef a marw drosti, er anrhydedd i'th enw'.

JOHN HENRY NEWMAN –
PREGETHWR, LLENOR – A SANT?

Ganol mis Medi eleni*, ym Mharc Cofton, Birmingham, gerbron torf, mae'n debyg, o ddegau o filoedd, fe wynfydir (term anghyfarwydd am "to beatify") y Pabydd enwog o'r bedwaredd ganrif ar bymtheg, John Henry Newman, gan y Pab Benedict XVI. Y weithred hon fydd yr ail – o dair – cyn ei ganoneiddio: bydd angen prawf pendant a digamsyniol ymhellach o wyrth wedi'i chyflawni yn enw Newman i gwblhau'r cyfan.

Ganed John Henry Newman yn Llundain yn y flwyddyn 1801. Yn bymtheg oed, meddai ef ei hun, fe brofodd ryw 'dröedigaeth fewnol', profiad a arhosodd gydag ef drwy weddill ei fywyd "yn fwy sicr na bod ganddo ddwylo a thraed". Addysgwyd ef yng Ngholeg y Drindod, Rhydychen, a chael ei ethol yn Gymrawd er Anrhydedd o Goleg Oriel yn 21 oed. Ordeiniwyd ef i'r Weinidogaeth Anglicanaidd, a dod, yn bump ar hugain oed, yn diwtor yn yr un coleg, swydd y bu ynddi am ryw chwe blynedd. Fe ymddiswyddodd oherwydd anghydwelediad â'r prifathro ar fater crefyddolder ei swydd, ac aeth ar daith ar draws Ewrop am yn agos i ddwy flynedd.

Cyrhaeddodd yn ôl i Rydychen ddechrau Gorffennaf 1833, ac ychydig ddyddiau wedyn aeth i wrando pregeth gan John Keble, a chael cenadwri rymus a fu'n ddylanwad ysgubol arno – gymaint felly yn wir fel iddo ystyried mai dyna fan cychwyn yr hyn a alwn ni bellach yn Fudiad Rhydychen (yr 'Oxford Movement'). Daeth yn gyfeillgar iawn â Keble, a hefyd gydag Edward Pusey, a dyma'r tri gŵr a gydnabyddir fel arweinwyr

*Ysgrifennwyd yn 2010

y Mudiad. Cyn mynd ymhellach, ychydig eiriau am weddill gyrfa Newman.

Yn 1836 daeth yn Olygydd y *British Critic*, gan ddefnyddio'r cyhoeddiad dylanwadol hwnnw i feirniadu Eglwys Loegr a ffafrio Eglwys Rufain. Yn wir, er iddo ar y dechrau amddiffyn yn gadarn y "llwybr canol" yr oedd yn ei ddilyn rhwng Protestaniaeth a Phabyddiaeth, eto i gyd fe ddaeth yn amlwg ddigon mewn amser i ba gyfeiriad yr oedd yn symud, a dywedir iddo ddod i gasáu gwaith Martin Luther. Erbyn 1839 yr oedd dylanwad Newman yn Rhydychen ar ei bwynt uchaf oll, a rhaid ystyried yr wyth mlynedd 1833 hyd 1841 fel cyfnod mwyaf nerthol y Mudiad. Yn ystod y blynyddoedd hynny fe gyhoeddodd yr arweinwyr lu mawr o erthyglau crefyddol a moesol, a'u dosbarthu ar hyd ac ar led. Gelwid hwy yn "Tracts for the Times" (a dyna a roddodd enw arall ar y Mudiad, sef "Tractariaid"). Yn 1841 cyhoeddwyd rhif 90 (yr olaf) o'r pamffledi hyn – o waith Newman ei hun, lle y beirniadai rai agweddau o Ddeugain-Namyn-Un Erthygl yr Eglwys Anglicanaidd. Achosodd y cyhoeddiad hwn storm enbyd ymhlith y diwinyddion, penderfynwyd dwyn y gyfres o bamffledi i ben, ac ymddiswyddodd yr awdur o fod yn Olygydd y *British Critic*. Symudodd i fyw i bentref Littlemore y tu allan i Rydychen, gan sefydlu yno fath o fynachlog gyda nifer bychan o'i ddilynwyr: bywyd plaen, llym, nid annhebyg i sefydliad Pabyddol, yn astudio'r Beibl a myfyrio a gweddïo. Yna yn 1845 derbyniwyd Newman i Eglwys Rufain, a'i ordeinio'n offeiriad, a'i chwaer oherwydd hynny yn gwrthod siarad ag ef am dros ugain mlynedd! Mewn amser (1877) fe'i gwnaed yn Gardinal. Ddiwedd y pumdegau fe setlodd ar fywyd tawel, neilltuedig, yn Edgbaston am dros ddeng mlynedd ar hugain, a marw'n henwr 89 oed ym mis Awst 1890.

Beth oedd prif nod Mudiad Rhydychen? Mewn un frawddeg, mudiad crefyddol ydoedd a geisiodd arwain Eglwys Loegr yn ôl at ei gwreiddiau a'i thraddodiadau Catholig. Cyn 1833, y flwyddyn y daeth y Mudiad i fod, yr oedd ymosod chwyrn ar yr Eglwys Wladol – yng Nghymru yn ogystal â Lloegr. Yr oedd hi mewn cyflwr difrifol: yr adeiladau – yr eglwysi a'r persondai – yn oer ac yn damp. Cyhoeddwyd llu o bamffledi yn ei chondemnio am ei chyfoeth enfawr, ac yn arbennig oherwydd y gwahaniaeth mawr rhwng cyflogau'r esgobion a chlerigwyr yr eglwysi cadeiriol ar un llaw a rhai'r ficeriaid a churadiaid gwledig ar y llaw arall. (Meddylier, er enghraifft, am berson gwlad yn esgobaeth Tŷ Ddewi yn derbyn oddeutu deg punt y mis a'r esgob dros gan punt.) Ac wrth gwrs, yr oedd nepotiaeth, amlblwyfaeth ac absenoliaeth yn rhemp ar draws y wlad. Nid rhyfedd bod galw mawr ymhlith Anghydffurfwyr am ddatgysylltu'r Eglwys oddi wrth y wladwriaeth. Yn wyneb y sefyllfa druenus hon, gofynnid tybed ai Eglwys Loegr oedd y wir eglwys wedi'r cyfan? I Newman a'i gymheiriaid, datblygodd hwn i fod y cwestiwn pwysicaf oll. Aethant fwyfwy yn Uchel Eglwyswyr, a mynd yn ddiymatal i gyfeiriad Rhufain. Darganfu Newman nad ydoedd bellach yn gallu dygymod â'i duedd flaenorol i gondemnio Eglwys Rufain am ei llygredd a gwendidau eraill, a gofynnai iddo'i hun: Onid yr Eglwys honno yn unig oedd yn ddigon cryf i amddiffyn crefydd yn erbyn ymosodiadau'r bobl seciwlar? Pwrpas Mudiad Rhydychen o'r herwydd oedd cydnabod rhywbeth nad oedd gwadu arno, sef perffeithrwydd Catholigiaeth Eglwys Rufain.

Beth yw ein barn ar hyn oll felly? Dywedir ei bod yn amhosibl deall bywyd Prydain yn y bedwaredd ganrif ar bymtheg, nac ychwaith Eglwys Loegr nac Eglwys Rufain fel yr oeddent yr adeg honno -nac fel y maent heddiw – heb wybod rhyw gymaint am Newman. Fe'i beirniadwyd – ac fe'i clodforwyd – gan enwogion. Yn ôl Charles Kingsley, yr hanesydd a'r nofelydd, cymryd arno bod yn Anglicanwr yr oedd ond yn ddirgelaidd yn Babydd. A beth am aelod blaenllaw o'r Curia yn Rhufain yn ei ddisgrifio fel "y dyn mwyaf peryglus yn Lloegr"? Dywedir iddo unwaith, yn gellweirus, gynnig llwncdestun delfrydol iddo'i hun fel hyn: "Cydwybod yn gyntaf, wedyn y Pab", a'r Pab – Cardinal Ratzinger ar y pryd – yn ymdrechu i'w droi'n ôl ymlaen! Ond rheitiach gennyf fi ddisgrifiad Mathew Arnold o ddylanwad Newman fel "y diangof lais".

Ac y mae'r "diangof lais" i'w gael yn ei lenyddiaeth, yn ei hystod, ei chyfoeth, ei hegni. Fe'i cyfrifir gan rai yn un o wŷr llên blaenaf ei ganrif: ysgrifau, barddoniaeth (gan gynnwys *The Dream of Gerontius* a osodwyd i gerddoriaeth gan Edward Elgar), emynau (*Lead, Kindly Light, etc*), hanes, darlithoedd, myfyrdodau, ffuglen (tair nofel), pregethau (cyhoeddwyd 600 yn ystod ei fywyd), llythyrau (32 cyfrol hyd yma). Anhygoel o gynnyrch.

Ond mae'n rhaid cyfeirio'n benodol (a dim mwy na hynny) at ei gyfrol o erthyglau am fyd addysg a gyhoeddwyd yn 1859, The Idea of a University, yn nhyb rhai, un o lyfrau addysgol mwyaf dylanwadol Oes Fictoria. Cyfres o ddarlithoedd yw'r llyfr, rhai a baratowyd ar gais yr Eglwys Gatholig yn Iwerddon wedi'r penderfyniad i sefydlu prifysgol Babyddol yn Nulyn yn 1852. Dadl gref a geir yma dros addysg ryddfrydig, dros gyflwyno addysg er ei mwyn ei hun, a gwrthyd yr awdur yn llwyr y nod iwtilitaraidd i brifysgol – a disgyblaeth y farchnad. (Onid oes yma – heddiw'n arbennig – neges glir i brifysgolion y wlad pan yw pynciau megis athroniaeth, crefydd, cerddoriaeth a ieithoedd clasurol yn diflannu o'r cwricwlwm?)

I derfynu. Y mae rhai o'r pethau a ddywedodd ac a ysgrifennodd Newman am Eglwys Loegr ar ôl iddo ymadael â hi yn galed. Ac yn brifo. Er enghraifft, bu si o gwmpas ei fod yn anhapus fel Pabydd, a'i fod yn bwriadu 'dychwelyd'. Mewn erthygl papur newydd, meddai: "Yr wy'n proffesu, gyda sicrwydd mewnol absoliwt, mai Protestaniaeth yw'r fwyaf marwaidd o'r holl grefyddau; bod meddwl am y gwasanaeth Anglicanaidd yn peri imi grynu, a meddwl am y Deugain-Namyn-Un Erthygl yn achosi imi arswydo. Dychwelyd i Eglwys Loegr! Na!! Buaswn yn ffŵl cyflawn petawn i yn fy hen ddyddiau yn gadael 'y tir sy'n llifeirio o laeth a mêl' am 'ddinas anhrefn a thŷ'r caethiwed." Sant?

Ond nid oedd bob amser mor ffyrnig. Ac efallai mai da o beth yw cyfeirio at ei eiriau ymadawol ar ddiwedd ei gofiant ysbrydol, lle y mae'n dwyn i gof ei hen gyfeillion Anglicanaidd: "Ac yr wyf yn ddifrifol yn gweddïo dros yr holl gwmni, gyda gobaith yn erbyn gobaith, y bydd pawb ohonom, a oedd ar un amser mor unedig, ac mor hapus yn ein hundeb, hyd yn oed yn awr yn cael ein dwyn, trwy rym yr Ewyllys ddwyfol, i UN gorlan dan UN Bugail".

ÔL NODIAD

Ychydig amser wedi imi gwblhau'r llith uchod, daeth dau ddarn o newyddion a'm cyffrôdd yn enbyd. Yn gyntaf, y byddai'r draul o warchod y Pab yn ystod ei ymweliad-pedwar-diwrnod â Phrydain dros ugain miliwn o bunnau; yn ail, yr hanes trychinebus am y glaw a'r llifogydd dychrynllyd ym Mhakistan, a'r ffaith fod dros fil a hanner o'r trigolion wedi'u lladd. Bellach gwyddom fod yn agos i bum miliwn o'r boblogaeth wedi colli eu cartrefi a'u holl eiddo. Mae'n amhosibl dirnad y fath sefyllfa argyfyngus.

Yn awr, onid dyletswydd glir Eglwys Rufain yn wyneb y trasiedi hwn yw canslo ymweliad y Pab ar unwaith, a threfnu bod yr ugain miliwn o arian – pwy bynnag a fyddai'n talu, y Fatican neu'r awdurdodau lleol ym Mhrydain neu'r trethdalwyr neu'r llywodraeth – y cyfan oll yn cael ei gyfrannu i'r gronfa a sefydlwyd i gynorthwyo'r trueiniaid digartref ym Mhakistan? Gellid gwynfydu'r Cardinal Newman yn Rhufain yr un mor effeithiol ag ym Mhrydain, a'r unig golled fyddai diddymu chwilfrydedd y miloedd a drefnodd i deithio o bob rhan o'n gwlad i gael cipolwg ar Benedict XVI.

CALFIN, NID LUTHER, OEDD YN IAWN AM YR IDDEWON

Y mae gennyf barch mawr i'r genedl Iddewig. A hynny am sawl rheswm – ei hanes, ei ffydd, ei dyfal-barhad a'i diwinyddiaeth. A fu yna erioed, yn holl hanes dynoliaeth, genedl a wynebodd ac a oroesodd gynifer o drasiedïau â hon dros y canrifoedd? Y Rwsiaid wrth gwrs, a'r Cambodiaid a'r Rwandiaid i raddau llai, a fawr neb arall. Drigain mlynedd yn ôl, yn Auschwitz a Dachau a Buchenwald yn arbennig, fe roes Hitler a'i gyd-Natsïaid gynnig ar ddifodi'r hil yn gyfan gwbl, gan lofruddio dros chwe miliwn o Iddewon Ewrop mewn rhyw ddwy neu dair blynedd. Ac y mae anghydfod diddiwedd Palesteina y blynyddoedd hyn, ynghyd â galwad Tehran am ysgubo Israel am byth oddi ar y map, yn ychwanegu at ein pryder dwys fel gwareiddiad am ddyfodol y genedl "etholedig" hon.

Pan ddaeth gwahoddiad i law gan Olygydd *Y Goleuad* am erthygl ar gyfer rhifyn y flwyddyn newydd, ei gais oedd am imi drafod unrhyw gyfrol a ddewiswn droi ati dros y gwyliau. Meddyliais yn hir cyn penderfynu ar lyfr yr Athro Gareth Lloyd Jones, cyn-Bennaeth Adran Efrydiau Crefyddol Prifysgol Cymru Bangor, *Lleisiau o'r Lludw: Her yr Holocost i'r Cristion*, a gyhoeddwyd yn 1994. Gwaith nodedig iawn yw hwn. Deilliodd yn uniongyrchol o'r newid cyfeiriad a fu yn yr Adran ym Mangor rai blynyddoedd yn ôl, sef lledu'r gorwelion trwy gynnig cyrsiau y tu allan i faes y Beibl. O fewn ei ddau gant o dudalennau, cawn olwg graff ac ysgolheigaidd ar yr anoddefgarwch, yr erlid, yr esgymuno a'r casineb a ddioddefodd yr Iddew o ddyddiau'r Eglwys Fore hyd ein dyddiau ni, ac ni all dyn lai na rhyfeddu – yn ddiolchgar ac edmygus – fod yr hen genedl hon yn parhau gyda ni heddiw er gwaethaf holl ofidiau'r ddyrys daith.

Ym mhennod gyntaf y llyfr, cawn weld pa mor bwysig – yn y canrifoedd cynnar o'r cyfnod Cristnogol – oedd safbwynt y wladwriaeth yn nhynged Iddewiaeth. Yr oedd 'penaethiaid y cenhedloedd', at ei gilydd, yn benderfynol o ffrwyno sarhad y diwinyddion, a chyfyngu ar greulondeb y tyrfaoedd. Y diwinyddion? Ie.

Dyna Ioan Chrysostom, er enghraifft, gŵr (chwedl yr Athro) "nad oes yr un diwinydd a edmygir yn fwy ac a ddyfynnir yn amlach yn Eglwys Uniongred y Dwyrain" nag ef, yn traddodi, ddiwedd 386 a dechrau 387, wyth o bregethau o'i bulpud yn Antioch yn cystwyo'r Iddewon, a'u condemnio'n ddidrugaredd am bob trosedd o dan haul. Ac y mae'r pennaf oll o'r Tadau cynnar, neb llai nag Awstin Sant, yn eu beirniadu a'u difrïo, gan eu rhybuddio ei bod yn hen bryd iddynt gydnabod rhagoriaeth y grefydd Gristnogol, derbyn bod y Cyfamod Newydd wedi disodli Cyfraith Moses, a'r Eglwys wedi cymryd lle'r Synagog fel canolbwynt perthynas Duw a'i bobl.

Nid oes gofod yma i ystyried cyfnod blinderus Rhyfeloedd y Groes, alltudio'r Iddewon o Brydain, Ffrainc, Sbaen a Phortiwgal rhwng 1290 a 1498, dylanwad y Chwilys o'r bymthegfed ganrif ymlaen, nac ychwaith agwedd swyddogol Eglwys Rufain drwy'r canrifoedd, ond yn unig i nodi hyn: ar ddechrau'r unfed ganrif ar bymtheg yr oedd bron bob gwlad yng ngorllewin Ewrop wedi eu bwrw allan. Nid annaturiol felly oedd iddynt gael hwb i'r galon pan gyhoeddwyd, yn 1523, ysgrif yn dwyn y teitl "Ganed Iesu Grist yn Iddew", o waith Martin Luther, yn eu canmol yn frwd, megis yn y geiriau hyn:

"Y mae'n ofynnol inni eu croesawu i'n mysg . . . trwy roi gwaith a chartref iddynt yn y gymdeithas, er mwyn iddynt fwynhau bod yn ein cwmni, clywed ein dysgeidiaeth a phrofi'r ffordd Gristnogol o fyw. Os yw rhai ohonynt yn mynnu bod yn ystyfnig, beth am hynny? Wedi'r cwbl, nid yw pob un ohonom ni'n Gristion da ychwaith."

Yng nghorff yr ysgrif y mae Luther droeon yn mynegi gobaith y gwêl yr Iddewon y goleuni a derbyn Cristnogaeth drwy fedydd. Ond ugain mlynedd yn ddiweddarach (1543) cyhoeddodd ei ail ysgrif ar Iddewiaeth, "Am yr Iddewon a'u Celwyddau", ac yr oedd wedi newid ei agwedd tuag atynt yn gyfan gwbl. Bellach, y mae'n cynghori'r holl awdurdodau i losgi eu synagogau a'u hysgolion, distrywio'u cartrefi, cymryd eu Talmwd a'u llyfrau gweddi oddi arnynt (am eu bod, meddai, yn cynnwys cabledd a chelwydd), ac atal pob *rabbi* rhag dysgu'r ffydd am nad yw eu hathrawiaeth yn unol ag ewyllys Duw. Dair blynedd wedi iddo gyhoeddi'r ysgrif hon – a thridiau cyn iddo farw fis Chwefror 1546 – fe draddododd Luther ei bregeth olaf, a chyfeirio at yr Iddewon cyn terfynu :

> "Rhaid inni . . . geisio'u tywys at y Ffydd Gristnogol . . . eu gwahodd i droi at y Meseia a derbyn bedydd ynddo Ef . . . Os gwrthodant, rhaid inni eu gwahardd rhag aros yn ein plith am eu bod yn amharchu a chablu Crist. Os peidiant â'u cabledd, rhaid inni faddau iddynt yn ewyllysgar, ond os na wnânt rhaid inni eu hymlid o'n mysg."

Yn y gyfrol dan sylw, trafodir y dyfalu a fu dros y canrifoedd ymhlith ysgolheigion i geisio egluro'r newid syfrdanol yn agwedd Luther, ac yn ôl un esboniad y rheswm oedd iddo sylweddoli nad oedd yr Iddewon byth am droi at Grist – ac yntau, ugain mlynedd ynghynt, wedi tybio y derbynient fedydd o weld nad cyfystyr Cristnogaeth â Phabyddiaeth.

Yn ffodus, nid dyna ddiwedd yr hanes, diolch i John Calfin. Cymerth ef agwedd gadarnhaol at yr Iddewon. Y mae'n gwrtais a goddefgar, ac yn amharod i weld bai arnynt. Mewn traethawd byr etyb dri chwestiwn ar hugain ynghylch y gwahaniaethau rhwng Iddew a Christion, gan ddelio â materion megis dyfodiad y Meseia, dwyfoldeb yr Iesu, yr Iddew a'r Croeshoeliad, a pharhad y gyfraith Iddewig. Ni ellir ei gyhuddo ef o falchder ffroenuchel y Babaeth ar hyd y canrifoedd. Barn un hanesydd yw mai gan Martin Luther y cafwyd y datganiadau gwrth-Iddewig mwyaf chwerw yn holl lenyddiaeth y Cristion. Ond y mae'r Athro Gareth Lloyd Jones o'r farn mai i John Calfin y mae peth o'r diolch am fraenaru'r tir i alluogi Iddew a Christion i gyd-fyw.